经济管理学术文库·经济类

建设国家西部创新中心
——陕西中长期发展战略研究

Building the National Innovation Center in the West
—Study on the medium and long term
development strategy of Shaanxi

党兴华　吴艳霞　胡海青　薛伟贤　等／著

经济管理出版社
ECONOMY & MANAGEMENT PUBLISHING HOUSE

图书在版编目（CIP）数据

建设国家西部创新中心——陕西中长期发展战略研究/党兴华等著. —北京：经济管理出版社，2018.7

ISBN 978-7-5096-5922-9

Ⅰ.①建… Ⅱ.①党… Ⅲ.①区域经济发展—经济发展战略—研究—陕西 ②社会发展—发展战略—研究—陕西 Ⅳ.①F127.41

中国版本图书馆 CIP 数据核字（2018）第 161913 号

组稿编辑：杨国强
责任编辑：杨国强　张瑞军
责任印制：黄章平
责任校对：张晓燕

出版发行：经济管理出版社
　　　　　（北京市海淀区北蜂窝 8 号中雅大厦 A 座 11 层　　100038）
网　　址：www. E-mp. com. cn
电　　话：(010) 51915602
印　　刷：三河市延风印装有限公司
经　　销：新华书店
开　　本：720mm×1000mm/16
印　　张：20
字　　数：358 千字
版　　次：2018 年 8 月第 1 版　　2018 年 8 月第 1 次印刷
书　　号：ISBN 978-7-5096-5922-9
定　　价：88.00 元

前　言

"中国特色社会主义进入了新时代"，这是党的十九大对我国发展新的历史方位的科学判断，也是贯穿党的十九大报告的一条主线。当前，正确认识我国社会所处的历史方位，准确把握我国社会主要矛盾，是我们实现中华民族伟大复兴的征程中必须面对的重要问题。2015年习近平总书记视察陕西省时，提出了追赶超越的目标与期许。陕西省面对这样重大的历史机遇期，应进行全方位的战略考量。

陕西省有着悠久的历史文明，古代曾长时期作为中国的政治、经济、文化中心，对世界产生过无可替代的重大影响。在中华人民共和国成立以后，特别是改革开放以来，当代陕西取得了长足发展。作为中国的教育大省，陕西省拥有众多高等院校、科研院所，每年为国家培养大批高等人才，有着巨大的科技创新潜力。但是，由于地理区位要素的限制以及一个时期以来国家发展战略的调整，陕西省的社会经济发展现状相对于东部地区还有待提高。

党的十八大以来，党中央提出"一带一路"倡议，对于今后一段时期中国的发展做出了规划。"一带一路"倡议，不仅明确了中国对外开放的新路径，也将成为中国经济新的增长点，同时对中国不同地区来说，这其中蕴含着很多发展机遇和投资机会。作为古丝绸之路的起点，陕西省在"一带一路"国家倡议中是一个重要的地域节点，有着突出的战略定位，对于陕西省来说也是一个实现经济转型、加大对外开放的历史机遇期。同时，在党的十九大报告中，习近平总书记强调，"中国特色社会主义进入新时代，我国社会主要矛盾已经转化为人民日益增长的美好生活需要和不平衡不充分的发展之间的矛盾"。社会主要矛盾的转化必然伴随着国家战略重心的调整，从中央对于我国当前社会主要矛盾的论断可以预见，今后一段时期，国家将会加大力度解决当前中国社会"不平衡、不充分的发展"。当前，区域发展不平衡、中西部地区发展不充分是中国面临的现实问题，已经引起社会的广泛关注，作为主要矛盾的一部分，这一现实问题肯定会被提上国家议事日程。陕西省作为国家西部重省，同样面临发展不充分的问题，应抓住国家战略调整的东风，加快城市化进程，消纳贫困，推进陕西省跨越式发展，实现省内全面小康。

基于以上背景，西安理工大学城市战略研究院成立了"建设关中国家西部创新中心——陕西中长期发展战略研究"课题组。陕西省原省长程安东具体策划了本课题，并对研究的总体思路进行了把握。本课题的总负责（组长）由西安理工大学城市战略研究院院长、西安理工大学校长李孝廉，副院长党兴华教授担任。课题组立足于当前国家发展的现实环境，研究了其他区域成功发展的经验，通过深入的实地调研和数据分析，为处在历史机遇期的陕西省实现又好又快发展，提出了一些发展建议。

本书是在课题研究成果的基础上修订、充实而形成的。本书的主要撰写人员为：党兴华（西安理工大学城市战略研究院常务副院长　西安理工大学教授），吴艳霞（西安理工大学教授　西安理工大学城市战略研究院研究室主任），胡海青（西安理工大学教授　西安理工大学经济与管理学院院长），薛伟贤（西安理工大学教授　西安理工大学科技处副处长），史耀波（西安理工大学副教授　西安理工大学城市战略研究院研究人员），赵璟（西安理工大学副教授　西安理工大学城市战略研究院研究人员），王文莉（西安理工大学城市战略研究院副院长　西安理工大学教授），杨毅（西安理工大学讲师　西安理工大学城市战略研究院研究人员），张琅（西安理工大学讲师　西安理工大学城市战略研究院研究人员）。全书由西安理工大学城市战略研究院研究室主任、西安理工大学教授吴艳霞总纂稿。

创新中心的建设研究是一个多学科相互渗透、相互融合的复杂领域，许多问题有待于进一步深化研究。如有不足之处，敬请各位专家学者和读者批评指正。

目　录

第一篇　战略基础

第1章　陕西省经济社会发展概况 …………………………………… 003

1.1　陕西省国内生产总值 …………………………………………… 003

1.2　全社会固定资产投资 …………………………………………… 004

1.3　三次产业产值 …………………………………………………… 005

1.4　经济外向度 ……………………………………………………… 006

1.5　常住人口城镇化率 ……………………………………………… 007

1.6　教育、文化体育与传媒 ………………………………………… 008

1.7　医疗卫生 ………………………………………………………… 009

1.8　废水、废气、固体废物产生量 ………………………………… 010

1.9　陕西经济发展中存在的问题 …………………………………… 012

第2章　比较与评价 …………………………………………………… 017

2.1　陕西省综合实力比较分析 ……………………………………… 017

2.2　城市群发展评价与比较 ………………………………………… 032

第3章　发展基础及发展环境分析 …………………………………… 049

3.1　发展基础分析 …………………………………………………… 049

3.2　发展环境分析 …………………………………………………… 054

3.3　小　结 …………………………………………………………… 061

第二篇　战略目标

第4章　实现追赶超越的战略目标 ···················· 065

　4.1　战略目标制定依据 ···························· 065

　4.2　战略定位与战略目标 ·························· 069

　4.3　战略目标具体架构 ···························· 077

　4.4　战略目标可行性分析 ·························· 083

第三篇　战略方案

第5章　构建关中国家西部创新中心战略方案 ······ 089

　5.1　内涵及指标度量 ······························ 089

　5.2　现实基础及制约因素 ·························· 098

　5.3　构建关中国家西部创新中心的思路及具体方案 ··· 124

第6章　成为"一带一路"重要节点战略方案 ······ 155

　6.1　陕西省成为"一带一路"重要节点的内涵及测度 ··· 155

　6.2　建设的现实基础 ······························ 161

　6.3　建设思路及具体方案 ·························· 174

第7章　加速关中融合发展，促进实现省内全面小康战略方案 ··· 195

　7.1　全面小康内涵与衡量指标 ······················ 195

　7.2　实现省内全面小康的现实基础与制约因素 ········ 197

　7.3　加速关中融合发展，促进实现省内全面小康的思路及
　　　 具体方案 ·································· 201

第8章　追赶超越的关中城市群现代交通网络战略方案 ··· 239

　8.1　关中城市群交通网现状 ························ 239

　8.2　关中城市群现代交通网建设具体方案 ············ 246

第四篇　战略措施

第 9 章　战略措施建议 ……………………………………………… 267

　9.1　科学设置关中功能区域规划，避免重复建设 ……………… 267

　9.2　重视发挥"五市一区"各自优势，合理组合，调动一切积极因素
　　　 发展关中 …………………………………………………… 271

　9.3　高等院校、科研院所与企业无缝对接，培育创新型企业 ………… 275

　9.4　推动军民融合，发挥军工优势，带动地方经济发展 …………… 279

　9.5　利用"互联网+"的技术优势，提高经济实体的劳动生产率 …… 283

　9.6　挖掘电子信息技术优势，加大智能经济的投入，实现智能化
　　　 发展 ………………………………………………………… 288

　9.7　以改革开放为动力发展外向型经济，提高经济综合素质 ………… 293

　9.8　优化人才政策环境，鼓励对外合作交流 ………………… 297

　9.9　优化金融生态环境，支持实体经济发展 ………………… 300

参考文献 …………………………………………………………… 305

第一篇
战略基础

第1章 陕西省经济社会发展概况

在我国经济整体减速换挡和"一带一路"倡议的背景下，陕西省经济社会进入了追赶超越的重要战略期。近年来，陕西省经济总量、投资总额、经济外向度、产业结构等出现了向好发展的趋势，城镇化率进一步提高，教育、卫生、医疗、环境等方面得到了大幅改善。但要继续保持陕西省经济的中高速增长，迫切需要根据陕西省的经济社会发展基础，发挥陕西省的产业和科研资源优势，积极解决产业结构、区域发展不均衡、民间投资不足、环境保护等问题。

1.1 陕西省国内生产总值

近年来陕西省经济获得较快增长，增长速度高于全国的 GDP 增长率，在全国排名得以提高。2016 年，陕西省 GDP 达到 1.94 万亿元，GDP 增长率为 7.65%，高于全国 0.95 个百分点；在全国 31 个省市中排名第 15 位（见图 1-1），人均 GDP 也逐年增长，2011~2016 年平均增长率为 9.77%，2016 年陕西人均 GDP 为 5.04 万元，已经达到中等发达国家水平，但仍低于全国平均水平，在全国排名第 13 位。

长期以来，关中在陕西省中的 GDP 占比最高且逐年增高，陕南占比最低，但也逐年提高，陕北占比逐年下降。关中是陕西省的经济增长的主要动力，2011~2016 年关中 GDP 增加了 4803.09 亿元，陕南增加了 1273.88 亿元，陕北增加了 450.36 亿元。关中在陕西省中的 GDP 占比从 2011 年的 61.55% 提高到 2016 年的 65.67%，西安在关中中的 GDP 占比稳定在 50% 左右。陕北在陕西省中的 GDP 占比从 2011 年的 27.15% 下降到 2016 年的 20.22%。陕南 2016 年 GDP 占比为 14.11%，比 2011 年提高了 2.8 个百分点。2011~2016 年，关中 GDP 平均增长率为 12.11%，陕北 GDP 平均增长率为 7.31%，陕南 GDP 平均增长率为 15.86%。

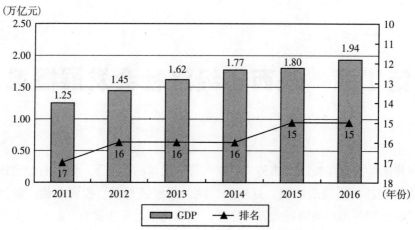

图 1-1　2011~2016 年陕西省 GDP 及全国排名位次

1.2　全社会固定资产投资

2016 年陕西省全社会固定资产投资 20825.25 亿元，较上一年增加 647.39 亿元。关中是陕西全省固定资产投资的主要地区，2016 年全社会固定资产投资额为 14926.65 亿元，占全省投资的 71.68%；陕南全社会固定资产投资额达到 3071.82，首次超过陕北，比陕北高 245.04 亿元。

全社会固定资产投资结构发生了较大变化，第三产业的投资大幅增加，与此同时第二产业投资大幅下降，三次产业投资由 2015 年的 4.99∶31.53∶61.75 调整为 2016 年的 5.6∶27.3∶67.1（见图 1-2）。同期全国三次产业投资比例为 3.45∶38.25∶58.30。陕西省第三产业投资比例要高于全国第三产业投资比例，为第三产业的快速增长奠定了基础。从行业结构看，采矿业，制造业，交通运输、仓储和邮政业的投资占比下降，房地产业，租赁和商务服务业，科学研究和技术服务业，水利、环境和公共设施，电力、热力、燃气及水生产投资占比上升。

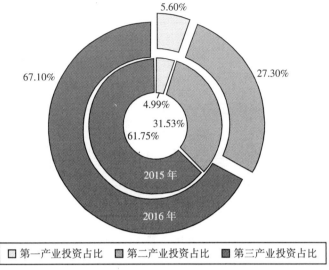

5.60%

67.10%

27.30%

4.99%

31.53%

61.75%

2015 年

2016 年

□ 第一产业投资占比　■ 第二产业投资占比　■ 第三产业投资占比

图 1-2　陕西省三次产业投资结构图

1.3　三次产业产值

　　陕西省全社会固定资产投资结构变化，导致产业结构也发生了明显变化，第三产业快速发展，产业结构得以优化。2016 年，陕西省第三产业产值增长率11.89%，高于同期全国第三产业产值增长率（11%），达到 8215.02 亿元，比上年增加 872.92 亿元；第二产业产值比上年增加 408.59 亿元，达 9490.72 亿元；第一产业产值为 1693.85 亿元，增幅最小，增加了 96.22 亿元（见图 1-3）。2016 年陕西省三次产业结构由上年的 8.9：50.4：40.7 调整为 8.7：48.9：42.4。第三产业占比提高 1.7 个百分点，第二产业占比下降 1.5 个百分点。第二产业中，工业结构也发生了变化，轻工业增加值比上年增长 10.22%，重工业增长 6.21%，轻重工业增加值比由上年的 21.5：78.5 调整至 22.1：77.9。

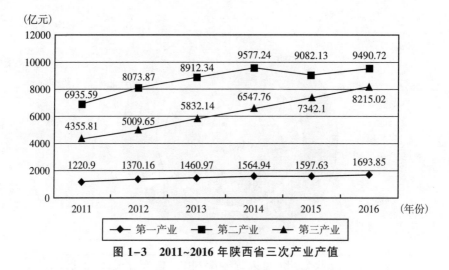

图 1-3　2011~2016 年陕西省三次产业产值

1.4　经济外向度

　　陕西经济外向度低于全国平均水平，进出口贸易在全国进出口贸易中占比较低。2011~2016 年陕西省进出口贸易总额平均增长率为 16.54%，2016 年进出口总额为 1976.3 亿元，进出口贸易总额全国排名第 18 位，仅占全国进出口贸易总额的 0.81%，经济外向度上升至 10.31%（见图 1-4）。

　　2011~2016 年陕西外商投资额大幅增长，陕西实际外商直接投资额平均增长率为 18.88%，2016 年实际外商直接投资额为 332.9 亿元，外商投资企业数和资产在全国所占比重仍处于比较低的水平。2016 年陕西省外商投资企业 5853 家，占全国的 1.16%；投资总额为 561 万美元，占全国的 1.09%。陕西外商投资主要集中于制造业，生产性服务投资占比较低。2016 年外商投资于制造业的投资额为 30.38 亿美元，占外商投资总额的 60.61%，远远高于同期全国外商投资于制造业的投资额占外商投资总额的比例（14.81%）。

　　陕西省为内陆省份，地理位置、运输成本等因素一度成为制约外商投资的增长的主要因素。在"一带一路"倡议背景下，陕西作为新欧亚大陆桥的重要枢纽，成为承接我国东西双向开放的前沿。2017 年 3 月，陕西自由贸易试验区设立，通过服务贸易促进体系的建设，将推动陕西高端制造、航空物流、贸易金融

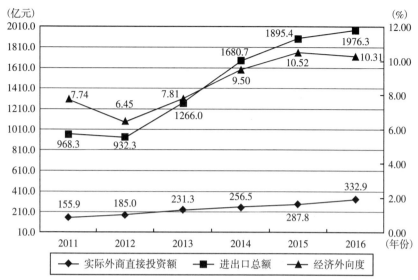

图 1-4　2011~2016 年陕西省实际外商直接投资额、进出口总额、经济外向度

等产业的发展。随着基础设施的完善，加上陕西装备制造业基地、高新技术基地和能源基地建设具有一定的比较优势，与中亚国家有较强的互补性，将吸引更多的外商直接投资，可形成陕西省的产业高地。

1.5　常住人口城镇化率

2016 年陕西省常住人口达 3812.62 万人，较 2011 年增加 74.4 万人，而城镇人口 2110 万人，较 2011 年增加 340 万人，人口城镇化率上升至 55.34%，略低于全国城镇化率（57.35%）（见图 1-5），其中关中经济的持续增长，吸引了一定的外来人口，使得常住人口和就业人数不断增多。2011 年以来，关中常住人口保持持续稳定增长，平均增长率为 2.53%。到 2016 年底，关中常住人口达到2401.74 万人，比 2011 年增加 51.97 万人；陕北 847.40 万人，比 2011 年增加8.84 万人；陕南 563.48 万人，比 2011 年增加 9.20 万人。陕西省人口区域间转移较为明显，出现向关中集聚的趋势，城镇化率也得到大幅提高，并呈现进一步提高的趋势。

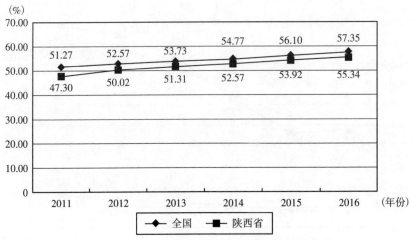

图 1-5　2011~2016 年陕西省和全国的城镇化率

1.6　教育、文化体育与传媒

陕西省是教育文化大省，普通高等学校 93 所，中等职业教育学校 398 所，普通中学 2176 所，小学 5507 所，幼儿园 7313 所，特殊教育学校 56 所，工读学校 1 所，成人中小学 621 所，职业技术培训机构 7527 所。2016 年陕西全省有幼儿园专任教师 83827 人，比上年增加 8298 人，在园幼儿 143.13 万人，增加 3.4 万人；在校小学生 241.79 万人，比上年增加 8.68 万人，学龄儿童入学率达99.94%。2016 年陕西省初中专任教师学历合格率为 99.82%，比上年提高 0.02 个百分点；高中专任教师学历合格率为 98.29%，比上年提高 0.58 个百分点。

2016 年陕西教育支出达到 777.53 亿元，比上年增加 19.46 亿元，教育支出在全国排名第 18 位。2016 年陕西各级教育生均公共财政预算公用经费支出都获得增长，其中普通小学生均预算教育事业费 11172.06 元，增长 2.53%；普通初中生均预算教育事业费 14155.05 元，增长 3.93%；普通高中生均预算教育事业费 11740.03 元，增长 9.68%；中等职业学校生均预算教育事业费 9264.29 元，增长 8.48%；普通高等学校生均预算教育事业费 14413.14 元，增长 0.91%。

2016 年文化体育与传媒支出 125.85 亿元，比 2015 年增加 22.76 亿元，文化体育与传媒支出在全国排名第 8 位（见图 1-6）。全省群众艺术馆、文化馆举办展览

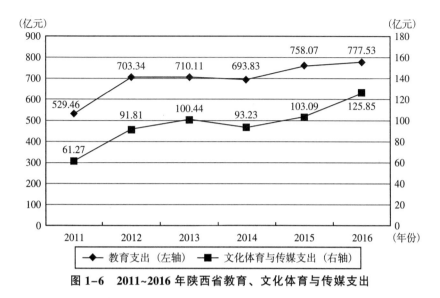

图 1-6 2011~2016 年陕西省教育、文化体育与传媒支出

6251 次，比上年增加 1022 次；组织文艺活动 23904 次，比上年增加 2365 次。

1.7 医疗卫生

2011~2016 年，陕西医疗卫生与计划生育支出逐年增加，医疗卫生机构、卫生技术人员和床位数也大幅增加，医疗卫生服务能力得以提升，医疗条件显著改善。2016 年陕西医疗卫生与计划生育支出 381.66 亿元，比上年增加 12.28 亿元（见图 1-7）。陕西卫生机构数为 36598 个，比上年减少 432 个；卫生技术人员 28.88 万人，比上年增加 2.34 万人；卫生机构床位数为 22.54 万张，比上年增加 1.34 万张。

目前陕西正着力推进医疗卫生事业发展，已经取消药品加成，并大幅降低大型医用设备检查治疗和检验费用，努力提高社区卫生服务中心的医疗服务水平，有望形成关中 15 分钟就医圈、陕南陕北 30 分钟就医圈。但仍存在城乡医疗发展不平衡问题，2016 年城市每千人卫生技术人员 10.72 人，而农村每千人卫生技术人员只有 5.35 人；城市每千人执业（助理）医师 3.38 人，农村每千人执业（助理）医师 1.48 人；城市每千人注册护士 4.85 人，农村每千人注册护士 1.88 人。随着城镇化进程加快，农村居民人口向城镇转移，农村卫生室大幅减少，2016

图 1-7 2011~2016 年陕西医疗卫生与计划生育支出

年陕西省农村卫生室为 25412 个，比上年减少 305 个；乡村医生和卫生员 32706 人，比上年减少 467 人；社区卫生服务中心（站）623 个，比上年增加 17 个。

陕西省为了解决农村人口看病贵问题，进一步完善了新农合政策，实现了应保尽保，并加大了政府补助力度。2017 年，陕西省新农合人均筹资标准为 630 元，其中个人缴费 160 元、政府补助 470 元（高于国家规定的标准 450 元），参合率 99.25%。实现了"三免"（免门诊一般诊疗费、免乡镇卫生院起付线、免交各级定点医院住院押金）、"一降"（降低大病起付线至 3000 元）、"两提高"（各级住院报销比例提高 10 个百分点，慢病封顶线提高 20%）的政策，从而大幅减轻了贫困人口医疗费用负担。

1.8 废水、废气、固体废物产生量

陕西"三废"污染问题突出。2011~2016 年陕西省废水、废气固体废物产生量均呈现出"倒 U 形"曲线特征（见图 1-8、图 1-9、图 1-10）。2015 年废水排放总量达到历史最高值 168121.98 万吨，2016 年下降到 166565.04 万吨；一般工业固体废物产生量在 2015 年达到最高值 9330 万吨，2016 年下降到 8648 万吨；废气中的粉尘排放量治理效果最为明显，在 2014 年达到最高值 70.91 吨后大幅下降，2016 年下降至 28.74 吨，远低于 2011 年的 46.34 吨。

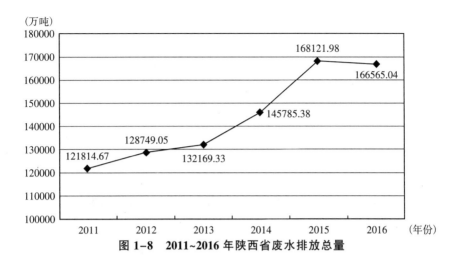

图 1-8 2011~2016 年陕西省废水排放总量

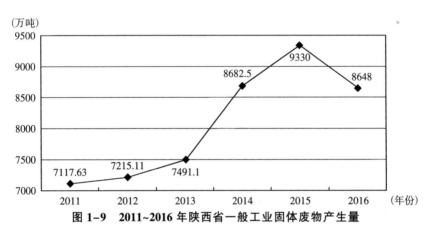

图 1-9 2011~2016 年陕西省一般工业固体废物产生量

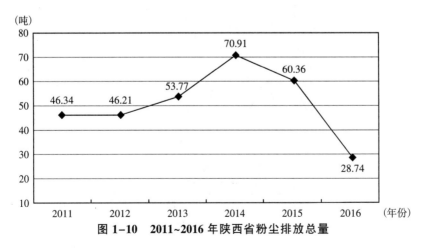

图 1-10 2011~2016 年陕西省粉尘排放总量

陕西渭南市和榆林市"三废"问题最为突出,一般工业固体废物产生量共占到陕西一般工业固体废物产生量的66.4%,分别达到2954.44万吨、2787.27万吨。渭南市和榆林市工业用水总量共占陕西的48.8%,分别为17430.29万吨、16595万吨;榆林市工业废水排放总量最高达6753.92万吨。工业废气排放总量分别为3532.84亿立方米、6467.74亿立方米;烟(粉)尘排放量分别为52294.15吨、62374.24吨。

1.9 陕西经济发展中存在的问题

1.9.1 第三产业发展滞后

1978~2016年,陕西三次产业结构第一产业产值占比逐步下降,第二产业的比重经历了先下降后上升的过程,第三产业比重则先上升后下降。第一产业比重由1978年的30.4%降为8.73%;第二产业先由1978年的51.9%下降至49.6%,后上升至50.4%;第三产业比重由1978年的17.6%上升至43.2%,后下降至40.7%。与全国三次产业结构8.56:39.81:51.63相比较,陕西第三产业比重较低(见图1-11)。

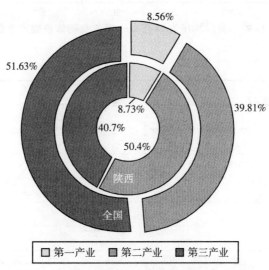

图1-11 2016年陕西省与全国三次产业占比

第三产业发展滞后，尤其是生产性服务业固定资产投资额较低，投资结构不合理，限制了生产性服务业的发展。2016 年陕西生产性服务业固定资产投资额为 7758.34 亿元，占全国生产性服务固定资产投资额的 3.23%。生产性服务业投资结构不合理，其中房地产投资占生产性服务固定资产额的 62.18%，其投资比例远远高于全国的 59.33%。从就业来看，陕西三次产业就业人数比重为 44.36：18.96：36.68，全国三次产业就业人数比重为 27.7：28.8：43.5，相比较而言，陕西第一产业就业人数比例较高，第三产业就业人数比例较低。第三产业在三次产业中吸纳劳动力能力最强，陕西省第三产业发展严重滞后，导致大量劳动力滞留在第一产业。

陕西省是我国重要的制造业生产基地，具有通用和专业设备、制造加工、国防、航空、航天等门类比较齐全的制造业体系。在关中地区初步形成了电子通信设备元器件、重型汽车、航空、光电子、空调压缩机、输变电设备、鼓风机制造七个产业集群。随着产业结构升级，制造业和服务业融合，陕西生产型服务业有较大的发展潜力。随着陕西生产型服务业发展市场环境的改善，更多的民间资本和外资投资进入研发、物流、销售、信息等生产型服务业领域，服务业将获得较快发展，能够为延伸陕西制造业产业链和产业升级提供有力支撑。

1.9.2　区域经济发展不平衡

关中是陕西经济的核心地区，经济规模和固定资产投资总额远远超过陕北和陕南。2016 年关中 GDP 占陕西省的 64.3%，陕北 GDP 占 21.7%，陕南 GDP 占 14%。区域人均 GDP 差距较大，2016 年陕北人均 GDP 达到 71875.19 万元，关中 52150.4 元，陕南 31761.62 元。关中是固定资产投资的主要地区，关中投资额占陕西社会固定资产投资额的 72%，而陕北占 13%，陕南占 15%（见图 1-12）。

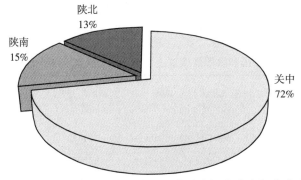

图 1-12　2016 年陕西省三大区域全社会固定资产投资占比

陕西三大区域在资源禀赋、经济基础、产业结构等方面存在较大差异，形成关中现代制造业和高新技术产业、陕北高端能源化工基地和陕南富硒食品产业三大特色鲜明的经济区域布局。关中经济总量、固定资产投资额、外商直接投资、外贸出口额等方面均远远高于陕北和陕南，三大区域间产业关联较弱，没有形成较强的外溢效应，对陕北和陕南影响较小。陕西三大区域协调发展需要在充分各自资源禀赋的基础上，发挥关中的枢纽作用，将关中技术研发优势与陕北和陕南的产业相结合，通过不同区域上下游产业链协作，增强不同区域间的经济联系与交流，促进三大区域经济协调发展。加强三大区域之间的产业协作和产业分工，释放各区域的增长潜能，促进各区域经济转型升级，走创新发展和绿色发展道路。

1.9.3　产业转型压力大

陕西能源化工仍为支柱产业，医药制造业、专用设备装备制造业、汽车制造业等行业产值占比较低。2016 年陕西规模以上工业企业煤炭开采和洗选业产值为 2236.87 亿元，占规模以上工业企业产值的 10.7%；有色金属冶炼和压延加工业占 7.13%；非金属矿物制品业占 6.31%；化学原料及化学制品制造业占 5.86%；石油加工、炼焦及核燃料加工业占 5.86%；医药制造业占 3.02%；专用设备制造业占 3.18%；汽车制造业占 5.35%。

规模以上企业 R&D 项目数、有效发明专利数、R&D 经费、新产品开发经费支出、新产品销售收入在全国占比较低，创新动力不足。2016 年陕西 R&D 经费投入强度为 2.19%，R&D 经费支出 419.56 亿元，占全国的 2.68%；企业 R&D 经费支出为 185.69 亿元，占全国的 1.56%。2016 年，专利申请授权数为 48455 件，占全国专利申请授权数的 2.97%。陕西规模以上企业 R&D 投入远远低于东部发达地区，相应的专利申请授权数量及新产品销售收入在全国占比都比较低。2016 年陕西规模以上企业 R&D 项目数 4487 项，有效发明专利 11520 件，新产品开发项目数 4506 项，新产品销售收入为 1236.49 亿元，占全国的 0.71%（见表 1-1）。

表 1-1　2016 年全国和陕西规模以上企业 R&D 活动及新产品开发生产情况

	R&D 项目数（项）	有效发明专利数（件）	R&D 经费（万元）	新产品开发项目数（项）	新产品开发经费支出（万元）	新产品销售收入（万元）
全国	360997	769847	109556586	391872	117662658	1746041534
陕西	4487	11520	1844216	4506	1898166	12364855
陕西占比（%）	1.24	1.50	1.68	1.15	1.61	0.71

陕西目前处于经济结构优化和产业升级的关键时期，现有的研发能力还不能为陕西经济转型升级提供强有力的支撑。除了加大研发资金投入外，还需要有相关吸引人才的配套措施出台，促进高技术人才和高新技术企业向陕西集聚，进而提升陕西技术创新能力，实现经济增长的创新驱动。目前关中现代制造业和高新技术产业，以及陕北高端能源化工基地和陕南富硒食品产业的发展均存在人才、技术、资金等要素短缺的问题。迫切需要充分利用关中高校和科研院所的人才优势，通过建设关中国家西部创新中心，以关中国家西部创新中心为枢纽，形成强大的辐射效应，大幅提高关中现代制造业、高新技术产业的核心竞争力，并促进陕北能源化工业转型升级，促进陕南有机农业及食品加工业的发展。

1.9.4　民营经济发展滞后

陕西国有资本和国防军工在制造业中占比较高，民营企业实力弱，且缺少龙头企业和国际化企业，仅有三家国有企业进入 2017 年 8 月发布的《中国装备制造业 100 强》名单，分别为陕西有色金属控股集团有限责任公司（排名第 21位）、陕西汽车控股集团有限公司（排名第 67 位）和中国西电电气股份有限公司（排名第 84 位）。陕西民间固定资产投资占比远远低于全国民间投资在固定资产投资总额中的占比，私营工业企业资产和私营企业数在全国中占比较低。

2011~2016 年，陕西民间投资增速大幅下降，2016 年陕西民间投资 8738.6亿元，较 2015 年减少 1121.25 亿元，占全社会固定资产投资额的 41.96%，远低于全国的 60.22%（见图 1-13）。陕西民营工业企业资产 2624.6 亿元，全国排名第 23 位。

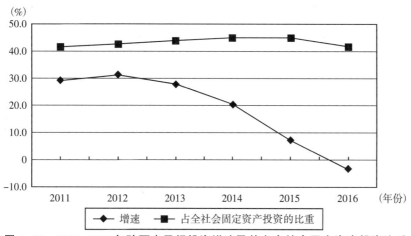

图 1-13　2011~2016 年陕西省民间投资增速及其占全社会固定资产投资比重

民营经济中的中小企业能够提供更多的就业岗位，而陕西民营经济发展滞后，不能提供更多的就业岗位，导致新增劳动力和高校毕业生外流现象严重。2011~2016 年，全国私营企业就业人数增加了 12560.26 万人，其中广东、山东和浙江制造业就业人数分别增加 1966.96 万人、1091.96 万人和 1086.20 万人，而陕西私营企业就业人数仅仅增加了 130.08 万人，其中制造业就业人数减少 3.95 万人，批发和零售业就业人数增加 47.06 万人，住宿和餐饮业就业人数增加 36.61 万人。

要改变民间投资不足现状，实现民营经济快速发展，迫切需要为中小企业、非公企业成长创造良好的制度环境，从税费负担、融资成本、制度性交易成本、人工成本、用地成本、物流成本等方面，全面降低企业综合成本。加快军转民技术产业化，引导民间投资向高新技术产业、先进装备制造业，推动民营制造业和生产性服务业加快转型升级。

1.9.5 环境保护形势严峻

陕西经济过度依赖能源、化工等高耗能产业，导致一系列环境问题，环境治理压力较大。2016 年陕西全省空气质量优良天数比 2015 年减少 24 天，西安重度以上污染天数达 29 天。近年来，关中地区环境空气质量优良天数大幅减少，咸阳的优良天数比率最低（见表 1-2）。随着城市化进程的加快，氮氧化物的污染出现不断加重的趋势，导致渭河支流、黄河干流、延河、无定河轻度污染，治理问题十分严峻。

表 1-2　2011~2016 年关中地区环境空气质量优良天数比率

单位：%

年份	2011	2012	2013	2014	2015	2016
西安	83.6	83.8	37.8	57.8	68.7	52.5
宝鸡	86.8	85.8	86.0	66.3	74.5	65.3
咸阳	87.1	86.6	85.8	59.5	70.7	46.4
铜川	89.9	89.9	90.4	62.7	73.7	57.4
渭南	86.0	84.7	84.7	60.3	72.1	47.3
杨凌	86.0	86.1	86.6	65.8	71.8	59.0

第 2 章　比较与评价

在了解陕西省基本发展情况的基础上,本章将对陕西省发展综合实力进行比较和评价。通过外部对标,为追赶超越提供方向;通过内部对比,为均衡发展、实现省内协调发展提供依据。

2.1　陕西省综合实力比较分析

2.1.1　陕西省经济总量发展比较

2016 年,面对错综复杂的国内外经济形势和经济下行的压力,陕西省紧盯追赶超越目标,按照"五个扎实"要求,全面贯彻落实新发展理念,积极应对新挑战,抢抓新机遇,持续深化改革,实现了"十三五"稳健开局、良好起步,全年经济运行呈现总体平稳、稳中有进、稳中向好的态势。

初步核算,陕西省 2016 年全年生产总值 19165.39 亿元,比上年增长 7.6%。其中,第一产业增加值 1693.84 亿元,增长 4.0%,占生产总值的比重为 8.8%;第二产业增加值 9390.88 亿元,增长 7.3%,占 49.0%;第三产业增加值 8080.67亿元,增长 8.7%,占 42.2%。人均生产总值 50399 元,比上年增长 7.0%。

陕西省近三年 GDP 发展情况如表 2-1 所示。

表 2-1　陕西省近三年 GDP 发展情况

年份	陕西 GDP 总量（亿元）	陕西 GDP 总量在全国排名	陕西 GDP 增速（%）
2016	19165.39	15	7.6
2015	18171.86	15	8
2014	17689.94	16	9.7

从表 2-1 可知，陕西省近三年经济发展过程中，虽然经济发展速放缓，但 GDP 总量稳步上升。

陕西省在西部大开发之后，不断抓住各项机遇，努力实现跨越式、赶超式发展，在全国各地区中的 GDP 总量排名不断进步，发展态势良好，发展潜力不断得到开发。在此，我们将陕西省 GDP 总量同全国其他地区进行对比，以获取陕西省经济发展的总量排名，为陕西省发展提供依据。

2016 年全国各省 GDP 排名如表 2-2 所示。

表 2-2　2016 年全国各省 GDP 排名

地区	2016 年 GDP 总量（亿元）	GDP 总量排名	2016 年 GDP 同比增速（%）	增速排名
广东	79512.05	1	7.5	20
江苏	76086.17	2	7.8	14
山东	67008.19	3	7.6	16
浙江	46484.98	4	7.5	20
河南	40160.01	5	8.1	9
四川	32680.5	6	7.7	15
湖北	32297.91	7	8.1	9
河北	31827.86	8	6.8	26
湖南	31244.68	9	7.9	13
福建	28519.15	10	8.4	8
上海	27466.15	11	6.8	26
北京	24899.26	12	6.7	28
安徽	24117.87	13	8.7	6
辽宁	22037.88	14	-2.5	31
陕西	19165.39	15	7.6	16
内蒙古	18632.57	16	7.2	24
江西	18364.41	17	9	4
广西	18245.07	18	7.3	23
天津	17885.39	19	9	4
重庆	17558.76	20	10.7	1

从表2-2可知，陕西省GDP在全国排名由2014年的第16位上升到第15位。

2016年经济增速最快的西部和中部省份包括陕西、山西、安徽、江西、贵州、云南、西藏、甘肃、青海、宁夏、新疆等。其中陕西省GDP总量为19165.39亿元，GDP增速为7.6%，发展态势良好。2016年陕西GDP总量在西北五省中最高，但和周边省份相比，仍与河南、四川、湖北等省份存在一定差距。

陕西GDP增速继续超过了全国平均水平，说明陕西的国民经济运行呈现稳中向好趋势。从GDP排名看，陕西省无论在总量还是增速方面，都处于中间水平，但也仅是刚刚及格。我们要实现的追赶超越不是在总量上赶超发达省份，而是力图在人均指标上做到最好，实现目标。

在对全国各地区总量指标做出分析后，我们在此继续分析全国各地区人均GDP和居民人均收入，具体比较结果见表2-3。

表 2-3　2016 年全国各地区人均 GDP 与居民人均收入对比

地区	人均 GDP	位次	居民人均收入	位次
天津	115613	1	34074	4
北京	114690	2	52530	2
上海	113731	3	54305	1
江苏	95394	4	32070	5
浙江	83923	5	38529	3
福建	74288	6	27608	7
内蒙古	74204	7	24127	10
广东	73290	8	30296	6
山东	68049	9	24685	9
重庆	58199	10	22034	11
湖北	55191	11	21787	12
吉林	54073	12	19967	17
陕西	50528	13	18874	21
辽宁	50292	14	26040	8
宁夏	47157	15	18832	22
湖南	46063	16	21115	13
海南	44396	17	20635	14
青海	43750	18	17302	27
河北	42866	19	19725	19

续表

地区	人均 GDP	位次	居民人均收入	位次
河南	42363	20	18443	24
新疆	40466	21	18355	25
黑龙江	40362	22	19838	18
江西	40220	23	20110	15
四川	39835	24	18808	23
安徽	39254	25	19998	16
广西	38042	26	18305	26
西藏	35496	27	13639	31
山西	35285	28	19049	20
贵州	33242	29	15121	29
云南	31358	30	16720	28
甘肃	27508	31	14670	30

国家统计局数据显示，2016 年我国国内生产总值（GDP）为 744127 亿元，年末中国总人口 138271 万人。按此计算，2016 年我国人均 GDP 达到了 53817 元。

我们在对 2016 年全国各省份人均 GDP 分析过程中发现，相对于全国人均 GDP（53817 元）而言，有 12 个省份超过了全国平均水平，陕西列第 13 位。通过全国 31 个省份（不包含港澳台地区）的比较，陕西省在相对比较中处于良好水平。然而，相较于全国人均 GDP 绝对值，陕西省（50528 元）稍有落后。位列前十名的省份中，东部地区占了 8 个席位。在中西部地区，陕西省仍具有巨大发展潜力。

人均 GDP 和居民人均可支配收入不可等同，两者存在差异：居民人均可支配收入是剔除了固定资产折旧和各项税收之后的收入，而 GDP 产值主要靠投资拉动，还受消费和出口因素影响，因此，居民人均可支配收入能比较准确地反映居民的实际收入水平和生活水平。在比较中，陕西居民人均收入位于全国第 21 名，排名稍靠后，为陕西实现追赶超越指明了不足之处。

2.1.2 综合实力对比分析

由于地形、地貌和气候带及经济布局的差异性，陕西分为三大经济区域：关中经济区、陕北经济区和陕南经济区。其中，关中经济区开发历史悠久，经济基础好，经济发展水平较高。陕北和陕南经济区开发历史较晚，加之交通不便，地理条件较差，经济发展水平较低。如果把陕西经济的区域结构看作是一架飞机的话，关中地区是飞机的主体，陕南陕北则是飞机的两翼，目前的情况是飞机的主体太大太重，而两翼太小太轻，陕西经济要起飞，必须加快两翼建设，并通过两翼的较快发展拉动全省经济的快速增长。

本节将深入剖析陕西省发展的动力来源，着重对陕西省三大区域进行对比分析，从而为"将关中地区作为发展的着力点"提供依据。

2.1.2.1　评价体系构建

评价指标体系设计原则如下：

（1）科学性原则。区域 PERDST 各系统的协调发展既是一个在理论和学术层面探讨的问题，也是在实践和应用中面对的问题。需要根据相关指标的定义、计算方法判断它是否符合区域综合实力评价的需要，严格按照 PERDST 的概念和理论，科学规范每一个指标的名称、计算公式、经济意义、等级分类等。

（2）全面性和系统性原则。全面性是尽可能选择能从多样的角度反映分析对象整体面貌的指标。系统性是遵循各指标间的内在联系而构成指标体系。构成评价区域 PERDST 综合实力评价系统的指标很多，形成了一种综合、多层次的系统。区域 PERDST 综合实力评价指标体系，必须可以反映各种影响系统变动的因素，并能客观地反映各因素之间的关系。

（3）简捷有效原则。指标的选择虽然要求全面，但并不是指标数量越多越好。设计指标体系时，必须根据实际可操作性，对指标进行筛选和删除。

（4）敏感性原则。存在一些指标，虽然在理论上是符合评价标准，并且科学有效的，但由于环境或条件的改变，使之不能敏感地反映所要分析的现象的发展变动。保留这样的指标，会使指标体系评价的合理性受到制约，不利于对评价对象进行符合实际意义的分析。

（5）可行性原则。由于资料获得的难易程度不同，指标数据是否容易收集也会影响评价的结果。指标的设置应该兼顾全面性和可操作性，尽可能利用能收集到的统计数据，选择有代表性经济意义、数据全面而且准确的综合指标来进行定性分析和定量计算。

（6）定性与定量相结合原则。对事物的评价和分析，可以利用经验和观察来定性评价，但其结果具有不确定性和主观性，比较模糊；还可以用使用量化的方法定量分析，但其评价结果往往抽象，不便于从现实角度解释经济意义。建立科学的区域 PERDST 评价体系，必须将定性和定量方法相结合，弥补两者的不足。

通过对文献的总结和对统计年鉴中各项指标内容的研究，本部分选用的原始指标体系包括 6 个一级指标、21 个二级指标、39 个三级指标。对于陕西省三大区域综合实力对比分析，构建指标体系如表 2-4 所示。

表 2-4　陕西省三大区域综合实力评价指标体系

一级指标	二级指标	三级指标
人口系统 G	人口状态 G_1	人口密度（人/平方千米）G_{11}
		性别比例 G_{12}
	人口增长能力 G_2	自然增长率（‰）G_{21}
	人口结构 G_3	城乡人口比（%）G_{31}
环境系统 H	大气环境 H_1	工业二氧化硫排放量（吨）H_{11}
		工业烟（粉）尘排放量（吨）H_{12}
		空气日报优良率（%）H_{13}
	水环境 H_2	工业废水排放总量（万吨）H_{21}
	固体废物 H_3	工业固体废物贮存量（万吨）H_{31}
		工业固体废物综合利用量（万吨）H_{32}
	环境治理 H_4	废水处理设施运行费用（万元）H_{41}
		废气处理设施运行费用（万元）H_{42}
资源系统 I	土地资源 I_1	人均耕地面积（公顷）I_{11}
	资源利用水平 I_2	单位 GDP 能耗（吨标准煤/万元）I_{21}
经济系统 J	经济规模 J_1	GDP 总量（亿元）J_{11}
		财政收入额（亿元）J_{12}
		社会消费品零售总额（亿元）J_{13}
		固定资产投资额（亿元）J_{14}
		出口总额（万美元）J_{15}
	经济结构 J_2	第三产业占 GDP 的比重（%）J_{21}
	经济效益 J_3	城镇居民家庭人均可支配收入（元）J_{31}
		农村居民家庭人均纯收入（元）J_{32}
	经济增长速度 J_4	GDP 增长速度（%）J_{41}
		社会消费品零售总额的增长率（%）J_{42}
		居民消费价格指数（%）J_{43}
		财政收入增长率（%）J_{44}

一级指标	二级指标	三级指标
社会系统 K	基础设施建设 K_1	每万人拥有的公交车数量（辆）K_{11}
		城市人均拥有道路面积（平方米）K_{12}
		万人拥有公共厕所（个）K_{13}
		万人拥有的医生数（人）K_{14}
	生活质量 K_2	房屋建筑竣工面积（平方米）K_{21}
	社会保障 K_3	参加医疗保险人数（人）K_{31}
		参加养老保险人数（人）K_{32}
	社会稳定 K_4	城镇登记的失业率（%）K_{41}
科技能力 L	科技投入 L_1	政府财政科研经费投入（万元）L_{11}
	科技产出 L_2	专利授权量（件）L_{21}
	科技转化 L_3	技术市场成交合同金额（亿元）L_{31}
		万元投入技术市场成交额（万元）L_{32}
	科技与社会协调发展 L_4	R&D 经费占 GDP 的比例（%）L_{41}

2.1.2.2　数据收集和处理

指标的经济意义包含价值量和实物量两种。各个指标的计量结果单位也各不相同，如人口系统中的很多指标单位为人、一些经济指数指标没有单位、产值指标单位为元等。数据的数量级相差悬殊，没有直接比较的意义，也无法对其线性组合的经济意义进行合理解释，因此，需要对指标数据进行规范化、标准化处理，这样可以更加合理、准确地进行综合评价分析。

（1）根据评价指标对评价结果影响的方向，将指标分为正向指标、负向指标、适中值指标和最佳区间指标。

正向指标即指标值越大，对上级指标的反映结果越积极，与评价结果具有正相关性；负向指标即指标值越小，对上级指标的反映结果就越积极；适中性指标和最佳区间指标则是与适中值和最佳区间越接近的数据，具有越积极的评价方向。通过指标打分公式计算，标准化指标数据，统一各类指标数据的计量单位，使其具有一致的评价方向，便于进行计算和分析。

1）正向指标打分。正向指标是指标数值越大，该指标所反映的信息越能表示上层指标的发展情况，如 GDP 增长率、成人识字率等。

假设 x_{ij} 表示第 i 个评价对象第 j 个指标的标准化值，v_{ij} 表示第 i 个评价对象第 j 个指标的数值，n 表示被评价对象的个数。

根据正向指标的打分公式，则 x_{ij} 为：

$$x_{ij} = \frac{v_{ij} - \min_{1 \leq i \leq n}(v_{ij})}{\max_{1 \leq i \leq n}(v_{ij}) - \min_{1 \leq i \leq n}(v_{ij})} \tag{2.1}$$

最大值与最小值之间的距离代表数据的最大波动情况，上式的含义为第 j 个指标和最小值之差与最大波动的相对距离。这种相对距离越大，指标中的该数据在评价过程中起到的作用越大。

2）负向指标打分。负向指标是指标数值越小，该指标的内含信息越能表示上层指标的发展情况，如万元 GDP 耗电量、居民恩格尔系数等。

假设 x_{ij} 表示第 i 个评价对象第 j 个指标的标准化值，v_{ij} 表示第 i 个评价对象第 j 个指标的数值，n 表示被评价对象的个数。

根据负向指标的打分公式，则 x_{ij} 为：

$$x_{ij} = \frac{\max_{1 \leq i \leq n}(v_{ij}) - v_{ij}}{\max_{1 \leq i \leq n}(v_{ij}) - \min_{1 \leq i \leq n}(v_{ij})} \tag{2.2}$$

上式的含义为指标的最大值与第 j 个指标值之间的差相对于数据最大波动值的距离。这种相对距离越大，指标中该数据在评价过程中起到的作用越大。

3）适中指标打分。适中指标是指标数值越接近某一个特定的理想值，表明经济社会发展状况越好，如 GDP 增长率，根据所代表的经济意义来看，只有越接近理论上国家宏观调控的理想值才越好，不论是数值过大还是数值太小，都不利于经济健康稳定的发展。

假设 x_{ij} 表示第 i 个评价对象第 j 个指标的标准化值，v_{ij} 表示第 i 个评价对象第 j 个指标的数值，v_{j0} 表示第 j 个指标的理想值，n 表示被评价对象的个数。

适中指标打分公式为：

$$x_{ij} = \begin{cases} 1 - \dfrac{v_{j0} - v_{ij}}{\max[v_{j0} - \min_{1 \leq i \leq n}(v_{ij}), \ \max_{1 \leq i \leq n}(v_{ij}) - v_{j0}]}, & v_{ij} < v_{j0} \\ 1 - \dfrac{v_{ij} - v_{j0}}{\max[v_{j0} - \min_{1 \leq i \leq n}(v_{ij}), \ \max_{1 \leq i \leq n}(v_{ij}) - v_{j0}]}, & v_{ij} > v_{j0} \\ 1, \ v_{ij} = v_{j0} \end{cases} \tag{2.3}$$

理想值与离理想值最远的数据之差，代表数据的最大波动。适中值打分的公式意义为第 j 个指标值与最优值的偏差和最大波动之间的比值相对于 1 的距离。这种比值越接近 1，处理后的数据分值越高，对评价结果的影响越大。

4）最佳区间指标打分。最佳区间指标是指当经济发展运行情况理想时，该指标值保持在一个特定的区间内。如性别比例，该指标在 102~107 都是理想的，过大或过小将会导致人口发展失衡。

假设 x_{ij} 表示第 i 个评价对象第 j 个指标的标准化值，v_{ij} 表示第 i 个评价对象第 j 个指标的数值，P 表示指标最佳区间的下边界，Q 表示指标最佳区间的上边界，n 表示被评价对象的个数。

最佳区间指标的打分公式为：

$$x_{ij} = \begin{cases} 1 - \dfrac{P - v_{ij}}{\max\left[P - \min_{1 \le i \le n}(v_{ij}),\ \max_{1 \le i \le n}(v_{ij}) - Q\right]}, & v_{ij} < P \\[3mm] 1 - \dfrac{v_{ij} - Q}{\max\left[P - \min_{1 \le i \le n}(v_{ij}),\ \max_{1 \le i \le n}(v_{ij}) - Q\right]}, & v_{ij} > Q \\[3mm] 1, & P \le v_{ij} \le Q \end{cases} \tag{2.4}$$

最理想值与最差值的差表示数据的最大偏离情况，最佳区间打分是计算第 j 个指标值与最优值的偏差与最大偏离情况的比值相对于 1 的距离。这种比值越接近 1，处理后数据分值越高，对评价结果的影响越大。

根据权威机构发布的数据和以往文献资料中的理论研究，本书采用以下理想数值和理想区间，作为适中性指标和最佳区间指标的参考。

在人口统计学上，性别比例的最理想范围在 102~107。根据国际划分的等级标准，我国属于世界上人口稠密的国家，河北省属于我国的人口稠密地区，本书认为人口已经成为制约经济环境可持续发展的重要因素，因此为负向指标。按照国际规定，老化指数小于 15%，人口总体属年轻型人口；在 15%~30% 时，属成年型人口；在 30% 以上时，即为老年型人口。本研究取 0~30% 为老化指数的理想范围。国际上把比较理想的"人口机会窗口期"定义为人口负担系数 ≤50%。在此期间内，区域劳动力充沛，财富容易积累，又不会超过资源环境发展的负荷能力，处于比较理想的状态。近年来我国正在推进城镇化，城镇人口的增加对教育、城市建设等方面都有积极的意义，所以本书设置城乡人口比（乡村人口除以城镇人口）为负向指标。

陕西省作为 GDP 基数较大的省份，目前经济发展的理想状态是保持 8% 左右的增速同时实现转型，主要任务是实现调整经济结构，提高经济发展质量。2016 年陕西省政府工作报告指出，要积极适应经济发展新常态，坚持稳中求进工作总基调，精心谋划供给侧结构性改革，统筹推进稳增长、调结构、惠民生、防风险各项工作，切实抓好去产能、去库存、去杠杆、降成本、补短板五大任务，增强经济持续增长动力，实现"十三五"开好头、起好步，经济增长的预期目标为

8%左右。一般市场经济国家认为 CPI 增长率在 2%~3%属于可接受范围。根据文献和现存发达国家的案例，本研究设定第三产业总产值占 GDP 比重的理想值为 60%。这样的设置对陕西省三大区域各城市均适用。

（2）基于组合赋权的综合评价模型的建立。

1）G1 法主观权重的确定。G1 法是一种专家评判法。一般的专家评判法，对通过专家评分得到的判断矩阵计算之前，如果一致性检验失败，会导致不能反映实际的结果。G1 法的原理是对指标根据重要性排序之后，由专家对各个指标打分，并根据公式计算出各个指标的权重，不需要进行一致性检验。也就是说，通过主观的排序和赋值，指标越重要，权重越大。根据相关参考文献，G1 赋权方法的运算步骤如下：

第一步，确定指标对准则层的权重。

①用专家主观评判，确定指标的重要程度，将各指标排序。

②专家给出相邻准则层 x_{k-1} 与 x_k 重要性之比的理性赋值。

③专家给出 r_k 的理性赋值，则准则层下第 j 个指标对该准则层的 G1 法权重 v_j 为：

$$v_j = \left(1 + \sum_{k=2}^{n} \prod_{i=k}^{n} r_i\right)^{-1} \tag{2.5}$$

④由权重 v_j 可得第 j − 1 个指标的权重计算公式为：

$$v_{j-1} = r_k v_j (j = n,\ n-1,\ \cdots,\ 3,\ 2) \tag{2.6}$$

式中，v_{j-1} 表示准则层下第 j − 1 个指标对该准则层的 G1 法权重；r_k 表示专家给出的理性赋值；v_j 表示准则层下第 j 个指标对该准则层的 G1 法权重。如表 2-5 所示。

表 2-5　重要性比值参考表

r_k	重要性程度
1.0	指标 x_{k-1} 与指标 x_k 具有同等重要性
1.2	指标 x_{k-1} 比指标 x_k 稍微重要
1.4	指标 x_{k-1} 比指标 x_k 明显重要
1.6	指标 x_{k-1} 比指标 x_k 强烈重要
1.8	指标 x_{k-1} 比指标 x_k 极端重要
1.1、1.3、1.5、1.7	对应以上两两相邻判断的中间情况

第二步，指标对目标层的权重。

假设 w_j 表示第 k 个准则层下第 j 个指标对目标层的权重；v_j 表示第 k 个准则层下第 j 个指标对第 k 个准则层的权重；v^k 表示第 k 个准则层对目标层的权重。

根据计算公式：

$$w_j = v_j v^k \tag{2.7}$$

得出指标对目标层的权重。

2）熵权法客观权重的确定。根据以往文献的研究成果，本研究对评价指标进行了重要程度排序，为了报告撰写的方便和理论论述的一致性，在构建指标体系时，按照指标的重要性进行了排序。

为了更加科学有效地对指标进行评价，进而得到陕西省综合实力的最终得分，本研究利用熵值法对标准化后的数据进行进一步的处理。信息熵反映了数据一定程度的变异程度，熵权法包括用信息熵采取信息系统的有序度和信息的实用价值，可以在综合评价中应用。熵权法能深刻地反映出指标信息的效用，是一个可靠的分析方法。相比传统的层次分析法和德尔菲法，更加科学有效。其主要步骤如下：

第一步，设有 n 项指标，m 年的数据，将 x_{ij} 转化为比重形式的 p_{ij}，则：

$$p_{ij} = \frac{x_{ij}}{\sum_{i=1}^{m} x_{ij}} (i = 1,\ 2,\ \cdots,\ m;\ j = 1,\ 2,\ \cdots,\ n) \tag{2.8}$$

第二步，定义第 j 个评价指标的熵值 e_j，则：

$$e_j = -k \sum_{i=1}^{m} p_{ij} \ln(p_{ij}) (i = 1,\ 2,\ \cdots,\ m;\ j = 1,\ 2,\ \cdots,\ n) \tag{2.9}$$

式中，常数 $k = \dfrac{1}{\ln m}$，其引入是为了保证第 j 个评价指标的各比重 p_{ij} 都相等

$(\dfrac{1}{m})$ 时，能够满足 $e_j = 1$。这时该项指标提供的信息量为零，综合评价结果不受其影响。

第三步，在满足 $\sum_{j=1}^{n} w_j = 1$ 的条件下，定义评价指标的熵权 w_j 为：

$$w_j = \frac{1 - e_j}{(n - \sum_{j=1}^{n} e_j)} \tag{2.10}$$

熵权法赋权的特点是在样本中，同一指标之间数值分辨程度越大，则权重越大。

把标准化后的数据分别代入式（2.9）、式（2.10）熵值公式，计算得到代表

各数据变化情况的熵值 e_j。

3）指标重要性之比的确定。本方法使用指标熵值之比，作为相邻指标 x_{k-1} 与 x_k 重要性程度之比 r_k，计算公式如下：

$$r_k = \begin{cases} \dfrac{e_{k-1}}{e_k}, & e_{k-1} > e_k \\ 1, & e_{k-1} \leqslant e_k \end{cases} \tag{2.11}$$

G1 赋权法是直接规定 r_k 的赋值，而修正后的 G1 方法是根据信息熵计算出重要程度之比，这是两种方法最大的不同。根据数据本身的内含信息确定指标重要性标度，更加客观合理。

4）指标层对准则层的权重计算。利用各指标的熵值通过式（2.11）计算出指标重要标度 r_k。将得到的 r_k 值代入式（2.5），得到三级指标层中重要性最末位的指标的权重，然后根据式（2.6），依次递进乘以相邻指标的重要性之比，可以得到三级指标对二级指标（即准则层）的权重，将每个二级指标下所有三级指标的熵值加总，得到每个二级指标的熵值，将这些熵值代入公式（2.11），可以得到二级指标层的重要性标度 r_k，依据式（2.5）、式（2.6）可以得到二级指标对一级指标的权重，依据式（2.7），可得到三级指标对三级指标层组合权重。

所有原始数据均来自 2016 年陕西省及各市统计年鉴和统计公报，对指标体系中的原始数据进行标准化处理，然后根据 G1 法主观权重的确定方法、熵权法客观权重的确定方法、指标重要性之比的确定方法、指标层对准则层的权重计算方法依次求出三级指标对二级指标的权重、二级指标对一级指标的权重。

2.1.2.3 三大区域评价结果分析

根据数据处理的结果，我们得到陕西省三大区域人口系统、环境系统、资源系统、经济系统、社会系统和科技能力的评价结果，如表 2-6~表 2-11 所示。

（1）人口系统。

表 2-6 陕西省三大区域人口系统综合评价二级指标得分

指标	陕北	关中	陕南
G_1	0.011703441	0.030164332	0.013387972
G_2	0.014994319	0.03531642	0.003568151
G_3	0.01680685	0.027038606	0.013655645

（2）环境系统。

表 2-7　陕西省三大区域环境系统综合评价二级指标得分

指标	陕北	关中	陕南
H_1	0.016392546	0.044609163	0.050888641
H_2	0.028842533	0.040330651	0.048812004
H_3	0.027390202	0.037572648	0.046218185
H_4	0.033698249	0.043199116	0.031528343

（3）资源系统。

表 2-8　陕西省三大区域资源系统综合评价二级指标得分

指标	陕北	关中	陕南
I_1	0.052312061	0.01776298	0.006400081
I_2	0.008456756	0.055575824	0.010684458

（4）经济系统。

表 2-9　陕西省三大区域经济系统综合评价二级指标得分

指标	陕北	关中	陕南
J_1	0.003895474	0.056679743	0.001621231
J_2	0.002344151	0.054528917	0.002642501
J_3	0.001478533	0.044403091	0.001944913
J_4	0.001597861	0.035975999	0.001765686

（5）社会系统。

表 2-10　陕西省三大区域社会系统综合评价二级指标得分

指标	陕北	关中	陕南
K_1	0.019189731	0.098601775	0.00666406
K_2	0.015371043	0.113044951	0.005100624
K_3	0.002455942	0.122407804	0.002054237
K_4	0.002312938	0.083184257	0.004780755

(6) 科技能力。

表 2-11   陕西省三大区域科技能力综合评价二级指标得分

指标	陕北	关中	陕南
L_1	0.000821454	0.378376645	3.97679E-06
L_2	0.000213976	0.35808515	0.000363782
L_3	1.87193E-07	0.061233998	2.6144E-08
L_4	0.000141338	0.081253601	0.000691455

(7) 综合评分。

表 2-12   陕西省三大区域 PERDST 综合实力评价指标体系得分

一级指标	结果	陕北	关中	陕南	一级指标	结果	陕北	关中	陕南
人口系统	得分	0.04350461	0.092519359	0.030611768	环境系统	得分	0.102323529	0.165711578	0.177447174
	排名	2	1	3		排名	3	2	1
资源系统	得分	0.060768817	0.073338804	0.017084539	经济系统	得分	0.00931602	0.19158775	0.007974332
	排名	2	1	3		排名	2	1	3
社会系统	得分	0.039329654	0.417238787	0.018599676	科技系统	得分	0.001176955	0.878949393	0.00105924
	排名	2	1	3		排名	2	1	3

综合评价	结果	陕北	关中	陕南
	得分	0.256419584	1.719345671	0.152776729
	排名	2	1	3

从表 2-12 可以看到：

1）人口系统。结合表 2-6 可知，关中地区人口系统得分领先于陕北和陕南。关中地区经济发展领先于陕西其他地区，年轻劳动力为了追求更多的工作机会和更好的薪金待遇涌入关中，无形之中造成陕南、陕北等其他地区人口问题。年轻劳动力外出务工导致陕南、陕北地区人口老龄化、男女性别比例失调以及人口增长率不健康等问题。

2）环境系统。既要金山银山，也要绿水青山，经济发展要与生态文明相协调。结合表 2-7 可知，陕西省三大区域环境系统得分情况由高到低依次是陕南、关中、陕北地区。陕北地形主要以黄土塬、沟壑为主，陕南以秦岭山地为主，关中以渭河平原为主。陕南地区特殊的山地地貌，遏制了陕南走工业化发展的道路，使得陕南环境质量在陕西省排名处于领先地位。关中地区的资源优势也使得本地区工业较陕西其他地区发达，工业排污量大于其他地区，同时关中平原地区空气流通不畅，工业废气不能及时疏散，导致了关中地区的环境系统得分低于陕南地区。

3）资源系统。自然资源为地区的发展提供支撑和保障。结合表 2-8 可知，陕西省三大区域资源系统得分情况由高到低依次是关中、陕北、陕南。陕北地区土地资源丰富，但利用率不高，这是陕北资源系统得分不及关中的重要原因。关中地区由于人口密度大，工业发展较快，对于资源能够更加有效地充分利用。陕南由于地处秦岭山脉附近，资源相对匮乏，利用率也不高。

4）经济系统。结合表 2-9 可知，陕西省三大区域经济系统得分情况由高到低依次是关中、陕北、陕南。关中地区的经济规模、经济结构、经济效益和经济增长速度都远超陕西其他地区，这与关中地区的地势平坦、城市化发展水平领先以及丰富的科技资源有密不可分的关系，今后陕西的发展需要将关中的经济优势和科技资源不断向外辐射，让更多的资源为经济更好的发展而充分涌流。同时，要提高陕北和陕南城市化水平、基础设施建设水平，为城市发展创造更多的条件。

5）社会系统。结合表 2-10 可知，陕西省三大区域社会系统得分情况由高到低依次是关中、陕北、陕南。关中地区社会系统评价得分最高，很大程度上与关中地区地势平坦、适合城市发展、城市化水平较高、经济发展水平较高有关，关中地区在基础设施建设、生活质量、社会保障、社会稳定等方面领先于陕西其他地区。陕西省后续发展应当注意缩小三大区域发展差距，为陕北、陕南的基础设施建设、社会保障水平和人民生活水平的提高制定出有效的政策，采取有效的措施。

6）科技能力。科学技术是第一生产力。结合表 2-11 可知，陕西省三大区域科技能力得分情况由高到低依次是关中、陕北、陕南。关中地区地处平原，由于其得天独厚的地理优势，陕西省很多高校选择坐落于此，形成关中地区天然的科技资源，关中地区在科技投入、科技产出、科技转化等方面都领先于陕西其他地区。短期之内要增加陕北、陕南科技投入阻力较大的情况下，可以加强关中地区科技资源成果的辐射强度，让陕西更多的地区享受关中地区科技发展的成果，同时为陕北、陕南引进科技资源开辟途径，加强这两大区域和关中地区的交流、往来、合作。

7）综合评价。由表 2-12 可以看出，关中地区的综合实力得分优于陕北和陕南地区。这不仅说明陕西省发展到今天，关中地区功不可没，同时也暴露了陕西省三大区域发展不平衡的弊端，为今后的发展指明了方向。陕西发展靠关中地区，同时要照顾到"两翼"（陕北和陕南），努力实现在关中的带领下，三大区域协调发展，为我们实现追赶超越创造条件。

2.2 城市群发展评价与比较

2018 年 1 月 15 日，"关中平原城市群"获国务院最终正式批复。获批的关中平原城市群是指以大西安（含咸阳）为中心、宝鸡为副中心，包括渭南、铜川、商洛（北部商州、洛南、柞水等区县，地理气候划分属陕南地区）及杨凌示范区的城市群（新欧亚大陆桥沿线城市）、平凉、庆阳、临汾、运城。该区域为关中平原人口最密集地区，经济发达，文化繁荣，具有巨大的发展潜力。除关中五市一区外，山西、甘肃两省多个城市也被纳入关中平原城市群。此次规划被视为关天经济带上升为国家级城市群的重要里程碑。

关中平原城市群以建设具有国际影响力的国家级城市群为目标，深度全面融入"一带一路"建设，对西北地区的核心发展起到引领作用，为国家向西开放提供重要的战略支撑。同时，关中平原城市群为发展西北地区提供新的思路、规划，注入新的力量——陕晋甘多市被纳入其中，助力西北振兴。

立足于陕西省发展的现实情况，本书对关中平原城市群的研究仍采用狭义上的关中五市一区（关中平原城市群的核心区）。

本章将对关中平原城市群核心区各方面数据进行收集、整理、分析，同时进行外部、内部的比较，对关中地区的发展现状进行简单的介绍。

2.2.1 城市群综合竞争力评价

城市群作为经济增长新的增长极越来越受到国家乃至世界的关注，成为区域发展竞争、国际竞争的主要因素，越来越多的学者将研究转移到对城市群的发展研究上来。我国西部地区城市群发育程度低，和中、东部相比差距很大，影响了我国城市群竞争力的整体水平。因此，我国的《国家新型城镇化规划（2014~2020年)》明确提出重点培育西部城市群，增强其竞争力。随着关中平原城市群的建立及其在全国经济板块中的迅速崛起，其已经成为当前和未来西部地区经济发展的重要载体。在此，我们对关中平原城市群和全国其他地区城市群的发展进行比较及评价，以此为新时代陕西追赶超越的实现途径寻找发展的依据。

2.2.1.1　评价体系构建

本章依据指标体系构建原则，根据"三角模型"，选择指标并构建城市群竞争力指标体系。

（1）结构层面。本书用城市群总人口表征城市群规模，用城市群人均道路面积和固定资产投资额来表征城市群基础设施，用城市群医生数、每万人公交数来代表服务人员、设施，用城市群绿地面积代表环境基础。

（2）功能层面。本书用城市群客运总量代表交通能力，用城市群的科技支出、垃圾无害处理率来代表科技创新能力，用城市群固体废物综合利用率、污水集中处理率、工业烟尘去除量代表持续发展能力。

（3）绩效层面。本书用城市群地区生产总值代表经济发展水平，用城市群地方财政收入、居民储蓄存款余额代表财富聚集水平，用城市群教育支出、每百人拥有公共图书馆图书、高校专任教师数代表社会文明程度。

2.2.1.2　城市群竞争力评价结果分析

（1）评价范围及数据。选择成都城市群、关中平原城市群、南北钦防城市群、银川平原城市群、呼包鄂城市群、兰白西城市群、黔中城市群、滇中城市群等具有代表性的西部城市群作为评价对象。鉴于指标与数据的可得性及一致性，本书基础数据全部来自 2016 年的《中国城市统计年鉴》。

（2）评价过程。选择因子分析法进行研究，并加入了中部、东部其他城市群补充样本容量，城市群样本总数为 11 个。具体评价结果如表 2-13 所示。

表 2-13　城市群整体竞争力对比

城市群名称	社会实力竞争力	经济实力竞争力	交通实力竞争力	环境实力竞争力	城市群整体竞争力	整体竞争力排名
成都城市群	1.20	0.45	0.22	0.55	0.74	4
关中平原城市群	0.35	0.02	0.10	0.49	0.23	5
南北钦防城市群	−0.36	−0.56	−0.67	−0.05	−0.43	8
兰白西城市群	−0.31	−0.87	−0.60	0.14	−0.48	10
呼包鄂城市群	0.01	−0.12	−0.72	0.24	−0.12	6
滇中城市群	0.10	−0.40	−0.20	−0.29	−0.15	7
黔中城市群	−0.42	−0.72	−0.10	−0.34	−0.45	9
银川平原城市群	−0.43	−0.90	−0.70	−0.40	−0.62	11

续表

城市群名称	社会实力 竞争力	经济实力 竞争力	交通实力 竞争力	环境实力 竞争力	城市群整体 竞争力	整体竞争力 排名
长江三角洲城市群	1.60	1.24	1.20	1.00	1.35	1
珠江三角洲城市群	1.45	1.20	1.20	0.90	1.29	2
京津冀城市群	1.40	0.87	1.00	0.50	1.07	3

由表 2-13 可知，3 个东部城市群竞争力均为正值，表明其竞争力在全国位于前列。西部城市群中大多数为负值，表明其竞争力水平较低。经济实力竞争力的极差在各项得分中比较大，为 2.14，说明经济实力是西部城市群最薄弱环节。西部城市群中，成都城市群、关中平原城市群各项竞争力得分均排第 1、第 2 位，说明成都城市群、关中平原城市群发育相对成熟。呼包鄂城市群整体竞争力排第 3，但交通实力竞争力排在第 8 位，说明交通实力竞争力是其最薄弱项。滇中城市群排在第 4 位，但环境实力相对落后。其次为南北钦防城市群、黔中城市群、兰白西城市群、银川平原城市群。

西部城市群综合发展能力按照从高到低可以分为四个层次：第一层次为成都城市群，其综合发展能力远远高于其他城市群；第二层次为关中平原城市群和呼包鄂城市群，两者综合发展能力相近，且略高于西部城市群综合发展能力平均水平；第三层次为滇中城市群和南北钦防城市群，两者综合发展能力较低，且低于西部城市群平均水平；第四层次为银川平原城市群、兰白西城市群和黔中城市群，三者综合发展能力最低。

虽然关中平原城市群的整体竞争力不及成都城市群，但考虑到成都城市群中有成都这个特大城市，关中平原城市群中有西安这个特大城市，两个城市还是具有可比性的，因此将关中平原城市群发展、追赶、超越的目标定位为成都城市群。

关中平原城市群具有得天独厚的自然、经济和文化优势，这为其实现追赶、超越提供了现实的可能性和不竭的奋斗动力。

1) 关中平原城市群经济实力雄厚。关中平原城市群中的五市一区 GDP 每增长 1%，其对全省的贡献率为 0.653%。城乡居民收入水平除渭南、铜川两市城镇居民人均可支配收入略低外，其余全部超过全省平均水平。不难看出，关中区域不仅是提升全省经济总量的决定性区域，也是实现全面小康建设的主力军。如表 2-14 所示。

表 2-14 关中平原城市群五市一区发展对陕西省贡献率

地区	GDP（亿元）	占比（%）	城镇居民人均可支配收入（元）	占比（%）	农村居民人均可支配收入（元）	占比（%）
陕西省	19165.39		28440		9396	
西安市	6257.18	32.65	35630	125.28	15191	161.68
咸阳市	2396.07	12.50	31662	111.33	10481	111.55
宝鸡市	1932.14	10.08	31730	111.57	10287	109.48
渭南市	1488.62	7.77	27485	96.64	9415	100.20
铜川市	311.61	1.63	27594	97.03	9478	100.87
杨凌示范区	118.98	0.62	35510	124.86	14959	159.21
关中	12504.6	62.25				

2）关中平原城市群交通便利。关中平原城市群是以西安市为中心，包括咸阳、宝鸡、渭南、韩城、华阴等市的城市群。在铁路方面，西安市地处陕西省的中心，沿着陇海铁路、西康铁路、宁西铁路、西户铁路、侯西铁路、包西铁路等将宝鸡、渭南、韩城等市联系在一起，增强了沿线各市的联系和交流。在陆路方面，关中平原城市群拥有"米字形"的高速道路系统，横向有沪陕高速连接东西，纵向有京昆高速、包茂高速、福银高速连接南北，城市交流便利。在航空方面，关中平原城市群拥有咸阳国际机场。

3）关中地区自然资源丰富、历史文化悠久。关中平原城市群地处陕西省中部，充分占据了陕北、陕南丰富的资源。陕北、陕南都有极为丰富的资源：在矿产资源方面，陕北、渭北的矿产资源较为丰富，发现有用矿产 130 种，其中煤、天然气极为丰富，全部矿产潜在经济价值超过 8 万亿元。在天然气、石油方面，榆林地区探明天然气储量达 1700 亿立方米，远景储量达 3.69 万亿立方米；陕北的石油探明储量达 2.7 亿吨。在生物资源方面，陕南拥有极为丰富的生物资源，在野生动物方面，兽类动物、鸟类动物数量都占全国资源的 30%，有珍贵动物 27 种，包括朱鹮、大熊猫、金丝猴、羚羊、华南虎等一级保护动物，小熊猫、金猫、大天鹅等三级保护动物。在农作物方面，主要有小麦、玉米、水稻、棉花、大麦、高粱等，还有生漆资源、核桃、桐油等大量经济作物。拥有中草药近 1000 种，包括杜仲、黄连、天麻等。在旅游资源方面，陕西拥有"天然历史博物馆"之称。全省文物资源极为丰富，现有 3.58 万处文物点、151 座博物馆，馆藏 90 万件各类文物，文物点数量之多、密度之大、等级之高居全国首位。其中，较为出名的包括秦始皇兵马俑、佛教名刹法门寺、西安城墙、大雁塔、华清池等，每年能够吸引国内外众多游客。

根据陕西的特点及发展现状，我们认为，关中地区的发展对陕西省实现自身发展、实现追赶超越意义重大。陕西尽快实现追赶超越的希望在关中，必须依靠关中。关中地区无论从资源、区位看，还是从发展基础看，都具有得天独厚的发展优势。这一部分我们将对关中经济发展情况、创新能力发展情况进行深入的分析。

2.2.2 城市群经济实力评价与比较

2.2.2.1 关中地区外部对标比较

陕西的关中地区、中原经济区的郑州地区、湖北的武汉经济圈、四川的成都地区，这些地区都是所在大区域发展的经济增长点和推动力。2016年，陕西省GDP总量为19165.39亿元，GDP增速为7.6%，总量虽不及四川省的2/3，但与四川省7.7%的GDP增速不相上下。

关中地区主要包括西安市、咸阳市、宝鸡市、渭南市、铜川市、杨凌示范区。成都平原经济区主要包括成都市、德阳市、绵阳市、遂宁市、资阳市、眉山市、乐山市、雅安市。2016年关中地区和成都平原经济带对所在省份的GDP贡献率如表2-15、表2-16所示。

表 2-15　2016 年成都平原经济带对四川省经济贡献率

地区	成都	德阳	绵阳	遂宁	资阳	眉山	乐山	雅安
GDP（亿元）	12170.23	1752.45	1830.42	1008.45	943.44	1117.23	1406.58	545.33
地区	成都平原经济带		四川省		成都平原经济带对四川省 GDP 贡献率			
GDP（亿元）	20774.13		32680.5		0.635673567			

表 2-16　2016 年关中地区对陕西省经济贡献率

地区	西安	咸阳	宝鸡	渭南	铜川	杨凌	关中地区	陕西省	关中地区对陕西省 GDP 贡献率
GDP（亿元）	6257.18	2396.07	1932.14	1488.62	311.61	118.98	12504.6	19165.39	0.652457372

2016 年，成都平原经济带对四川省 GDP 贡献率为 63.57%，其中成都市约占四川省 GDP 总量的 1/3；关中地区对陕西省 GDP 贡献率略高，为 65.25%，西安市约占陕西省 GDP 总量的 1/3。关中地区与成都平原经济带在 GDP 总量上存在巨大差距，关中地区落后，成都平原经济带处于绝对领先地位。从 GDP 总量看，两地发展程度差距较大，看似可比性不强，但在后续研究中我们发现，两个地区的经济发展对于所在省份的贡献相近，经济发展速度不相上下，故将关中地区的赶超目标设定为成都平原经济带这一做法合理可行。

由于西安市、成都市对于关中地区和成都平原经济带的 GDP 贡献率均超过 50%，是所在经济区发展的主要推动力。在此，我们对西安市和成都市的经济发展从经济规模、经济结构、经济效益、经济增长速度、经济开放度方面进行简单对比，同时选取一些人均指标进行简单对比分析。具体对比结果如表 2-17、表 2-18 所示。

表 2-17　2016 年西安市和成都市经济发展对比

指标		西安	成都
经济规模	GDP 总量（亿元）	6257.18	12170.2
	财政收入额（亿元）	1135.68	1175.4
	社会消费品零售总额（亿元）	3730.7	5647.4
	固定资产投资额（亿元）	5191.36	8370.5
经济结构	第三产业占 GDP 的比重（%）	61.2	53.1
经济效益	城镇居民家庭人均可支配收入（元）	35630	35902
	农村居民家庭人均纯收入（元）	15191	18605
经济增长速度	GDP 增长速度（%）	8.5	7.7
	社会消费品零售总额的增长率（%）	9.6	10.4
	居民消费价格指数（%）	100.9	102.2
	财政收入增长率（%）	8.5	7
经济开放度	外贸进出口总值（亿元）	1828.46	2713.4
	外贸进出口总值变动率（%）	3.8	11
	进口总额（亿元）	881.7	1262.9
	进口变动率（%）	-6.4	30.9
	出口总额（亿元）	946.75	1450.5
	出口变动率（%）	15.5	-2
	实际利用外资金额（亿元）	45.05	86.2

表 2-18　西安市和成都市人均 GDP 近三年发展比较

	西安			成都		
	2016 年	2015 年	2014 年	2016 年	2015 年	2014 年
人均地区生产总值（元）	71357	67343.15	63748.33	76960	74862.42	70337.68
人均地区生产总值增长率（%）	6.5	10.4	11.6	6.2	6.4	11

由表 2-17、表 2-18 可知：

（1）从经济规模看，西安市 GDP 总量为 6257.18 亿元，成都市 GDP 总量为 12170.2 亿元。成都市的经济发展规模远超过西安市，GDP 总量约为西安市的 2 倍。西安市社会消费品零售总额、固定资产投资额、出口总额分别为 3730.70 亿元、5191.36 亿元、946.75 亿元，成都市的对应数据分别是 5647.4 亿元、8370.5 亿元、1450.5 亿元，成都市都远超西安市。

（2）从经济增长速度看，西安市 GDP 增长速度、财政收入增长率分别为 8.5%、8.5%，成都市相关指标数据为 7.7%、7%。尽管西安市经济规模不及成都市，但近几年西安市 GDP 增速、财政收入增长率都赶超成都市。

（3）从经济结构看，西安市第三产业占 GDP 比重为 61.2%，成都市为 53.1%，西安市稍有优势。

（4）从经济效益看，西安市城镇居民家庭人均可支配收入为 35630 元，成都市为 35902 元；西安市农村居民家庭人均纯收入为 15191 元，成都市为 18605 元。西安市城镇人口收入水平与成都市相当，农村人口收入水平却不如成都市。

（5）从外贸进出口情况看，西安市外贸进出口总值为 1828.46 亿元，成都市为 2713.4 亿元，成都市领先西安市。然而，西安市出口比上年增加 15.5%，成都市不增反减。成都市实际利用外资金额为 86.2 亿元，西安市为 45.05 亿元，成都市外资利用效率高于西安，西安市的经济开放度不如成都，但从西安出口激增可以看出西安市在不断提高其对外开放的能力。

（6）从人均地区生产总值的角度看，虽然西安市和成都市随着近年来经济不断发展，两地人均 GDP 增长速度逐渐下降，但人均 GDP 绝对值都呈现上升趋势。尽管成都市人均 GDP 在绝对值上仍领先于西安市，但 2016 年，西安市人均 GDP 增速为 6.5%，成都市为 6.2%，西安市在增速上已赶超成都市。两地在经济总量上悬殊较大，在人均 GDP 上却具有可比性，且增长速度相近。

总体来看，西安市经济发展规模和质量与成都市有一定的差距，但西安市经济发展增速高于成都市，为其实现追赶超越提供了现实的可能性。

2.2.2.2 关中地区内部分析

关中地区近年来经济发展呈现良好态势，各个城市发展具有各自特色。关中具体各地市发展情况如表 2-19、表 2-20 所示。

通过分析可以看到：

（1）在全省经济发展的过程中，西安市的 GDP 贡献率最大，西安市的经济规模在全省所占比重最大，可达 30% 以上。近年来，西安市经济增长对全省经济发展的带动作用不断减弱，关中地区经济增长对全省经济发展的带动作用不断加强，关中地区经济占全省 GDP 比重从 2014 年的 63% 增长到 2016 年的 65%。陕西发展靠关中，要谋求接下来经济的可持续健康快速发展，需要把重心放在关中，继续发挥西安市在关中地区的辐射作用，造福关中，造福陕西。

（2）在陕西省经济发展的过程中，西安市在经济规模、经济结构、经济效益等方面均处于绝对领先地位，为陕西经济发展做出突出贡献。杨凌示范区在关中发展速度最快，从关中地区各城市中脱颖而出，GDP 增长速度位居陕西第一（10.1%）。由于西咸新区的设立，咸阳市发展紧跟西安市，发展规模和增速都稳步提升。

（3）铜川市生态环境不断改善，入选"2017 中国最具幸福感城市"。铜川市位于黄土高原与关中平原的过渡地带，先矿后市，依托丰富的煤炭资源，铜川市成为西北地区重要的能源建材基地。在为国家经济建设做出重要贡献的同时，铜川市也面临着工矿区生态环境遭受冲击、植被保护面临挑战、部分区域性生态退化等环境问题，严重的大气污染一度使得铜川成为卫星上看不见的城市。近年来，铜川市坚持绿色发展，推进美丽铜川建设，绿色富市，绿色惠民，坚持尊重自然、顺应自然、保护自然的生态文明理念，实施山水林田湖生态保护和修复工程，筑牢生态安全屏障。大力实施造林绿化，有效保护森林和湿地资源，提升区域生态承载能力，全市森林覆盖率达到 48.5%，水土流失治理程度提高到 65%。以改善环境质量为核心，强化环境综合治理，打好大气、水、土壤污染防治三大战役。持续实施治污降霾保卫蓝天行动，优化大气环境质量。加强水源地保护，加大漆水河、沮河等水污染综合治理，改善水环境质量。开展土壤环境污染调查工作，完成土壤分级区划，建立健全土壤环境数据库。积极支持绿色清洁生产和消费，主要污染物排放强度指数全面达标，万元生产总值能耗降低 12%。绿色低碳循环成为发展主基调，实现生产空间集约高效、生活空间宜居适度、生态空间山清水秀。近年来，铜川市结合资源型城市转型发展，加大民生投入，让老百姓在环境、就业、医疗、住房、公共服务等多方面感受到了实实在在的变化，幸福

表 2-19　2016 年关中各市经济发展情况

	指标	西安	咸阳	宝鸡	渭南	铜川	杨凌
经济规模	GDP 总量（亿元）	6257.18	2396.07	1932.14	1488.62	311.61	118.98
	财政收入额（亿元）	1135.68	231.92	177.48	65.69	31.44	17.77
	社会消费品零售总额（亿元）	3730.7	688.55	702.16	574.01	124.97	16.76
	固定资产投资额（亿元）	5191.36	3643.74	3199.84	2289.51	423.23	178.97
	出口总额（万美元）	946.75	16.11	45.58	10.66	2.14767	1.6
经济结构	第三产业占 GDP 的比重（%）	61.2	27.3	27.6	38.5	40.4	41.5
经济效益	城镇居民人均可支配收入（元）	35630	31662	31730	27485	27594	35510
	农村居民家庭人均纯收入（元）	15191	10481	10287	9415	9478	14959
经济增长速度	GDP 增长速度（%）	8.5	7.7	9.3	7.5	7	10.1
	社会消费品零售总额的增长率（%）	9.6	14.5	14.6	14.1	13.6	14.3
	居民消费价格指数	101.6063	106.575	104.8576	101.1	101.3	102
	财政收入增长率（%）	8.5	5.7	-9.2	10.6	-3.4	1.4

表 2-20　关中各市近三年 GDP 发展情况

单位：%

年份	陕西 GDP	西安 GDP	咸阳 GDP	宝鸡 GDP	渭南 GDP	铜川 GDP	杨凌 GDP	西安占陕西比重	关中占陕西比重
2016	19165.39	6257.18	2396.07	1932.14	1488.62	311.61	118.98	0.3264833	0.6524573
2015	18171.86	5810.03	2155.91	1788.59	1469.08	324.54	104.2	0.319727	0.64123
2014	17690	5474.77	2077.34	1658.54	1460.94	340.42	93.2	0.309484	0.627768

感提升。

（4）杨凌示范区发展特色鲜明。地处陕西关中腹地的杨凌示范区成立 20 年多来，依托区内雄厚的科技实力和丰富的人力资源，紧紧围绕农业高新技术产业化，积极创造条件，促进产学研紧密结合，为资本与知识的对接、科技和经济的融合搭建稳固的支撑平台，全方位、多渠道开展招商引资工作。

杨凌示范区已经成为在全国乃至全世界都有重大影响力的农业高新区。现代农业科技创新始终是引领杨凌示范区发展的"主引擎"，中国农科城就是杨凌示范区的"代名词"。近年来，杨凌示范区加快推进农业科技协同创新，全面建设科技创新平台，以创新驱动战略引领农业科技实现新突破。依托以西北农林科技大学为核心的科教单位，建立起"区校一体"融合发展、紧密合作的战略关系，打造科技创新资源科学配置的"国家队"。杨凌示范区拥有国家级和省部级科研平台 60 多个；科学研究与试验发展（R&D）经费占生产总值比重达到 5.58%，进入全国先进地区行列；科技成果和专利申报量累计达到 3081 件，发明专利授权量 609 件；累计审定动植物新品种 150 多个。

杨凌示范区正把自己打造成为现代农业国际合作的突破口。在国家"一带一路"倡议所涵盖的省份中，唯有陕西拥有现代农业国际合作交流的亮丽名片。杨凌示范区正以建设丝绸之路经济带现代农业国际合作中心为主攻方向，着力提升国际交流合作的层次，加快构建对外合作新格局，切实提高对外合作水平。

杨凌示范区农业提质增效取得新突破，为中国农业现代化探路。杨凌示范区始终坚持扎实推进特色现代农业建设，持续提升示范能力，构建旱区农业的新范例。从加强现代农业园区建设，到发展壮大种子产业，再到培育新型农业经营主体，杨凌示范区以主动担当、击楫中流的魄力，为中国农业现代化探路。

杨凌示范区城乡一体化取得重大进展，构建起了农科特色鲜明的"大学城"。穿行在杨凌乡村，座座别致的新农宅矗立乡间，条条平坦的大道串起美丽的村庄，甘甜的自来水流进农家院，清洁的天然气输进农家厨房，运动健身有去处，农家书屋学知识……这些悄然发生在杨凌农村的变化，折射出杨凌示范区打破城乡二元瓶颈、加快推进城乡一体化的累累硕果。

（5）宝鸡制造业不断发展。宝鸡位于西安、兰州、银川、成都四个省会城市的几何中心，是陕、甘、川、宁四省（区）毗邻地区的区域性中心城市，是连接中原与西北、西南的重要通道和新丝绸之路的主要支点，在西部区域经济发展中具有"承东启西、连南济北"的重要战略地位。

丰富的农业、矿产、景观资源成为宝鸡产业发展的重要基础。深厚的文化底蕴，将对宝鸡城市品牌建设和产业发展起到重要的推动作用。宝鸡是华夏始祖炎帝的故里和姜炎文化、周秦文化的发祥地，被誉为"青铜器之乡""佛教圣地""民间工艺美术之乡"，文化积淀深厚。中华民族发展的每一个时期，都与宝鸡有着千丝万缕的联系。

较为低廉的要素成本构成了宝鸡产业发展的成本比较优势。宝鸡已被纳入城市建设规划、土地利用总体规划修编的试点城市，工业和城市建设用地比较富余，部分土地还没有得到开发利用，后备土地资源比较丰富。而且区域内土地平坦，征地成本和整理开发费用不高，土地价格低于西安和周边主要城市。宝鸡被称为关中"水龙头"，水资源丰富，境内有渭河、嘉陵江及各级支流 300 多条，全市水资源年拥有量达到 37 亿立方米，占关中地区 44.8%；全市地表水开发利用程度仅为 22.4%，为关中地区各市最低。全市共有 56 个企业研发中心、2 个博士后科研工作站、23 个国家和省级技术中心，拥有多领域的技术人才，技术工人丰富，为宝鸡产业发展提供了雄厚的科技基础。另外，宝鸡市电、煤、气等基本生产要素供应充足、价格低廉。

随着《关中—天水经济区发展规划》的颁布实施，国家将在基础设施建设、重大产业布局、城镇化、土地利用、资金投入等方面加大扶持力度，努力把该区域建设成为区域经济增长极，使之成为带动和支撑西部大开发的战略高地。宝鸡位于关中—天水经济区核心位置，是经济区重点建设的城市，这为宝鸡争取更多的政策支持和项目安排提供了千载难逢的历史机遇。

宝鸡目前发展思路是紧紧抓住我国产业结构转型和继续推进西部大开发的有利时机，积极利用国内和国际两个市场，充分发挥宝鸡产业资源丰富的优势，立足现有产业基础，以产业园区为主要平台，按照"大项目投入、大企业引领、中小企业协作配套"的发展路径，积极推进产业并购重组。近年来，初步形成以大企业为核心、中小企业配套发展的汽车及零部件、有色金属、石油装备、机床工具、能源化工、铁路装备、烟酒食品、新型建材八大产业集群，培育过 500 亿元大企业 1 家，过 200 亿元大企业 5 家，过 100 亿元大企业 6 家；力争到 2020 年，汽车及零部件、有色金属两大产业集群产值平均过千亿元，石油装备、机床工具、能源化工三大产业集群产值平均过 500 亿元，铁路装备、食品、新型建材三大产业集群产值平均过百亿元。

2.2.3 城市群创新能力比较

2.2.3.1 地区创新能力比较

关中地区集中了陕西省 80% 的教育资源和科技实力，拥有各类高等院校 80 多所，国家级重点科研院所 100 多个，科技人才 100 多万，年均国家、省部级科技成果上千项，科教综合实力位居全国前列，具有得天独厚的优势。2017 年，西安在全球率先举起硬科技的大旗，汇聚全球前沿科技创新技术成果，提升重塑城市品牌影响力，拉动硬科技相关产业发展，培育经济增长新动能，打造丝路创新人才中心高地，引领陕西全省追赶超越。

为了不断提升关中地区的创新能力，为关中地区经济发展提供不竭动力和保障，有必要对关中地区和其他地区的创新能力进行比较，对自身创新能力的发展水平有一个清晰准确的定位。由于数据的不完善性，且陕西省的创新能力核心在关中，我们在此模糊地将 2016 年陕西省创新能力近似看作关中创新能力。2016 年全国区域创新能力综合排名如表 2-21 所示。

表 2-21 2016 年全国区域创新能力综合排名

地区	2016 年排名	2015 年排名	变化	地区	2016 年排名	2015 年排名	变化
江苏	1	1	0	贵州	17	22	5
广东	2	2	0	辽宁	18	15	−3
北京	3	3	0	广西	19	18	−1
上海	4	4	0	甘肃	20	20	0
浙江	5	5	0	江西	21	19	−2
山东	6	6	0	黑龙江	22	24	2
天津	7	7	0	河北	23	23	0
重庆	8	8	0	宁夏	24	28	4
安徽	9	9	0	新疆	25	29	4
陕西	10	14	4	云南	26	26	0
四川	11	16	5	吉林	27	27	0
湖北	12	12	0	内蒙古	28	21	−7
湖南	13	11	−2	山西	29	25	−4
福建	14	10	−4	西藏	30	31	1
河南	15	17	2	青海	31	30	−1
海南	16	13	−3				

从表 2-21 可以看到，排名前十位的省市依次是江苏、广东、北京、上海、浙江、山东、天津、重庆、安徽、陕西。其中前九位省市连续三年保持不变，陕西省近十年来首次进入前十位。上升幅度最大的省份是四川和贵州。陕西省是西北地区的领头羊，排名不断上升。

陕西的关中地区、中原经济区的郑州地区、湖北的武汉经济圈、四川的成都地区，这些地区都是所在大区域发展的经济增长点和推动力。

2016 年全国区域创新能力排名中，陕西省排名为第 10 位，和排名第 11 位的四川不相上下。由于陕西和四川创新能力相近，都在不断提升，发展环境、发展态势具有可比性，且同属西部大开发的范围，将陕西省的创新发展追赶对象定位于四川省，关中地区追赶对象定为成都平原经济区，西安发展的对标城市定为成都，既能为自身的发展鼓足动力，同时也为追赶超越指明了方向。

西安市是陕西省的省会城市，是我国重点高等院校最为集中的城市之一，在校学生人数仅次于北京、上海，位居全国第三，也是全国高校密集度和受高等教育人数最多的城市。西安市为陕西省创新能力的发展做出了巨大贡献。2016 年实施市级科技计划项目 116 项。高新技术企业数 1506 家，重点扶持高新技术企业 29 家。全年技术市场交易额 711.77 亿元。申请专利量 46103 件，专利授权量 38279 件。通过对比分析发现，截至 2016 年底，西安市高新技术企业数是成都市（344 家）的 4 倍还多；西安市申请专利数量不及成都市专利申请量（98251 件）的一半。可见，西安市近年创新能力发展迅速，科技资源丰富，但科技转换能力仍不及成都市，仍需要对科技资源进行有效整合、优化，实现最优配置利用，提高科技转换能力。

2.2.3.2 关中地区内部比较

关中区域创新能力评价指标体系的建立：

对关中地区各地级市的创新能力进行评价是一项复杂的工作，它涉及创新能力的各个方面，对于各个市的创新工作的指导作用很强。其中一项核心的工作是设计区域创新能力评价体系和评价方法。评价指标体系和评价方法的恰当与否直接影响到开展区域科技创新工作的成效，以及一个地区提高创新能力工作的方向。

区域创新能力评价指标体系是整个区域创新能力评价中基础性、关键性的一环，区域创新能力评价指标体系的设计直接影响评价结果的精准性。可以说，没有科学、合理的评价指标体系，就没有令人满意、信服的评价结果。因此，必须建立起一套适合陕西关中地区科学、合理的区域创新能力评价指标体系。

为设计区域创新能力评价指标体系，在文献综述与专家调研的基础上，本部分参考了可持续发展指标体系、科技实力指标体系等研究的体系，欧盟成员国的创新能力评价指标，瑞士洛桑管理学院近几年来关于竞争力的研究报告，借鉴、吸收中国科技战略发展研究小组在《中国区域创新能力报告》中的指标，拟从知识创造能力、知识流动能力、企业技术创新能力、技术创新环境、创新经济绩效五个方面出发，从左往右逐步细化，构建了如图 2-1 所示的区域创新能力评价指标体系框架。

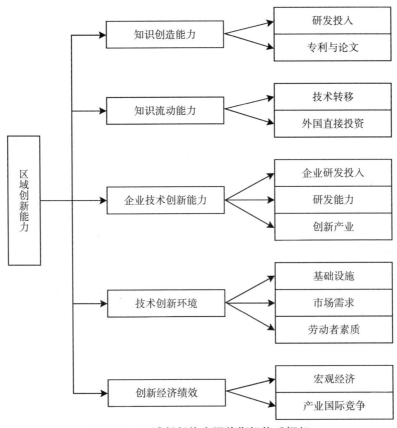

图 2-1　区域创新能力评价指标体系框架

　　为了对关中地区区域创新能力进行系统、综合的评价，在此建立了如表 2-22 所示的评价指标体系。采撷了关中地区 5 个地市 2015 年的科技统计数据，从横向维度出发，比较、分析评价了 2015 年关中地区 5 个地级市区域创新的各分项能力及创新综合能力，最终得到关中各地区创新能力得分结果如表 2-23 所示。

表 2-22 关中地区区域创新能力评价指标体系

一级指标	二级指标	三级指标
知识创造能力 X_1	研究开发投入 X_{11}	政府科技投入（亿元）X_{111}
		政府科技投入额占 GDP 比重（%）X_{112}
		政府科技投入增长率（%）X_{113}
	专利 X_{12}	专利申请数（件）X_{121}
		每万人发明专利申请数（件）X_{122}
		专利授权数（件）X_{123}
		每万人发明专利授权数（件）X_{124}
知识流动能力 X_2	研究开发投入 X_{21}	技术市场成交合同金额（亿元）X_{211}
		技术市场成交合同金额增长率（%）X_{212}
	外国直接投资 X_{22}	实际利用外资额（万美元）X_{221}
		人均利用外资额（万美元）X_{222}
企业技术创新能力 X_3	规模以上企业研究开发投入 X_{31}	企业研究开发人员数（人）X_{311}
		企业研究开发资金投入（万元）X_{312}
	研发能力 X_{32}	实用新型专利申请量（件）X_{321}
		每万人实用新型专利申请量（件）X_{322}
		外观设计专利申请量（件）X_{323}
		每万人外观设计专利申请量（件）X_{324}
	企业创新产出 X_{33}	新产品产值（亿元）X_{331}
		新产品销售收入（亿元）X_{332}
技术创新环境 X_4	基础设施 X_{41}	城镇拥有电脑户数（户）X_{411}
		人均用电量（元）X_{412}
		人均公路拥有量（米）X_{413}
	市场需求 X_{42}	地方财政支出（亿元）X_{421}
		商品进出口差额（万美元）X_{422}
		城镇居民可支配收入（元）X_{423}
	劳动者素质 X_{43}	教育经费占 GDP 比重（%）X_{431}
		每万人拥有高等院校在校生人数（人）X_{432}
		人均图书拥有量（千册）X_{433}
创新经济绩效 X_5	宏观经济 X_{51}	人均 GDP（万元）X_{511}
		第三产业与第一产业之比（%）X_{512}

续表

一级指标	二级指标	三级指标
创新经济绩效 X_5	产业国际竞争力 X_{52}	进出口额占全省比重（%）X_{521}
		进出口额占 GDP 比重（%）X_{522}
		进出口额增加率（%）X_{523}

表 2-23　关中地区创新能力评价指标体系得分

一级指标	结果	西安	咸阳	宝鸡	渭南	铜川	杨凌
知识创造能力	得分	0.69852741	0.00214	0.0073286	0.0016904	7.645E-06	0.5334783
	排名	1	4	3	5	6	2
知识流动能力	得分	0.907528114	0.001105	0.3448347	1.844E-08	0	3.484E-05
	排名	1	3	2	5	6	4
企业技术创新能力	得分	1.16203005	0.5498883	0.3882769	0.1551439	3.34E-01	0.1967489
	排名	1	2	3	5	6	4
技术创新环境	得分	0.606812735	0.1389397	0.1947729	0.2924407	0.104959	0.1656261
	排名	1	5	3	2	6	4
创新经济绩效	得分	0.864817561	0.0658568	0.0838781	0.0333341	0.0010272	0.285163
	排名	1	4	3	5	6	2
综合	得分	4.23971587	0.7579298	1.0190912	0.4826091	0.4399938	1.1810511
	排名	1	4	3	5	6	2

由表 2-23 可知：

（1）西安市的创新能力综合得分约为 4.24，排名第 1，区域创新能力强，创新发展平稳。在知识创造能力、知识流动能力、企业技术创新能力、技术创新环境和创新经济绩效方面，西安市在关中地区均遥遥领先。需要不断加强并利用好西安市创新能力发展带动关中地区创新进步，带动陕西的经济发展。

（2）杨凌示范区总排名第 2，其中知识创造能力和创新经济绩效也都位列第 2 名，这一成绩得益于杨凌日趋成熟发达的农业科技，以及与西北农林科技大学的密切合作等多方面因素的共同作用。需要将杨凌模式坚持下去，并不断发扬光大。让知识、创新、科技越来越能带动经济的发展和城市化进程的进步。

（3）宝鸡市总排名第 3。其中知识流动能力较强，仅次于西安，排名第 2；知识创造能力排名第 3，次于西安和杨凌，取得这样的成绩与其较多的高校及科研院所是分不开的。企业技术创新能力排名第3，进一步印证了宝鸡市拥有众多规模以上的工业企业，且创新能力较强的实际情况。

（4）咸阳市总排名第4，其中企业技术创新能力排名第2，知识流动能力排名第3，这得益于西咸一体化的战略，众多国内外知名企业开始落户西安和咸阳，不仅带动了经济的发展，同时成为了创新一大驱动力。

（5）渭南市总排名第5，除了技术创新环境比较好外，其余指标在关中地区排名都比较落后，这主要是因为渭南人口众多，且高校、科研院所等及工业企业等并不发达。

（6）铜川市总排名第6，其各项分指标表现均不理想。这主要是因为铜川市的科技活动人数在关中地区倒数第1，政府科技投入经费2015年仅为0.11亿元，占其GDP的比重仅0.3%，科技活动经费不足。所以铜川市以后应该加大科研人员及经费的投入力度。

第3章 发展基础及发展环境分析

陕西省的"十三五"规划实施已三年，现在是陕西省追赶超越实现省内全面小康的加速期。党的十九大召开，给陕西省带来了新的重大发展机遇。陕西省发展基础雄厚，但发展环境复杂。

3.1 发展基础分析

陕西省具有科技、文化、教育三大优势，能源资源丰富、基础设施建设完善、是国家战略的重点倾斜区，具备良好的发展基础。

3.1.1 历史文化

陕西是中华民族和华夏文明重要发祥地，是中国历史上多个朝代政治、经济、文化的中心，中华民族文化较早走向世界的地方，也是现代中国革命的圣地，为炎黄子孙的生存、繁衍和人类历史文明做出了独特的贡献。

5000多年前，中国的人文始祖黄帝和他的玄孙后稷在这里创造出了灿烂的农耕文化。坐落在陕北黄陵县的中华民族始祖轩辕黄帝陵，成为凝聚中华民族的精神象征。2500年前，哲学家老子在陕西讲授"道德经"，成就了中国古代的哲学巅峰。2000多年前，以古长安为起点的"丝绸之路"开通，使陕西成为全国对外开放的发源地，都城长安成为闻名中外的中西商贸集散地。1400年前，唐玄奘也是从长安出发，沿着古丝绸之路到西方求法取经。当时的长安，各国使节、商团、学者纷至沓来，成为世界上第一个人口超过百万的国际化大都市。

陕西也是现代中国革命的圣地。1935~1948年，中共中央在陕北领导了抗日战争和解放战争，奠定了新中国的基石，培育了光照千秋的延安精神。以革命圣地延安为龙头打造的"红色旅游"体系，也成为了丰富旅游资源的新亮点。这些特色旅游资源对国内外游客具有极强的吸引力。

此外，十三朝古都为陕西留下了数不尽的历史文化遗产、丰富深邃的物质文明和精神文明，造就了一大批光照千古的文化巨匠，他们为人类留下了灿烂的文化艺术成果。秦始皇兵马俑、黄帝陵、法门寺、西安明城墙、老子祠、大雁塔一大批历史古迹散落在陕西省各地。随着 2014 年"丝绸之路：长安—天山廊道路网"被列入联合国教科文组织世界文化遗产名录，陕西的世界文化遗产增至 3 处 9 个点。而深厚的文化底蕴和多彩的民俗又成就了陕西丰富的非遗资源，西安鼓乐、中国剪纸、中国皮影戏（华县皮影戏）被列入世界非遗名录，另有国家级非遗代表作 74 项、省级 520 项、市级 1415 项、县级 4150 项。

历史文化是陕西的一张名片。历史文化积淀正在转化成为经济和社会发展潜力。习主席在党的十九大报告中提出"文化自信"，陕西无疑将成为扛起"文化自信"大旗的领跑者。融入"一带一路"建设的 4 年来，陕西省在国家发展大格局中的地位显著提升，古老的陕西吸引了更多的世界目光。更为重要的是，陕西的历史文化与现代文明因为"一带一路"被紧紧地联系在了一起。

3.1.2　科技实力

陕西省的科技实力在全国位于前列。目前具有国家重点实验室 13 个，居全国第 5 位；国家级工程技术研究中心 7 个；大型科学仪器协作共用网入网仪器设备总量超过 8000 套。2016 年国家自然科学奖、技术发明奖获奖数量分别居全国第二和第三位。在装备制造业、新材料、能源化工、电子信息、农业高新技术等领域科研能力处于全国领先水平，是全国航空、机械、电子、农业等领域重要的科研生产基地。国防科技横跨航空、航天、电子、兵器、船舶、核工业六大行业，纵向形成科研、设计、实验、生产完整链条，居全国第一位。

2017 年 8 月，科技部发布《中国区域创新能力监测报告 2016~2017》和《中国区域科技创新评价报告 2016~2017》，以关中高新产业带为发展重点的陕西省，其综合科技创新水平指数为 65.66%，比上年提高了 2.7 个百分点，排名居全国第 9 位、西部第 2 位。

"十二五"期间，陕西各类科研机构达到 1174 家，有陕西省社科院、中国西安卫星测控中心和中国科学院众多研究院所等一系列国内外著名的人文社会科学和自然科学研究机构。科技研发投入经费由起初的 249.35 亿元增加到了 366.77 亿元，年均增速 10.12%，科技研发投入经费占 GDP 的比重从"十二五"初期的 1.99%增加到了 2.07%。截至 2016 年底，陕西省有 7 个国家级高新技术产业开发区，实现规模以上工业企业总产值 3162.45 亿元，实现主营业务收入 2796.64 亿元，实现利润总额 192.58 亿元，年均增长 17.4%；出口总额为 118.84 亿美元。2016 年全年申请专利达到 70000 件，技术合同成交量达到 30000 件，合同额超过 800 亿元，居全国第四位。

陕西省的高端战略人才资源雄厚，目前，在陕两院院士共 67 人，其中，科学院院士 25 人，工程院院士 42 人。全省专业技术人才总量突破 173 万人，其中，享受国务院政府特贴专家 1832 人，入选国家万人计划 34 人，百千万工程国家级人选 122 人。获批设立国家博士后科研工作（流动）站达到 246 个，省博士后创新基地 37 个，设站总数列全国第 7 位，在站博士后超过 1100 人。

陕西拥有大量的科技人才和创新园区。党的十八大以来，创新型省份建设试点、西安全面创新改革试验区、西安高新区国家自主创新示范区、西咸新区双创示范基地等一系列国家创新战略布局纷纷落地陕西。党的十九大又给陕西带来了更多的机遇。

3.1.3　教育资源

经过多年的建设和发展，陕西已经成为全国重要的高等教育基地。2016 年，全省有普通高等学校 93 所、成人高等学校 15 所。普通高校中本科院校 55 所，高职（专科）院校 38 所。全省有培养研究生单位 49 个（其中高等学校 27 个、研究生培养单位 22 个）。西安交通大学、西北工业大学、西北农林科技大学 3 所大学进入国家 985 工程建设行列，西北大学等 8 所院校进入国家 211 工程建设行列，陕西拥有的 985 工程院校和 211 工程院校数分别居全国第 3 位和第 4 位。

2017 年 9 月 20 日，教育部、财政部、国家发改委印发《关于公布世界一流大学和一流学科建设高校及建设学科名单的通知》，公布了"双一流"建设高校及建设学科名单。根据名单，一流大学建设高校共 42 所，其中，A 类 36 所、B 类 6 所。陕西共有 3 所高校入选，西安交大和西工大入选一流大学 A 类建设高校，西北农林科技大学入选一流大学 B 类建设高校。另外，西北大学、西安电子科技大学、长安大学、陕西师范大学、空军军医大学（原第四军医大学）5 所高校入选世界一流学科建设高校。共 17 个学科入选"双一流"，专业涵盖数理化、医学、经济、社会等多个学科。其中，西安交大有 8 个学科入选"双一流"建设学科名单。

众多高校也为社会提供了众多高素质人才，2016 年陕西省各类高等教育总规模达到 1552994 人（包括研究生、普通本专科、成人本专科、自考助学班及网络本专科学生)。全省招收研究生 34230 人，其中招收博士研究生 3751 人，硕士研究生 30479 人；在学研究生 105671 人，其中在学博士研究生 18807 人，硕士研究生 86864 人；毕业研究生 25835 人，其中毕业博士研究生 2269 人。

另外，陕西有 4 个国家大学科技园。作为我国较早参与大学科技园建设的省份之一，陕西地区国家大学科技园走出了一条独具特色的发展道路，其建设水平也走在了全国的前列。西安交通大学、西北工业大学、西北农林科技大学科技园成为第一批国家级大学科技园，在全国首批的 22 个国家级大学科技园中，陕西是唯一有 3 家的省份。2004 年前，西安电子科技大学科技园通过科技部、教育部大学科技园评估，挂"国家大学科技园"标牌。这 4 个大学科技园密切结合本校优势学科、优势研究方向和高新技术产业发展的需要，各具特色，形成了陕西省高新技术的源头和区域经济发展的新动力，极大地促进了陕西省高新技术成果的转换，强有力地推动了陕西省的经济发展。

3.1.4　能源资源

陕西是我国资源大省之一，许多矿种在全国占有重要地位。煤炭已经探明储量 1700 亿吨，居全国第三位；石油已经探明地质储量 19 亿吨，居全国第五位；天然气已经探明地质储量 1.2 万亿立方米，居全国第三位；岩盐探明储量 8865 亿吨，居全国之首。金堆城钼矿累计探明储量在全国名列第三位，钼精矿产量占全国的一半，汞矿储量居全国第二位。黄金储量在全国居第五位。非金属矿中水泥用灰岩居全国第一位，长石居第二位。大型优质石灰岩矿、石膏、石棉、重晶石、滑石等储量也都很丰富。其他资源储量也比较富足，生物能源资源的总量约折合 3829 万吨标准煤，常年可利用总量约折合 2071 万吨标准煤；全省大部分区域属于太阳能资源高值区；水资源总量居全国第十三位；风能资源也非常丰富。

国土厅组织编制的《2016 年度陕西省矿产资源报告》显示，截至 2016 年底，全省查明储量的矿产 92 种，查明储量的矿产地（矿区）1101 处。钒矿、锌矿、岩金矿、煤矿等矿产保有储量实现较大增长。矿产资源潜在价值达 46.23 万亿元，居全国第一位。人均占有约 121.87 万元，高出全国平均水平。作为能源大省，"十二五"规划累计完成能源化工投资约 1.3 万亿元。逐步形成了全省煤电、煤化工、油炼化以及煤电与特色载能工业一体化的上下游产业一体化发展格局。

3.1.5　基础设施

"十二五"时期，陕西基础设施经历了大发展，推动了陕西发展的全面腾飞。

累计完成基础设施投资 1.6 万亿元，总任务量居全国第六位。

陕西把基础设施互联互通作为优先领域，建设立体的对外开放大通道。十天高速陕西境、沪陕高速西商二线全线贯通，西咸北环线等加快建设，高速公路通车里程突破 5000 公里。西安铁路局新增开四对快速旅客列车，实现了西安、韩城、延安、商南等省内主要城市间的快速连通，形成了关中—陕北—陕南的"3小时生活圈"，进一步加速了陕西城际铁路交通圈的形成。绕城高速和新环线的建设，使大西安 1 小时通勤圈日趋完善。此外，民航业飞速发展，西安咸阳国际机场二期、汉中城固机场等推动全省"枢纽+支线网络"的区域航空发展格局加快形成。"米字形"高铁网、"两环三纵七横六辐射"高速公路网、大西安地铁网建设，以及启动西安咸阳国际机场三期扩建工程等举措都将为陕西发展的提供硬件支撑。

西安国家级互联网骨干直联点开通后，全省用户跨网访问速度明显提升。同时，陕西省加快高速宽带网络、全光纤网络城市和 4G 网络建设，加大农村宽带网络建设力度。

"十二五"时期，陕西水利累计投资创历史最高，达到 1050 亿元，相继实施了渭河和汉江综合整治等重大水利工程，使陕西成功跻身全国水利建设先进行列。

城市地铁基础设施功能也迅速提升。西安地铁 1 号、2 号、3 号线相继投产运营。《城市轨道交通 2016 年度统计和分析报告》指出，2016 年西安地铁线网总客运量达到 40815.75 万人次，日均客运量 111.52 万人次，同比上年增长19.32%。截至 2017 年 10 月，西安地铁日最高客流量出现在 2017 年 9 月 30 日，达 223.33 万人次。单线客流强度居全国第三。目前在建线路共有 6 条（段），分别为 1 号线二期、4 号线、5 号线一期、6 号线一期、6 号线二期、临潼线（9 号线）一期，在建里程 180 余公里；远期规划共 18 条线路。

作为全国十大城市群之一，关中五市一区已经确定要建成以西安都市圈为核心的城市群。西安规划 23 条轨道交通线路覆盖关中城市群都市区，加快构建陕西综合交通运输体系，西安、西咸公交将实现无缝对接，车牌同号正在推进，西咸户籍医保与西安市同城化等举措，使得关中五市一区融合发展步入新局面，五市一区融合发展已经有了一定的基础。

2016 年，陕西省全年完成基础设施建设 6022.24 亿元，包含道路运输、铁路运输、水利管理、公共设施、城市地下综合管廊建设、空港新城海绵城市试点等在内的新兴城镇化项目开工建设。

3.1.6 国家指导政策和战略基础

国家赋予了陕西省建设内陆改革开放新高地先行先试的使命，诸多规划上升到国家战略。随着西部大开发、关中—天水经济区、国家级新区、新型城镇化、"一带一路"、科技资源统筹、创新发展示范等的推进，陕西成为多重国家战略叠加之地，在这些国家战略中被赋予了关键性角色。

西电东送电力通道建设、延安页岩气勘查开发、"引汉济渭"调水工程等项目，科技创新、战略性新兴产业培育等领域，城市建设、教育、医疗等公共服务项目中，都能找到陕西的身影。这次国家"十三五"规划中提到了100多项重大工程，许多内容都与陕西密切相关。随着这些重大工程项目的推进和实施，未来五年陕西省经济、社会和民生发展将会有更广阔的空间、更强劲的动力。

如今，改革开放已走过四十年，陕西省作为内陆省份有了更多与外界交流合作的机会，尤其随着国家"一带一路"战略实施，于陕西自身而言将更加注重区域间的合作。陕西省"十三五"规划提出，按照"内引外联、东进西拓、南下北上"的思路，完善对外开放格局，打造法治化、国际化、便利化营商环境，加快建设陕西自由贸易试验区，建设"一带一路"重要节点，积极融入长江经济带、京津冀一体化等国家战略，加强与成渝、长江等城市群的战略合作，打造内陆改革开放新高地。

3.2 发展环境分析

3.2.1 发展机遇

（1）国家"一带一路"建设带来的机遇。"一带一路"倡议是我国加快形成陆海统筹、东西互补的全方位对外开放和全面发展新格局的重大战略部署，使陕西由对外开放的大后方转变为最前沿，为陕西带来了历史机遇。"一带一路"建设有利于关中地区发挥交通区位、产业基础、历史文化和科教资源等综合优势，在更大范围内统筹国内外"两种资源、两个市场"。为加速构建"一带一路"五大中心开拓了新空间，为关中协同创新发展提供了新动力。建设"丝绸之路经济带新起点"，向西拓展又向东延伸，深化区域合作，既是陕西贯彻国家发展战略的具体行动，也是陕西义不容辞的历史责任。

（2）我国经济发展进入"新时代"的机遇。贯彻落实党的十九大报告精神，中国特色社会主义进入决胜全面小康、开启现代化强国建设的新时代。陕西发展将迎来大机遇。按照党的十九大的安排部署，结合陕西省第十三次党代会提出的新旧动能转换，进一步推动陕西的创新驱动发展战略的实施。深化大西安 2050 战略研究，明确建设世界历史文化名城、现代化生态化国际化大都市、国家中心城市的战略步骤、阶段目标、重点任务，实现追赶超越的跨越式发展。

（3）新一轮西部大开发带来的机遇。关中是新一轮西部大开发的三大重点区域之一，随着新一轮西部大开发的深入实施，有利于关中地区发挥重点区域示范引领作用，更好履行国家赋予的打造西部科学发展新引擎、建设内陆改革开放新高地、建设创新型省份的重大使命。

（4）进一步深化改革带来的机遇。当前，全面深化改革进入新阶段。随着供给侧改革和自由贸易试验区建设的深入推进，有利于发挥市场在资源配置中的决定性作用，用政府权力的"减法"换取市场活力的"乘法"，为关中发展探索新模式、注入新动能、增添新活力，破除体制障碍，推进陕西经济发展。

（5）国家新型城镇化战略带来的机遇。《国家新型城镇化规划（2014~2020年)》提出，到 2020 年我国常住人口城镇化率达到 60%，户籍人口城镇化率达到 45%。国家新型城镇化战略加快实施，以城市群为主体形态推进新型城镇化已成为优化城镇化布局的战略选择。国务院在 2018 年 1 月正式批复并原则同意《关中平原城市群发展规划》。关中平原城市群正好在"一带一路"以西安为中心的陆上丝路中心关键节点。通过发展关中平原城市群，可以放大西安的地缘优势，发挥西安的领头羊作用，是陕西加快追赶超越、构建现代化经济体系的重大机遇。

（6）军民融合政策带来的机遇。在计划经济时代，陕西是国防建设的战略重点，建设了大量国防军工企业和科研院所。国家的军民融合政策，为军事技术应用于民品开发创造了条件。军工技术可以开发出许多针对市场需求的民用产品，同时为企业的技术创新带来更多的利润，吸引更多优秀的人才，创造更好的条件。

（7）"大众创业，万众创新"的时代机遇。国家设立了 400 亿元的新兴产业创投引导基金；取消和下放行政审批事项 200 项以上，深化投资审批制度改革，充分落实企业投资自主权，推动投资创业便利化。陕西省政府工作部署也将"加快实施创新驱动发展""大众创业，万众创新"作为今后一段时期的重点，为把关中打造成西部创新中心带来了机遇。

（8）承接东中部产业转移的机遇。改革开放以来，我国东部地区利用率先开放的区位优势，抓住发达国家和地区的产业转移机遇，承接发展了大量以劳动密集型产业为主的加工工业，推动了当地经济的发展。经过 30 多年的快速发展，东部地区资源、劳动力等成本上升，本地市场已经越来越难以满足资本增值的需要，遇到了很多发展瓶颈。产业结构调整优化与升级势在必行，东部地区加工工业和低端的劳动密集型产业向西部地区转移的趋势越来越明显。承接中东部产业转移，有利于利用陕西的资源、人口等方面产业成本低的比较优势，在先进企业的帮助下，学习工艺和产品创新技能，逐步升级制造能力，促使产业快速成长，提高产业竞争实力。

（9）新技术革命带来的机遇。"互联网+""云计算""大数据"、计算机和通信技术等现代化技术的迅猛发展对传统产业产生了深刻的影响。交通的现代化革命改变了人们对距离的认识，极大降低了物流成本。高速铁路、高速公路、海运、航空的立体联动打破了海洋无法跨越的认知，也让港口城市的概念被重新定义。港口的概念不仅仅是狭义的沿海城市，也可能是交通便利的内陆城市，比如像西安这样条件便利的城市完全可以担负起港口的任务。如果高铁开通，西安到欧洲的时间仅为 2 天。当丝绸之路经济带上的交通条件变得越来越便捷，物流成本越来越低时，西安将成为中外商品贸易交流的物流中心。另外，新技术也为政府智能化管理、提高政务审批效率及打造智慧城市和大型城市群带来机遇。

3.2.2　面临竞争挑战

（1）国际经济环境变化带来的挑战。随着东南亚国家和东欧国家国内形势转向成熟与稳定，对外开放的程度日趋加深，对外资的吸引力不断增强，无疑增加了我国内陆地区在吸引外资和承接加工企业转移的难度。由于西部地区落后的市场环境和较高的物流成本，许多沿海地区的劳动密集型企业转移到了印度尼西亚、越南等东南亚国家。美国在金融危机之后，意识到了实体经济的重要性，也提出了产业回流、重振美国制造业的口号。国际经济环境的变化为我国西部省份争取国外资源以推动经济发展带来了挑战。

（2）国内市场环境变化带来的挑战。在与发达省份在人才、资金、技术竞争时陕西的优势不明显，国家提出转变经济增长方式，去产能，以质量效益型的增长方式替代过去数量粗放型增长方式。而转变经济增长方式对资金、人才、技术等资源的积累提出更高的要求，这就给陕西产业的生存与发展带了更大的挑战。

（3）区域竞争带来的挑战。区域竞争源于对现实区域经济发展所需的各种要素、市场、条件、制度、机遇等稀缺资源的争夺，会对西部大开发中的资金、项目安排起到分流作用。陕西面临的区域竞争来自东南部发达地区以及周边省份：东南部发达地区主要是对人、财、物的聚集引力带来竞争，周边省区城市则对陕西发展形成竞争威胁。关中城市群不仅仅要面对来自河南中原城市群的竞争，更感受到了来自西南成渝城市群的挑战。

（4）经济发展给生态环境带来的挑战。陕西省在国家产业布局中以能源化工、重工业为主。以能源化工以及装备制造为主的重工业会产生大量的废水、废气、废渣，对环境的危害很大，环境成本很高。每到冬季，关中地区的雾霾天气就与工业废气排放有很大关系。陕西大部分地区属生态脆弱地区，一旦污染，治理成本会非常高。而很多环境破坏是不可逆的，恢复原有生态系统可能需要几十年甚至上百年的时间，水土流失、土地荒漠化、干旱缺水等一直是陕西发展的重要环境限制因素。

3.2.3　发展优势

（1）区位优势。陕西省地处黄河中游，位于中国内陆腹地，是中国的中心原点。东邻山西、河南，西连甘肃、宁夏，南抵湖北、四川、重庆，北接内蒙古，是连接中国东、中部地区和西北、西南的交通枢纽，是中国大西北的门户，也是中国邻省最多的省份。在国家的西部大开发战略格局中，陕西具有承东启西、连贯南北的重要作用。东起中国连云港、西至荷兰鹿特丹、跨越亚欧的国际经济大通道"新亚欧大陆桥"横贯陕西中部，也为陕西打开了一扇对外开放的窗口。

作为古丝绸之路的起点，陕西曾是东西方文明交流的枢纽与桥梁。在新时期"一带一路"倡议提出后，在向西经济开放的节点中，陕西是面向中亚、南亚、西亚国家的通道、商贸物流枢纽、重要产业和人文交流基地之一，具有重要的战略地位。

陕西省关中地区处于我国西部的最东端，是东部进入西部的第一阶梯和主要门户，是亚欧大陆桥和西陇海—兰新线经济带最发达的地段，社会经济基础最优，在西部地区具有十分明显的区位优势。它既有沟通东西部的主要通道——欧亚大陆桥，又有连接东北、华北至西南的高速铁路及高速公路，还有连接东北、华中至西北的高速铁路和高速公路，是西部大开发的桥头堡。借助欧亚大陆桥及其支桥向西北乃至西部辐射，有望成为其发展的龙头，具有率先发展的区位条件。

（2）特色产业优势。陕西目前的特色产业主要集中在能源、高科技产业、科教产业、装备制造业、旅游业和农业等行业。能源产业在陕北地区，装备制造业、高科技产业、教育产业、农业和旅游业主要在关中地区。关中地区拥有国家级农业产业化示范基地 6 个、高新区 5 个和文化产业示范区 1 个。装备制造、航空航天、现代农业、文化旅游、现代物流等在全国具有重要地位，新一代信息技术、新材料、增材制造、生物医药等新兴产业发展迅速。

（3）科技创新扶持优势。陕西省委、省政府为贯彻中央提出的"大众创业，万众创新"政策，在吸引人才、大学生创业、释放科研人员活力、推动大众创业方面不断深化改革，取消和下放多项行政审批事项，推动投资创业便利化，取得了丰硕的创新成果。西安全面创新改革试验区、西安高新区自主创新示范区、西咸新区"双创"示范基地等相继获批，为在全国先行先试、全面创新驱动持续提供了活力和动力。"放管服"改革持续深化，韩城省内计划单列市试点扎实推进，高陵、华县撤县设区。丝绸之路经济带新起点建设全面启动，中国（陕西）自由贸易试验区获批，海关特殊监管区达到 5 个，全国引进单笔最大的外资项目三星电子闪存芯片实现量产，陕煤化、延长、有色等大型企业集团加快在海外布局设点，"长安号"国际货运班列常态化运行，丝博会落户西安。华为、阿里巴巴、京东等创新最前沿的企业也纷纷进入陕西。

（4）人力资源的优势。陕西高校众多，为社会培养了众多高素质人才。2016年陕西普通高等院校毕业生达 36 万人，人数创历史新高。数据表明，陕西是一个教育大省，接受过高等教育的人力资源非常丰富，每万人接受中高等教育人数达 226 人，远高于其他经济发达的省份。高素质的劳动者能够为陕西发展智力密集型行业等高新技术产业、实现创新型驱动发展战略模式提供保障。

3.2.4 发展短板

（1）政策力度不够、体制创新不足带来的制约。陕西的经济现状是大中型国有企业较多，国有经济比重大，企业负担重，经济效益低下，运行成本高，计划经济遗留的问题比较多。国有大中型企业多，民营企业少，机制不灵活，导致技术创新动力不足，市场活力不足，竞争意识淡薄。管理上政府介入深，管理机构多，政策依赖强，改革难度大。在技术研发方面，企业参与市场竞争的意识不强，研发投入不足。科研投入以政府为主，且主要集中在国防军工建设方面。政府有关部门服务意识不强，没有处理好市场与政府的关系。

缺乏能与发达地区相竞争的人力资源管理体系。没有形成吸引人才、留住人才、培育人才、发挥人才作用的有效机制。因为人事制度考核、晋升、奖惩制度的模糊，不仅难以吸引优秀人才，原有的人才也因为东中部的优惠政策和良好待遇而流失严重。在年轻人才培养方面，陕西一直在向发达城市"输血"，影响了产业和经济内生动力的形成。

市场环境与发达地区相比有较大差距。结果导致不仅难以吸引大量的外部资金投入陕西的建设和开发发展，本地区的资金、技术、人才等可流动的要素也经常流向发达地区，形成恶性循环。

（2）"围墙思想"严重。陕西作为中华文明大发源地之一，具有厚重的历史文化底蕴。但古都的历史地位同时也是一把"双刃剑"，极易使陕西存有"古都思想"和"帝都意识"而与现代社会脱节。关中自然资源充足，气候适宜，物产丰富，但多年传统形成的自给自足的自然经济容易导致人民群众产生因循守旧、害怕市场竞争、不思创新的小农思想，没有大的发展观和格局观。这些都会阻碍市场经济的发展和商品经济社会的形成，难以落实中央提出的"发挥市场的主导作用，逐步形成以市场为主体的商品经济社会"的方针政策，对建设以关中为中心的西部创新中心是一种阻碍。

（3）资源环境要素约束刚性趋紧。陕北地区前些年资源无序开采，导致植被破坏严重，荒漠化、沙尘暴等问题经过近年的治理及退耕还林等举措有所改善；但黄土高原水土流失仍然很严重，陕南地区泥石流、山体滑坡等自然灾害发生较频繁；废水、废气、废弃物的排放引起水污染和大气污染，关中地区雾霾天气仍没有彻底得到控制；水资源缺乏问题没有得到根本解决，大部分地区水资源严重短缺，环境保护在老百姓心中没有上升到适当的高度。经济发展与生态环境的矛盾严重制约了陕西省的可持续发展。

（4）区域内发展不均衡。面积仅占全省27%的关中地区，人口占到全省60%，工农业生产、商贸、科技、高等教育等经济技术总量占全省70%以上。制约经济发展的一些战略性资源却又集中在陕北或陕南，煤炭、石油、天然气资源的80%以上在陕北，水、森林、生物等资源的70%以上分布在陕南，经济的空间结构与资源的空间布局严重失衡。

城市群建设缺乏统筹规划，规模结构不尽合理。除省会西安为100万人口以上城市外，目前尚无50万人口以上城市。西安一枝独大，关中的城市数量少，也没有能够和西安对话的大城市，同样缺乏一系列可以构建产业关联的中小城市，城市群内的内部质地很不均匀。不同城市间的发展水平差距较大，整体统筹的难度增加。

（5）创新体系结构和创新体制不健全。陕西科学技术先进实际是由国家科技支撑的，地方科技仍然落后。高投入的 R&D 经费主要是由中央属科研院所和重点高校通过争取中央财政带来的，地方企业、事业单位的 R&D 经费投入依然很低。这种体系结构性的矛盾造就了陕西科技先进，经济发展落后，两者脱节具有一定的客观性。另外，企业的所有制结构也造就了陕西创新体制缺陷，陕西省缺乏在国际上以及国内具有较大影响力的民营企业。研究表明，不同所有制企业创新倾向性和效率很不相同，按从大到小可排序为：民营企业、外资企业、股份制企业、集体企业和国有企业。国有企业或研发组织对创新要素的利用程度较低，对研发人员的激励强度较弱，激励机制也缺乏足够的灵活性，被认为是创新效率最低的企业制度，这也是陕西区域技术创新效率低下的根本原因。政府对创新成果转换重视不够，创新成果本地转换率不高，60%的创新成果被外省买走转换。

（6）改革开放度不够。改革创新的试点示范作用尚未充分发挥，新理念、新机制、新模式吸纳和运用不够，各类示范区、新区、改革试验区建设有待加快，管理体制机制不够顺畅，与中央的定位和要求还有一定差距。开放水平总体不高，对外贸易总量、实际利用外资规模偏小。

（7）城市之间缺乏有机联系，产业发展碎片化。陕西省在计划经济时代形成的城市体系格局和产业布局存在分工不明确、整体效益不高、缺乏有机联系、条块分割严重。在市场经济条件下，这种分工不明确导致区域内产业趋同，趋同的产业之间相互争夺市场和投资。而在计划体制下建立的企业和地方政府有着千丝万缕的联系，为保护本地企业，地方政府设置各种障碍，这又导致市场的条块分割。离开了地方政府的保护，很多企业都无法在统一的市场上生存。因此，产业发展碎片化的结果，一方面导致地方政府的寻租行为，另一方面企业没有了外部竞争压力，失去了技术革新和产品创新的动力，形成了"碎片化发展—产业趋同—地方保护—碎片化发展"的恶性循环。这对未来提高陕西城市群的整体竞争力而言是一种障碍。

总之，陕西中长期发展战略制定需要同时考量机遇与挑战、优势与劣势。陕西省发展机遇与挑战并存，优势与劣势都非常明显。如表 3-1 所示。

表 3-1　陕西省内、外部环境分析 SWOT 表

	发展优势（Strength）	发展劣势（Weakness）
内在条件	①区位优势 ②特色产业优势 ③科技创新扶持优势 ④人才资源优势	①政策力度不够，体制创新不足带来的制约 ②"围墙思想"严重 ③资源环境要素约束 ④区域内发展不均衡 ⑤创新体系结构和创新体制不健全 ⑥改革开放度不够 ⑦城市之间缺乏有机联系，产业发展碎片化
	发展机遇（Opportunities）	竞争挑战（Threats）
外部环境	①国家"一带一路"建设带来的机遇 ②我国经济发展进入"新时代"的机遇 ③新一轮西部大开发带来的机遇 ④进一步深化改革带来的机遇 ⑤国家新型城镇化战略带来的机遇 ⑥军民融合政策带来的机遇 ⑦"大众创业，万众创新"的时代机遇 ⑧承接东中部产业转移的机遇 ⑨新技术革命带来的机遇	①国际经济环境变化带来的挑战 ②国内市场环境变化带来的挑战 ③区域竞争的威胁 ④经济发展对生态环境带来的挑战

3.3　小　结

新时代背景下的陕西，拥有前所未有的发展机遇。地处西部与中东部接合部的陕西，在国家西部大开发、丝绸之路建设等战略中担负着承东启西和连接南北的传导和辐射作用。国家把陕西确定为实施"一带一路"战略的重要节点，使陕西由对外开放的内陆腹地变为前沿阵地，陕西开放发展的空间越来越大。国家把陕西确定为创新型省份、统筹科技资源改革试点省份，陕西创新发展的活力越来越足。国家把陕西确定为高新产业基地，批准设立自贸区，陕西培育新产业新业态的步伐越来越快。这些都给陕西"追赶超越"带来了前所未有的重大机遇。

陕西目前存在一定的发展差距。虽然陕西 GDP 总量在西北五省中最高，但与周边省份河南、四川、湖北等存在一定差距。陕西产业集群与东部地区产业集群相比，在发展规模、集群数量、产值效益、地区分布等方面还存在很大差距；与浙江动辄几十亿元、上百亿元的产业，上千家企业以及占据国内甚至世界市场优势地位相比，都还处在较低的水平上。比邻的成渝城市群以重庆和成都两地为

双核，面积大，经济体量大，目前发展超越关中城市群。

陕西具备良好的发展基础。雄厚的科教实力、富集的自然资源、文化积淀厚重的独特优势在未来竞争中将更加凸显，工业体系完整、产业集聚度高的"陕西本色"在经济新常态下将不断放大，尤其是关中地区富集了陕西省的大部分科教创新资源，具有高度的辐射带动性。陕西完全有基础、有条件、有信心保持中高速增长，迈向中高端水平。

新时代要谋划大发展。多年前，习近平总书记发出了陕西要追赶超越的号召。"追赶超越"是习近平总书记放眼全球大势和国家大局，对陕西发展态势和所处历史方位做出的科学判断。追赶是"补课"，"超越"则是升级，从中西部地区脱颖而出后，陕西要"向东看"，"追赶超越"。面对前所未有的发展机遇，陕西不能仅仅与西部地区比较，充当"西北王"，应立足成为国家发展的新中心。

关中地区的经济、科技、文化和社会事业实力，在陕西省的社会经济发展和社会稳定中有着举足轻重的重要作用。关中城市群的建设，之于陕西省是核心经济区，之于国家是加快西北地区经济乃至"一带一路"超越发展的重要引擎。关中城市群的发展，从陕西省到国家层面，都被赋予了战略的意义。陕西省要抓住中长期发展的真正抓手，五市一区融合发展，创建关中国家西部创新中心。必须用发展城市群的战略，加快影响和辐射，带动陕南陕北，吸引汇集人、财、物，抓住大机遇，谋划大发展，从而加速实现省内小康。

第二篇
战略目标

第4章 实现追赶超越的战略目标

4.1 战略目标制定依据

4.1.1 环境依据

"中国特色社会主义进入了新时代"是党的十九大对我国社会发展新的历史定位。在新时代中国特色社会主义发展模式下，我们所面临的环境也正在发生重大变化。

从经济发展阶段看，我国经济已由高速增长阶段转向高质量发展阶段。从科技创新层面看，中国将加大创新政策扶持力度，努力构建创新型国家。通过科技强国、质量强国、航天强国、网络强国、交通强国、数字中国、智慧社会落实构建创新型国家的目标。同时，从全球化进程的视角看，中国将形成全面开放的新格局，以"一带一路"建设为重点，形成陆海内外联动、东西双向互济的开放格局。推进贸易强国建设，中国还将探索建设自由贸易港。"一带一路"倡议不仅明确了中国对外开放的新路径，也将成为中国经济新的增长点。作为古丝绸之路的起点，陕西省在"一带一路"建设中是一个重要的地域节点，有着突出的战略定位，所以"一带一路"建设对于陕西来说包含着很多发展机遇和投资机会，是陕西省实现经济转型、加大对外开放的重要机遇。

"中国特色社会主义进入新时代，我国社会主要矛盾已经转化为人民日益增长的美好生活需要和不平衡不充分的发展之间的矛盾"。社会主要矛盾的转化必然伴随着战略重心的调整，陕西省作为国家西部重省，西北地区经济、文化中心，应抓住国家战略调整的东风，加快城市化进程，加大扶贫力度，推进陕西省跨越式发展，实现省内全面小康。

从区域发展战略看，陕西省已跻身中等发达省份行列，但"西部地区欠发达省份"的省情还没有得到根本改变。从经济总量比较来看，陕西省在全国第二方阵的地位仍不牢固，兄弟省份超常规发展态势迅猛，"标兵"远去、"追兵"迫近的压力与日俱增。同时，省内能源工业止跌企稳、非能工业持续发力、高技术产业高速增长，但工业增长压力依然较大；中小企业对 GDP 的贡献率仍低于全国平均水平，县均规模以上企业数仅占全国平均水平的 32%；事故起数和死亡人数连续 12 年实现"双下降"，但事故多发态势没有根本改变，亿元 GDP 死亡率依然较高；国有企业主要经济指标稳居全国第一方阵，但具有较强竞争力的大企业寥若晨星，国际知名企业、驰名商标、名牌产品凤毛麟角；文化影响力不断提升，但文化产业发展与文化大省地位还不匹配，打造成为支柱产业任务艰巨。关中地区的核心西安市，目前在陕西省经济中比重逐年下降，但关中地区的经济总量在全省所占的比重逐年上升，西安市为抓好追赶超越部署任务落实，现已明确提出加快实施"新时代大西安三步走"战略：第一步，到 2020 年，全面建成小康社会，经济总量迈上万亿元台阶，大西安都市圈全面形成。第二步，到 2035 年，基本实现现代化，全面建成代表国家形象、引领"一带一路"、具有重要国际影响力的国家中心城市，国际化大都市建设取得重大进展。第三步，到 2050 年，基本实现共同富裕，现代化、生态化、国际化水平全面提升，全面建成引领"一带一路"、亚欧合作交流的国际化大都市，努力跻身世界城市、国际文化名都行列。

从国家给予关中城市发展的定位看，关中平原城市群发展规划中明确提出，加快西安中心城市建设步伐，加强西咸新区、西安高新区国家自主创新示范区、西安国家级经济技术开发区等建设，强化面向西北地区的综合服务和对外交往门户功能，提升维护西北繁荣稳定的战略功能，打造西部地区重要的经济中心、对外交往中心、丝路科创中心、丝路文化高地、内陆开放高地、国家综合交通枢纽。保护好古都风貌，统筹老城、新区发展，加快大西安都市圈立体交通体系建设，形成多轴线、多组团、多中心格局，建成具有历史文化特色的国际化大都市。

4.1.2 政策依据

"创新是引领发展的第一动力，是建设现代化经济体系的战略支撑。"党的十九大明确了加快建设创新型国家的战略目标。按照中共中央、国务院《国家创新驱动发展战略纲要》《关于实施科技规划纲要增强自主创新能力的决定》和《国家中长期科学和技术发展规划纲要》的要求，落实《陕西省中长期科学和技术发展规划纲要》战略部署，践行习近平总书记提出的"要发挥各地在创新发展中的积极性和主动性，尊重科技创新的区域集聚规律，因地制宜探索差异化的创新发展路径，建设若干具有强大带动力的区域创新中心"整体要求，结合陕西经济发展所处的追赶超越重要阶段性特征，为进一步明确陕西追赶超越的着力点、关中建设西部创新具体战略目标、战略的实施方案进而实现陕西中长期发展的战略构想，制定出符合实际的战略目标。

党的十九大明确提出有质量的经济增长新思路。全面建设社会主义现代化国家"两步走"战略安排中没有再提 GDP 翻番类目标，主要考虑的是我国社会主要矛盾已经发生变化，我国经济发展已转向高质量发展阶段。重点方向：一是推动高质量发展。二是着力攻克转变发展方式、优化经济结构、转换增长动力三大关口，这也是下一步我国经济发展的战略重点。三是加快建设现代化的经济体系，这是未来我国经济建设的总纲领。

第一，推动高质量发展。"我国经济发展阶段已由高速增长转向高质量发展阶段"，这和过去关于新常态的判断内涵上是一致的、一脉相承的，也是对我国发展实际的一个准确判断。推动高质量发展是全面建设社会主义现代化的内在要求，现代化的本质要求就是发展的质量要高，而不在于发展的速度有多快。

第二，着力攻克三大关口。党的十九大报告指出，我国经济"正处在转变发展方式、优化经济结构、转换增长动力的攻关期"，这清楚地表明了下一步我们经济发展的战略重点。当前，我国经济运行稳中向好的基础并不牢固，经济发展还没有过关，也就是说还没有过发展方式、经济结构、增长动力这三大关口，这将是一个比较长期的过程。

第三，加快建设现代化的经济体系。党的十九大报告对如何建设现代化经济体系做出了部署：坚持一个方针，就是质量第一、效率优先；坚持一条主线，就是深化供给侧结构性改革；推动三大变革，即质量、效率、动力；建设一个四位协同的产业体系，即实体经济、科技创新、现代金融、人力资源，因为现代化的产业要求这四者协同，而不要孤军奋战；建设"三个有"的经济体制，即市场机制要有效、微观主体要有活力、宏观调控要有度。

相对于过去我们强调的加快发展，总书记提出的追赶超越，是在"四个全面"大格局下的发展，是在五大发展理念新要求下的发展，是在"四化同步"总特征下的发展，是在我国经济进入新常态大逻辑下的发展。追赶超越的所有工作，必须以这些新布局、新理念、新变化为前提、为指导、为遵循、为依据。以往更多的是通过投资拉动和资源粗放利用提高发展速度，那么在新的历史条件下，必须选择更优的路径，在新的基点实现快速发展。一要加快改革，通过体制机制重建或完善，最大限度地激发活力、提高效率、缩短差距。二要改善环境，通过良好的投资服务环境，最大限度地聚集发展要素，促进更好更快发展。追赶超越的根本依赖转变为坚定不移地实施创新驱动发展战略，依靠科技创新推动产业转型升级，提升竞争力，实现中高速增长与中高端发展的有机统一。

4.1.3 现实依据

陕西正处在追赶超越的重要阶段，需要进一步全面系统谋划追赶超越的科学路径。按照省委、省政府确定的关中协同创新发展战略，未来需要进一步增强关中辐射带动能力，将关中地区打造成为陕西追赶超越引领区、内陆改革开放新高地、国家自主创新策源地、彰显华夏文明的历史文化基地，继续为陕西省经济发展发挥主要支撑作用。因此，陕西实现追赶超越的重点在关中，必须依靠关中。

将陕西中长期发展战略定位在建设关中西部创新中心，对陕西整体发展提出了更高的战略要求，不仅要求具备全国范围内创新资源的集聚和配置功能，更要在"一带一路"沿线区域具备科技创新的策源地功能和创新驱动发展的引领功能。那么，以西安为核心的关中地区在"一带一路"沿线区域承担了重要节点的功能，建设成为一个什么样的"节点"才能最有利于发挥关中地区既有的军工及科研优势进而实现关中西部创新中心目标？

西安科教优势突出，科技资源主要集聚在高新区、高校、军工及科研院所，集中在一些"节点"上，进一步统筹并激发这些科技资源会带来更大的市场产出和产业升级。如何通过技术创新节点带动高科技产业带形成发展？如何有效发挥"一带一路"重要节点作用带动外向型经济发展？这是陕西经济可持续发展的两个核心问题，未来关中地区走内涵可持续发展道路，不能模仿成都通过合并周边县区的方式做大体量，外延式发展只可能在短期内实现 GDP 快速增长。从"一带一路"倡议层面看，国家赋予了陕西创新试验区的功能定位，陕西经济实现追赶超越的关键引领区，即关中地区需要保持并形成来自技术创新和城市融合发展的长期竞争优势。陕西经济实现追赶超越的重点是关中区域，追赶超越的主引擎是创新。

"创建国际一流高科技园区，打造万亿元级产业带"建设在关中；利用"一带一路"机遇加大对外贸易、对外投资和产业转移，发展外向型经济的依托在关中。

关中不仅具备欧亚大陆桥区位优势，五市一区融合发展也为高新技术产业发展提供了广阔的市场需求，是构建国家级西部创新中心的基础推动力；外向型经济将明显带动高新技术产业的发展，对西部创新中心形成有效拉动。

依托关中五市一区融合发展"推力因素"和自贸区建设契机的"拉力因素"，形成"一核心两动力"的战略目标格局。未来 10~30 年，陕西关中地区应形成"建成具有国际影响力的区域创新体系"核心战略主线，承担具有"一带一路"沿线国际影响力的科技创新中心功能，通过五市一区融合发展加速推进城市化进程实现省内全面小康，形成科技创新和城市群融合发展的"关中模式"，在追赶超越中，培育以西安为核心的关中地区在 21 世纪中叶的综合竞争发展优势。

4.2 战略定位与战略目标

4.2.1 战略定位

4.2.1.1 国家发展战略需要

创新成为党的十九大明确提出有质量的经济增长的重要支撑。习近平总书记在报告中指出，中国特色社会主义进入新时代，我国社会主要矛盾已经转化为人民日益增长的美好生活需要和不平衡不充分的发展之间的矛盾。我国经济已由高速增长阶段转向高质量发展阶段，必须坚持质量第一、效益优先，以供给侧结构性改革为主线，推动经济发展质量变革、效率变革、动力变革，提高全要素生产率。加快建设创新型国家，"瞄准世界科技前沿，强化基础研究，实现前瞻性基础研究、引领性原创成果重大突破"，要求为建设科技强国、质量强国、航天强国、网络强国、交通强国、数字中国、智慧社会提供有力支撑。建设现代化经济体系，必须把发展经济的着力点放在实体经济上，把提高供给体系质量作为主攻方向，显著增强我国经济质量优势。"支持传统产业优化升级，加快发展现代服务业，瞄准国际标准提高水平。促进我国产业迈向全球价值链中高端，培育若干世界级先进制造业集群。""坚持去产能、去库存、去杠杆、降成本、补短板，优化存量资源配置，扩大优质增量供给，实现供需动态平衡。"

现在产能不足已不再是我国经济发展的主要突出问题，最突出的问题是发展的质量还不够高，所以才提出了高质量发展。在这一发展阶段，我们不是不要增长速度，而是要通过质量、效率、动力"三个变革"实现，着力解决不平衡不充分的发展问题。不提 GDP 翻番目标，是为了更好地贯彻落实新发展理念，推动党和国家事业全面发展。

转向高质量发展阶段是贯彻新发展理念的需要。新发展理念一方面指出了转向高质量发展阶段的路径，另一方面明确了转向高质量发展阶段的目的。只有创新发展，提高效率，创造新产品，才能实现高质量发展；只有协调发展，才能实现更大范围的高质量发展；只有绿色发展，才能实现可持续的高质量发展；只有开放发展，才能实现国际水平的高质量发展；只有转向高质量发展阶段，才能实现共享发展。

转向高质量发展阶段是转变发展方式的需要。转变发展方式最核心的是优化要素投入结构，摆脱对资源能源、环境等要素投入的过度依赖，转到更多地依靠人才、技术、知识、信息等高级要素的轨道上来，也就是要实现创新驱动。这就要求经济必须由规模速度型发展模式转向质量效益型发展模式，由高速增长阶段转向高质量发展阶段。

转向高质量发展阶段是推进供给侧结构性改革的需要。建设现代化经济体系，必须把发展经济的着力点放在实体经济上，把提高供给体系质量作为主攻方向，显著增强我国经济质量优势。推进供给侧结构性改革，要求我们必须坚持质量第一、效益优先，推动经济由低端产业和产品结构向中高端产业和产品结构转变。

转向高质量发展阶段必须推进质量变革。转向高质量发展阶段，要求我们必须高度重视经济质量特别是产品和服务质量，坚持质量第一的原则，弘扬工匠精神，实施精品战略，强化和提高产品或服务质量标准，推进产品和服务质量升级，以满足人民日益增长的对高质量产品或服务的需求。

转向高质量发展阶段必须推进效率变革。高质量来源于高效率。高效率是经济的灵魂。只有提高劳动生产率、资本生产率、全要素生产率，才能以较少的生产要素投入，提供高质量的产品或服务。故要倡导效率意识，采取高效行动，推进效率变革。

转向高质量发展阶段必须推进动力变革。中国经济经过 30 多年的高速增长，旧动力边际效益递减，必须推进动力变革，实现新旧动力的接续转换。新动力就在于供给侧"三大发动机"——制度变革、结构优化、要素升级，对应着中央强调的改革、转型、创新三个方面。当前，推进动力变革重要而迫切。只有推进动力变革，才能真正实现中国经济由高速度增长阶段转向高质量发展阶段。

4.2.1.2　陕西区域发展社会经济发展需要

目前，陕西经济运行呈现总体平稳、稳中有进、稳中向好态势，实现追赶超越具有坚固基础。从区域格局看，陕西处在"一带一路"建设重要节点和向西开放的前沿，具有承东启西、连接南北的独特区位，随着向西开放和产业转移步伐不断加快，曾经的发展差距正在成为后发的增长优势。从产业结构看，陕西省工业体系完整、科教实力雄厚，能源化工向中高端化迈进，电子信息、航空航天、新能源汽车等战略性新兴产业加速成长，多点支撑和多元带动的产业格局初步形成。从发展阶段看，正处在工业化中期向中后期的过渡阶段，产业升级、新经济成长以及基础设施、公共服务等领域的发展空间无限广阔。国家支持力度持续加大，从区域发展、结构调整、科技创新、民生改善等方面形成了政策全覆盖，带来了难得的发展机遇。

未来经济增长在总量上，力争保持高于全国平均的增长水平。在质量上，加快经济结构调整，促进产业转型升级，做优一产、做强二产、做活三产，构建具有陕西特色的现代产业体系。在发展模式上，打造交易成本最低、通关便利化程度最高的内陆型自贸区，创建国家全面创新改革试验区，走出一条陕西特色的创新发展之路。强化创新驱动，促进动能转换。要加快推进创新型省份、西安全面创新改革试验区、西安高新区国家自主创新示范区建设，实施苗圃、雏鹰、科技小巨人和新三板挂牌等链条式培育工程，加快培育形成一大批创新型"瞪羚企业"。突出央地、部省和军民三大融合，协同推进创新资源统筹，形成具有陕西特色和优势的创新驱动格局。推广"一院一所"模式，鼓励龙头企业联合高校、科研院所组建一批产业技术联盟，建设一批国家级、省级企业技术中心、工程实验室，促进创新链与产业链加速融合。

在关中，区域资源有机整合、产业分工协作格局已逐步形成，互联互通水平有效提高。"米字形"高铁网雏形显现，高速公路网持续加密。数字大通道加快建设，西安跨境贸易电子商务服务试点进展顺利，京东、海航等物流业巨头密集布局。科技合作共建不断突破，成立了陕西省高新区发展联盟，渭南、富平、蒲城三个高新区组团在西安建立了异地孵化器。西安交通大学与西安高新区签署战略合作协议，建立高校与高新区共谋发展的新模式、新样板。

作为新常态下区域经济转型发展的重要主体，陕西县域经济也快速发展。以同步够格全面建成小康社会为目标，陕西把发展壮大县域经济作为全省发展的重大战略任务来抓，县域经济稳步发展。2016 年，全省 80 个县（市）实现生产总值 8927.96 亿元，占全省 GDP 的 46.6%；县域第三产业发展步伐明显加快，县域三次产业结构比为 14.5 : 53.9 : 31.6；县域城镇化率达到 43.4%；县域经济活力不断释放。2016 年上半年，全省 78 个县（市）实现生产总值 4248.92 亿元，同比增长 8.6%，其中 55 个县（市）增速高于全省平均增速。

随着追赶超越步伐的加快，陕西三大区域竞相发展，已构建起可持续的发展产业结构。"十三五"时期，陕西将打造区域特色发展引领区，坚持"强关中、稳陕北、兴陕南"的区域发展思路，推动全省三大区域找准定位、发挥优势、各展其长、协调发展。关中将赶超全国工业化进程，发展总部经济，建设国家中心城市；陕北将加快高端能源化工产业基地建设；陕南将突出绿色循环发展，加速赶上全国工业化进程。

4.2.1.3 构建关中西部创新中心成为陕西省中长期发展战略定位

陕西正处在追赶超越的重要阶段，实现追赶超越的重点定位在关中，必须依靠关中，推动关中协同创新发展也是省委、省政府确定的重大区域发展战略。关中在"一带一路"国家倡议中处在十分重要的位置，在军工和科研方面具有独特的优势，未来需要进一步发挥关中辐射带动能力，将关中地区打造为陕西追赶超越引领区、内陆改革开放新高地、国家自主创新策源地和军民融合发展示范基地，继续为全省经济发展发挥主要支撑作用。

在追赶超越的重要阶段，将关中地区的中长期发展战略定位为建设西部创新中心，这对陕西整体发展提出了更高的战略要求，不仅要求具备全国范围内创新资源的集聚和配置功能，更重要的是在"一带一路"沿线区域具备科技创新的策源地功能和创新驱动发展的引领功能，进而实现国家赋予陕西的西部创新改革试验区的战略定位。

陕西要实现追赶超越的重点与希望在关中，追赶超越的主引擎是创新，因此将陕西中长期发展战略定位为建设国家关中西部创新中心。

将陕西关中建成国家西部的科技创新中心，这是落实党的十九大建设创新型国家的重要举措，是陕西省中长期发展的重要战略定位。

（1）实现创新资源聚集，以关中高新技术产业带为抓手，重点突出改善创新生态环境，汇集各类创新资源，实现创新资源和创新要素的集聚功能，把关中国家西部创新中心建设成为西部创新资源集聚中心。从内部功能上看，西部创新中心能够有效地集聚和统筹科技资源；从外部特征上看，西部创新中心是各类科技资源的聚集地，进而实现在"一带一路"沿线区域前沿科技、关键技术的创新发展方面的影响力。

（2）实现科技成果产业转化，打通从研发到产业的全创新开发产业链的各个环节，实现关中国家西部创新中心的科技研发功能、技术创新功能和产业驱动功能。从内部功能上看，西部创新中心实现军产学研深度融合、协同创新，科技成果转化的障碍因素基本消除，科研优势可有效转化为产业优势；从外部特征上看，西部创新中心高技术产业成为工业中的核心产业和领先产业，有效承担了"一带一路"重要创新节点功能，在"一带一路"沿线区域前沿科技带动产业变革和转型升级方面形成影响力。

（3）实现西部创新中心的科技创新资源的集聚与配置功能完善，以关中高新技术产业带为后盾，全面构建起西部创新中心的整体功能，在西部地区创新驱动中具有示范和辐射带动作用，实现创新的示范和辐射功能，进入全国创新的第一阵营。从内部功能上看，西部创新中心科技成果交易市场和资本市场功能完善，成为支持科技创新各种资源的全球配置中心；从外部特征上看，西部创新中心能够实现关中五市一区的融合发展和创新活力的提升，而且能够配置全球创新资源，在"一带一路"沿线区域前沿科技创新资源的集聚、配置方面形成影响力。

（4）在建设西部创新中心过程中，依托关中五市一区融合发展"推力因素"和自贸区建设契机的"拉力因素"，未来 10~30 年，陕西关中地区应形成"建成具有国际影响力的区域创新体系"主线，承担具有"一带一路"沿线国际影响力的科技创新中心功能，通过五市一区融合发展加速推进城市化进程实现省内全面小康，形成科技创新和城市群融合发展的"关中模式"。在追赶超越中，培育造就以西安为核心的关中地区在 21 世纪中叶的综合竞争发展优势，形成城市群融合发展的陕西智慧。

4.2.2　战略目标

4.2.2.1　突出科技要素优势是核心——成为中国西部创新中心

以西安为核心的关中地区具备建设西部创新中心的基础条件，陕西追赶超越的着力点应该是关中区域，而不是一市一地。关中区域不仅是提升全省经济总量的决定因素，也是实现全面小康建设和陕西经济追赶超越的主力军。关中地区的突出优势体现在以下两方面：

第一，关中的文化、科技及教育优势为高新技术产业的振兴提供了广阔空间，完全有条件加速推进门类齐全的新兴产业体系。以军工为支撑的航天、航空、新材料和人工智能研发在国内领先，航空航天、光电芯片、新能源、新材料、智能制造、信息技术、生命科学、人工智能被称为"硬科技八路军"。研发的领先意味着未来的产业领先，先进产业造就新型的企业业态，这将在市场上赢得旺盛的竞争力。所以抓住关中的高新技术产业化这一核心，就可以实现全省追赶目标的完成。

第二，关中有比较集中的高等院校是造就未来适应世界科技快速发展高端人才的摇篮。目前，西安综合科研实力位居全国第三，拥有各类科研机构460多个，省部级以上重点实验室、工程技术研究中心209个，两院院士60人，国务院特殊津贴专家218名，各类专业技术人员46万人。未来的竞争说到底是科技的竞争，其根本又是人才的竞争，即发挥教育优势，依托高等院校建设追赶超越的高层人才群，形成若干创新团队。

因此，国内领先的军工研发与生产体系、高等院校形成若干创新团队，这两大突出的优势是"一带一路"沿线区域无法比拟的。有效发挥这两大优势，完全可以建成"一带一路"沿线区域具有影响力的科技创新中心，成为领先的创新知识、创新技术的原创地，领先的创新产品、创新商业模式的科技资源改革的试验区。以西安为核心的关中地区应当而且必须成为"一带一路"沿线区域的重要区域创新中心。

4.2.2.2 自贸区建设是有效拉力——成为"一带一路"建设的重要节点

"一带一路"是21世纪的国家倡议，是中华复兴实现中国梦的伟大工程。关中地处中国西部，虽然区位优势比不上新疆，但"走出去、请进来"的综合实力较强，具有与国际接轨的能力。处在全国交通通信枢纽位置，对外实现"五通"的条件优越，虽然难成"一带一路"的核心区，但一定会是"一带一路"国内的重要节点，带动中西部对外开放。那么，关中地区承担"一带一路"重要节点职能应该具备的基础支撑条件是什么？

第一，战略位置突出。以西安为核心的关中地区处于"一带一路"建设的重要节点，能够发挥枢纽作用。关中在"一带一路"国家倡议中处在十分重要的位置，历史上是"一带"的起点。步入21世纪，习近平总书记向世界提出"一带一路"倡议，关中是欧亚大陆桥连接国内的枢纽，是沟通中亚走向欧洲的重要节点，完全有条件在国家"一带一路"倡议实施中发挥积极作用，借此发展自己，让陕西走向世界，弥补陕西对外开放的短板。陕西追赶超越的着力点应该是关中区域，而不是一市一地。

第二，以西安为核心，关中地区辐射能力较强。人口基数、经济体量较大，在区域有比较强的辐射、影响能力，或者能发挥示范作用，才有可能成为"一带一路"的重要节点。目前西安正在建设高水平自贸试验区，加大关中地区开放力度，完全可以切实发挥"一带一路"重要节点作用。这是党中央、国务院赋予陕西的一项重大任务，也是陕西省"构筑新高地"的重要抓手。陕西关中地区地处我国西部的最东端，是东部进入西部的第一阶梯和主要门户，是亚欧大陆桥和西陇海—兰新线经济带最发达的地段，并有望成为其发展的龙头，具有率先发展的区位条件。它既有沟通东西部的主要通道——欧亚大陆桥，又有连接东北、华北至西南的高速铁路及高速公路，还有连接东北、华中至西北的高速铁路和高速公路，是西部大开发的桥头堡，可借助欧亚大陆桥及其支桥向西北乃至西部辐射。

第三，区域经济带以高新技术为支撑是"一带一路"重要节点的显著特征。从关中地区科技活动投入看，2016年科技活动投入排在前8位。从关中地区经济综合发展水平、科技创新投入等情况看，关中高新技术产业带发展为国家西部创新中心的建设提供了坚实的经济基础。以国家级高新技术产业开发区（示范区）为龙头，加速建设关中高新技术产业开发带，将立足特色化高端化发展，以高新区为载体，引导关中地区产业转型升级、互补互促。

第四，"一带一路"节点内部经济联系密切，能够实现发展的协同和融合。西安基础设施互联互通步伐明显加快，进一步畅通关中对外通道，加快建设"米字形"高铁网，关中高速公路网明显加密；以西安为核心的都市圈建设明显加快，西安、咸阳、西咸新区之间的城市功能进一步优化；"十三五"期间，国家政策层面将重点支持关中平原在内的五大城市群建设，国家部委编制完善关中平原城市群发展规划，支持西安建设国家中心城市，支持宝鸡、渭南增强聚集辐射功能，加快铜川资源型城市转型步伐，支持杨凌打造世界知名的农业科技创新城市，加快推进富平、阎良一体化。继续加强镇级小城市综合改革试验区和重点示范镇、文化旅游名镇建设，打造一批县域副中心和特色鲜明、宜居宜游的特色小镇。这将有力地加快西安中心城市建设步伐，辐射带动关中城市群发展。

建设好"一路一带"重要节点，必须立足交通枢纽地位、产业转型升级、投资贸易的接纳和辐射，在实现全方位、立体式开放方面谋划布局。

4.2.2.3　实现五市一区融合发展，加快城镇化发展是基础推力——全面实现小康

加快城市化进程的关键是关中五市一区融合发展及全省农村城镇化。关中总人口占全省62.8%，关中城镇间差距、城乡间差距都最大。关中五市一区融合发展有利于缩小关中内部区域差距和城乡差距，还可以优化以五市一区为主要节点的城镇体系，整体推进陕西城市化。

以城市网络为骨架推进农村城镇化。以城市体系核心节点带动推进农村城镇

化，可以积极吸纳陕南、陕北贫困人口，提高农民收入、改善生活条件，加速实现小康。在关中地区与陕南陕北区域经济发展现实比较的基础上，限于陕南和陕北区域的资源环境承载力约束，课题组认为陕南和陕北区域贫困人口实现小康的一个重要途径是向关中地区或者邻近城镇转移。

五市一区融合发展是关中地区消纳贫困与全面小康的基础。西安交通位置优越，在国内处在全国交通通信枢纽位置，四通八达，对外实现"五通"的条件优越。关中地处中国西部，区域位置独特，虽然区位优势比不上新疆，但"走出去、请进来"的综合实力较强，具有与国际接轨的能力。虽然难成"一带一路"的核心区，但一定会是"一带一路"的国内重要节点，带动西部地区对外开放，提升西部地区的人均收入水平。

目前陕西省内人均 GDP 为 50399 元，离 57000 元的小康标准相差不远，城镇居民人均可支配收入为 18874 元，已经达到小康水平，陕西省内部绝大部分家庭与个人都达到了小康生活水平。未来在全省范围内实现小康，需要关中地区五市一区融合协同发展，以缩小关中地区内部差距、减轻贫困，还可以积极吸纳陕南陕北贫困人口，并针对陕南陕北贫困区域进行定点援助、精准扶贫。因此，促进关中地区协同发展是加速实现省内全面小康的重要抓手。

陕西中长期发展战略目标概括起来有三点：一是构建中国西部创新中心，形成关中区域创新体系；二是成为"一带一路"建设的重要节点；三是通过五市一区融合发展加速推进城市化进程实现省内全面小康，形成科技创新和城市群融合发展的"关中模式"。

围绕上述战略目标，要实现关中在全国创新优势方面的三大影响力：一是在"一带一路"沿线区域前沿科技、关键技术的创新发展方面形成全球影响力；二是在"一带一路"沿线区域前沿科技带动产业变革、驱动经济发展方面形成全球影响力；三是在"一带一路"沿线区域前沿科技创新资源的集聚、配置方面形成全球影响力。具体叙述如下：

（1）在"一带一路"沿线区域前沿科技、关键技术的创新研发方面形成全球影响力。以西安为核心的关中地区必须加快战略布局，依托自主创新力量，从追赶走向领先和引领。这就要求关中地区在培育和壮大自主创新力量上必须确立全球一流的标杆，努力建设若干全球一流的大学、研究所和实验室，打造一支全球一流的科学家队伍，更好承担起科技创新的战略任务。同时，以推进西安全面创新改革试验为契机，促进高精尖军用技术和先进科研成果就地民用转化，加快民用行业产能向军品科研生产转移，在军民技术创新融合改革试验方面形成影响力。

（2）在"一带一路"沿线区域前沿科技带动产业变革、驱动经济发展方面形成全球影响力。以西安为核心的关中地区必须构建更有竞争力的科技引进政策，营造更加良好的产学研合作环境和营商环境，加快全球科技创新成果在西安及关中地区的孵化和产业化，推动新的经济增长点和竞争力的形成。这就要求西安必须培育和集聚两大企业群体，即全球技术领先、具有集成创新能力的高科技先锋企业群体以及在新产业、新技术、新业态、新商业模式上原始创新、寻找突破的中小微企业群体。支撑两大企业群体的是三支队伍，即具有全球影响力的企业家队伍、成千上万的创业者队伍以及支撑创业的一批投资家队伍，推动以西安为核心的关中地区的民营经济大跨度地发展。

（3）在"一带一路"沿线区域前沿科技创新资源的集聚、配置方面形成全球影响力。以西安为核心的关中地区必须放眼全球、接轨国际，以西安自由贸易试验区的制度创新为动力，以"一路一带"背景下建设国际化大都市为引力，进一步加大改革开放力度，建设一批科技创新资源的集聚、配置平台，加快培育全球配置能力。这就要求关中必须积极培育和造就一支国际化的科技创新中介服务队伍，更好地服务于科技创新成果的引进、转化、孵化、跨国合作及知识产权保护。

4.3　战略目标具体架构

4.3.1　构建关中国家西部创新中心

4.3.1.1　构建科技要素聚集与知识创造中心

以西安为核心，建设"一带一路"沿线国家具有影响力的科技创新中心，需要在既有的前沿技术研发与应用中发挥全球性引领作用，主要是进一步加强信息技术应用革命创新，加快信息技术产业与工业、服务业等产业实现深度融合与创新。关中西部创新中心区域的科技创新应聚焦于既有的能源化工高端化以及新一代信息技术、生命健康、新能源、智能装备和新材料五大领域优势，根据上述全球科技创新的前沿趋势特点，未来10~30年，以西安为核心的关中地区的前沿技术开发战略应形成"推动军民深度融合，发挥既有的技术优势"

的战略主线。

发挥关中地区科研院所和高校在知识创新中的主体作用，争取到 2035 年前，西安有 1~2 所高校能够进入全球权威排名的世界 100 强大学行列，为科创中心培养基础人才和传播基础知识；拥有国家重点实验室 30 个，其中 1~3 个可以进入全球顶尖实验室行列，进行世界领先科学技术的研究，引领世界科技发展潮流；争取在 2~3 个专业领域（如智能化装备制造、新材料和生物医药）拥有 1~3 份国际领先的期刊，取得在科技基础领域的话语权。关中地区每万名就业人员中研发人员达到 15%，全社会 R&D 经费支出占地区 GDP 比重达到 20%，创业投资引导基金总额占地区 GDP 比重达到 10%。

4.3.1.2 科技成果转化与吸纳中心

重大工程与重大项目的核心突破战略。重大项目是体现国家战略目标、集成科技资源、实现跨界融合的有力抓手。推动"央企进陕"，全面落实陕西与央企战略合作重大项目，持续扩大央企在陕投资额。抓住"一带一路"建设、中国（陕西）自由贸易试验区等战略机遇，与央企联合规划建设国际合作产业基地，引进一批引领丝绸之路经济带建设的战略先导项目，借力央企的资源调动力、投资牵引力、市场竞争力和品牌影响力，抱团"走出去"。以西安为核心的关中地区仍继续有效发挥政府的创新引导作用，但主要限定在重大工程与重大项目，以及创新公共平台提供方面。对于关中地区而言主要是落实好两个方面的工作：一是落实国家重大工程与项目的战略布局，并与关中区域创新形成互动，研发、掌握、产业化一批核心技术与项目；二是根据西安城市特点，提出一批重大工程与项目。

依托陕西科教资源"多"的优势，发挥政府的创新引导作用，聚焦于科技成果的转化与产业化，为高新技术产业带提供产业链支撑，争取到 2035 年前，高技术产业增加值占工业总产值的 40%，国家和省级高新技术产业开发区营业总收入占地区 GDP 比重超过 40%。引领整个工业的发展。国家和省级重点实验室 50 个、工程实验室和工程（技术）研究中心数量 200 个。在"大众创业，万众创新"方面，关中地区民营高新技术企业数（家）占规上民营企业数量比重在 50% 以上。

4.3.1.3 跨界协同创新核心区

劳动生产率是衡量一个企业，乃至一个国家经济发展水平的重要指标。关中高等院校多，国家级的科研院所聚集，研发力量可观，潜力巨大。如果能与企业合作，实现产学研高度结合，在国家调整结构经济转型升级中一定能创造出标志性业绩。协同创新正成为科技创新发展的重要形式。关中西部科技创新中心建设要形成以下三个方面的协同创新战略架构。

（1）产学研协同创新战略。完善政—产—学—研创新机制，建设创新大平台。促进公共技术创新信息供需的共享共用。打通创新资源之间的合作机制，政府引领与市场决定两条腿走路。政府引领重在聚焦国家重大工程，市场决定重在减少政府干预扭曲效应。加快探索新型科型平台、研发组织，通过国家科学中心、世界实验室、跨国公司研发中心等平台建设，就地整合各方创新资源，实现跨界协同创新。

（2）军民融合创新战略。系统推进西安市全面创新改革试验，围绕航空、航天、兵器、船舶、电子等优势领域，加快推进西安国家航空产业基地、航天产业基地、兵器工业基地、电子信息产业园等建设，将西安打造成一流的国家军民融合创新示范区。依托各类基地和园区强化协同创新，推动建立一批军民结合、产学研一体的科技协同创新平台，支持军工单位与高校、省内研究机构联合建设中试基地，促进产学研用深度融合发展。

（3）区域协同创新战略。以西安为核心的关中地区具备良好的产业基础和创新潜力，也是高校科研资源最为集中的区域。关中地区可以在公共创新平台合作方面有所突破，五市一区共同建设区域创新体系、达到世界水平的科技创新中心。建设世界水平的科技创新中心，必须要具备整合全球创新资源的能力，通过实施科技创新的"引进来与走出去"战略，构建全球创新网络。发达国家利用高级人才的移民政策和跨国公司的全球化研发整合全球创新资源。具有全球影响力的科技创新中心具备具有集聚能力与辐射能力的全球创新网络，服务科技创新中心建设。在中央确定第三批自贸区的背景下，需要结合自贸区建设进程，实现自贸区与科技创新中心的互动，打造便利于全球化科技创新的平台与空间。实施全球创新网络计划，推动进行创新平台的全球布局，通过"走出去"实现"引进来"，促进创新载体的全球化合作。

争取到 2035 年前，关中地区拥有世界 500 强企业研发中心 100 个以上，国内外知名企业研发中心 200 个，通过跨国公司成为全球研发网络的重要节点；军民融合水平有效提升，军民融合领域创新型企业发展至 5000 余家，年产值达到 3000 亿元，总收入过 10 亿元的企业达到 50 家。

4.3.2 成为"一带一路"重要节点

4.3.2.1 "一带一路"对外开放中心

结合自贸区建设进程，实现自贸区与科技创新中心的互动，打造便利于全球化科技创新的平台与空间，促进创新载体的全球化合作。成功的全球科技创新中心都以全球一流的大学、科研机构、园区、企业等创新载体作为支撑。

第一，建设一流创新载体，重点对大学与科研机构等事业单位实施以创新导向的改革与调整。借鉴国外创新中心的高校科研机构创新发展经验，培育、引进与建设一批创新型及开放型的大学与科研机构。一流大学的建设工程是一项系统工程，不只是依靠大学自身，努力建设全球科技创新中心也是系统性推进一流大学建设的重要机遇。在全球科技中心的建设过程中实现高校科研机构的全球一流化战略。

第二，实施科技创新特区新政策。实施产业园区发展的创新融合战略，更好发挥园区创新资源的整合平台功能。重新定位科技园区在西部创新中心构建中功能作用，依托园区的同时突破园区的空间局限，形成开放兼容的园区创新网络。

第三，混合经济联动战略。要想方设法真正让民营企业成为西安市场化、非定向创新的主力军。根据不同所有制企业的特点，发挥合营企业、中小企业是城市创新的最重要活力与希望所在的战略导向。正确定位大型跨国公司与大型国有企业在全球科技创新建设中的功能作用，使国企更好聚焦落实国家重大工程与项目；促进外企研发总部平台溢出效应的扩大化，抓住反向创新、离岸创新、开放创新等全球创新趋势，加速形成第三代跨国公司研发中心。

第四，依托科技园区加快推进在建项目，支持省内能源、建筑、交通、装备制造和农业科技等领域企业的横向合作，重点支持陕汽、法士特、陕鼓等优势装备制造企业在"一带一路"沿线国家布局设点，建设合作产业园区，开辟国际产能合作新空间。

争取到 2035 年前，西安成为全球前五大风险投资集聚地之一，金融服务市场规模位列全国前 5 位，为企业创新提供金融服务和支撑；国家和省级科技企业孵化器、大学科技园在孵企业数量分别达到 300 个和 500 家；拥有亚太区域性交易机构，如技术交易市场、期货市场、人才市场、股权交易市场等。

4.3.2.2 "一带一路"商贸与产业聚集区

第一，在建立立体综合交通通道的基础上，建设互联网骨干直联点发展跨境贸易电子商务服务，加快国际商贸物流，实施"港口内移、就地办单、海铁联运、无缝对接"的内陆港贸易便利化政策，打造内陆国际中转枢纽港。充分认识区位优越的重要性，不断加强关中板块发展，同时围绕建设丝绸之路经济带新起点的战略目标，向陆、海、空、网要通道，构建具有时代特征的向西开放、经贸畅通的"立体新丝路"，打造内陆改革开放高地。进一步完善全国首个内陆型港口——西安港、西安空港综合交通中心、经济带上最大的物流集散中心——西安新筑火车站等设施，并与沿海、沿边口岸加强一体化大通关合作，努力为国际商贸流通创造更加便利的条件。

第二，充分依托科技园区和产业示范区，加强与丝路沿线国家在航天航空、装备制造和能源化工等领域的合作，推动产业聚集区的形成。加快杨凌旱作农业国际合作中心建设，在中亚国家建设新技术推广示范基地。充分利用国外科技和人才资源，开发具有自主知识产权的新技术、新产品。形成以西安为核心的关中地区未来创新与产业发展向东、向北与向西的三个扇面。建设创新示范镇，形成创新走廊，力争成为服务业产业业态与商业模式的创新应用策源地，激活带动科技创新。依托高端和专用性的创新要素参与国际分工，逐步实现向创新集聚区转型。

第三，基本建成物流商贸与产业聚集合作及转型升级的功能区，争取到2030年前，西安至少拥有全球500强企业总部10家，成为"一带一路"沿线国家优秀企业的集聚地；拥有跨国公司地区总部150家，总部经济得到充分发展；关中高新技术产业开发带进一步形成和完善。龙头产业集聚格局明显形成，西部创新中心形成与崛起，承担"一带一路"主要节点功能，至少在1~2个领域成为创新研发的源头或创新集成应用的中心。以西安为核心的关中地区最有可能形成龙头效应的两大前沿技术创新领域是在电子信息化基础上的智能产业、航空航天及其衍生的应用军民融合领域。

努力为国际商贸流通创造更加便利的条件，打造内陆国际中转枢纽港，充分依托科技园区和产业示范区，加强与丝路沿线国家在航天航空、装备制造和能源化工等领域的合作。到2035年前，高速公路、铁路分别再新增1500千米和3500千米，公路里程达到1.5万千米，高新技术企业主营业务收入占规上工业企业主营业务收入比重达到20%，科技公共财政支出占公共财政支出的比重达到25%。

4.3.2.3　"一带一路"科技要素配置中枢

建设具有国际竞争力的先进制造创新中心和"一带一路"创新之都的战略定

位，以世界一流科技园区和国家自主创新示范区建设为主线，大力推进以科技创新为核心的全面创新，关键是稳住机构团队，留住人才，面向全球招揽人才。紧紧把握国家的现代化建设和全球化战略部署，牢牢服务于以西安为核心的关中地区建设全球城市和全球影响力科技创新中心的发展大局，进一步加大改革开放力度，构建良好创新创业生态系统，优先保障人才发展，积极实施全球一流、全球引进、全球配置、全球接轨的人才全球战略。

充分发挥高校院所、科技服务机构作为要素流动和成果转化的"核心中枢"作用，打通产学研用各方合作通道，稳住人才团队，留住人才，面向全球招揽人才。争取到 2035 年前，关中技术合同进出口交易金额达到 100 亿美元，技术交易活跃，成为"一带一路"技术交易的重要网络节点；每万项专利成果转化率达到 50%，推动基础研究向科技成果产业化的发展；高技术企业的出口额占总商品出口额的 60%，国际创新企业的孵化器达到 15 个，企业创新活跃。

4.3.3　加快城市化进程实现省内全面小康

目前陕西省内人均 GDP 为 50399 元，离 57000 元的小康标准差距不远，城镇居民人均可支配收入为 18874 元，已经达到小康水平，陕西省内部绝大部分家庭与个人都达到了小康生活水平。未来在全省范围内实现小康，需要关中地区五市一区融合协同发展，缩小关中地区内部差距、减轻贫困，还可以积极吸纳陕南陕北贫困人口，并针对陕南陕北贫困区域进行定点援助、精准扶贫。因此，促进关中地区协同发展是加速实现省内全面小康的重要抓手。加快城市化进程是实现省内全面小康的基础，五市一区融合发展是关中地区消纳贫困与实现省内全面小康的基础。

4.3.3.1　城市化进程明显提速

在构建关中西部创新中心、形成区域性创新体系过程中，不仅包括创新要素聚集和外向型经济发展，也包括要在通过关中五市一区协调融合发展进而带动关中城市化水平方面取得突破，五市一区融合发展构建城市利益共同体，形成城市群融合发展的陕西智慧。争取到 2035 年前，关中地区人均 GDP 达到 6 万元，省内居民人均可支配收入达到 3 万元；关中地区经济占全省经济比重达到 80% 以上，年均增速高于全省 1.5 个百分点以上，继续为全省发展发挥主要支撑作用。关中地区的人口密度为 1500 人/平方千米，实现人口的有效集中，关中地区解决就业人数达到 1500 万人。

4.3.3.2 小康社会全面实现

全面建成小康社会，以关中地区为核心，吸纳和消化陕北陕南的贫困人口。全省城乡居民收入、城市居民可支配收入、农民纯收入翻一番。

4.4 战略目标可行性分析

4.4.1 构建西部创新中心

以西安为核心的关中地区在"一带一路"发展带中承担创新中心定位符合地区比较优势，关中地区创新资源富集，拥有大量的创新人才、创新园区以及灵活的创新政策，为构建西部创新中心奠定了坚实基础，构建西部创新中心切实可行。

在建设西部创新中心的军民融合领域，军民深度融合已经进入了新的阶段，需要进一步在更大范围和更深层次上拓宽军民融合。西安航空基地、西安航天基地、西安兵器工业科技产业基地、西安高新区军民融合产业园等基地建设有序推进；军民融合技术资源、公共服务平台，促进高精尖军用技术和先进科研成果就地民用转化，民用行业产能逐步向军品科研生产转移，军用重点实验试验设施共享试点开展顺利，初步实现了军民技术、能力双向交流。

在建设西部创新中心的重大科技攻关领域，目前由西安高校创新团队牵头，围绕先进制造、新材料、信息技术等领域，超前部署重大科技攻关，组织开展一批先进适用技术研究。在数控装备整机及关键零部件核心技术研究、强化高性能陶瓷基复合材料、新一代信息技术、清洁能源、生物医药、生物育种等领域进行核心技术研发，在一些关键领域取得明显的突破。

在建设西部创新中心的创新成果转化领域，以需求为导向，连接技术转移服务机构、投融资机构、高校、科研院所和企业等，集聚成果、资金、人才、服务、政策等各类创新要素，打造线上与线下相结合的技术交易网络平台。鼓励企业探索新的商业模式和科技成果产业化路径，加速重大科技成果转化应用。加快科技成果转化为技术标准试点，推动更多应用类科技成果转化为技术标准。创新建立从实验研究、中试到生产的全过程投融资模式，构建普惠性支持政策体系。

在"大众创业，万众创新"领域，发挥政府引领、政策导向作用，鼓励全社会搭建平台、聚集资金，充分激发广大人民群众和市场主体的创业创新活力。全面清理非行政许可审批事项，下放一批制约经济发展、束缚企业活力的行政许可事项，适度减少投资项目前置审批，营造宽松便捷的准入环境。大力发展科技服务业，总结推广新型孵化模式，加快发展众创空间，实现创新与创业、线上与线下、孵化与投资相结合，为创业者提供低成本、便利化、全要素、开放式的综合服务平台和发展空间。引导社会资金和金融资本支持创业活动，支持风险投资、创业投资、天使投资等壮大创业投资规模。促进"创途在 XIAN"、西安众创示范街区等的发展，创建西咸新区国家"双创"示范基地。

4.4.2 承担"一带一路"重要节点功能

第一，国家级高新技术产业开发区（示范区）能够成为关中高新带的龙头，加速带动关中高新技术产业开发带的进一步形成和完善。有效发挥现代经济的规模经济效应至关重要，大规模便于聚合规划，相互协调，可避免类同重复而形不成规模效率。西安、宝鸡、杨凌 3 个国家级高新技术产业开发区（示范区）彼此相距 80 千米，同属于陕西省，完全可以形成利益共同体，在充分发挥各自优势的同时，充分共享政策，协调融合发展。实行信息沟通、资金融通、招商互通、人才流通。在省政府领导协调下，建设中国西部的中关村，成为全省经济转型升级的龙头、调整优化结构的火车头、产学研结合的表率，加速带动关中高新技术产业开发带的进一步形成和完善。

第二，以自由贸易试验区和国家级经济开发区为纽带，发展外向型经济切实可行。目前关中地区进出口贸易额少，经济依存度低，外商投资小、比重低，仍然是内陆型经济，开放仍然是陕西经济发展的短板。要加快发展，必须充分利用国内国外两个市场，国家在关中设立自由贸易试验区，就是希望陕西深度融入"一带一路"倡议，发挥应有的作用。加上多年来经济开发区建设的基础，陕西完全有条件为国家战略贡献力量，同时也可加快自身的发展。目前国家给了政策，可通过推动关中五市一区扩大开放，发展外向型经济，进而推动关中地区对外合作向全方位拓展。

第三，西安具有许多综合发展优势，是陕西追赶超越的中坚力量，是其他城市无法取代的。西安的科技力量和人才优势及文化软实力不仅在西部，就是在全国也处于领先地位。但西安经济总量偏小，即使可以通过努力在不长的时间内跨入万亿元俱乐部，但到时现有的万亿元级城市很可能多数都升级至双万亿元级。从省内来说，若干年内西安能否保持三分天下有其一，也需要拭目以待。但西安是陕西经济发展的龙头，需要全力发挥对外开放的窗口作用，带动全省特别是关中各市（区）持续发展的龙头作用不可取代。西安完全可以做强，成为全省创业中心，从而联合关中各市（区）建设中国西部创新中心。创新是发展的永恒动力，只有走不断创新之路才能使陕西经济持续快速高质量地发展，进而实现经济综合发展水平、人均国民收入超越全国平均水平，进入发达省份行列。

4.4.3　实现省内全面小康

关中地区尚有 18 个贫困县和 65.46 万贫困人口，要严格按照中央和省的有关部署，因地制宜发展特色优势产业，强化问题导向，推进易地扶贫搬迁，统筹做好教育、健康扶贫及社保兜底等各项工作。陕北和陕南目前具有 3 个集中连片特困地区，国家贫困县和片区县 56 个，占全省一半以上，贫困村 8808 个，占全省村总数的 1/3，目前，陕西仍有省级贫困线标准以下贫困人口 228.72 万人。全面建成小康社会，没有陕北和陕南的全面小康，没有老区贫困人口脱贫致富，是不完整的。陕西省委、省政府明确到 2020 年，全省农村贫困人口全部脱贫，完成 125 万贫困人口易地搬迁，56 个贫困县全部摘帽。目前以关中地区为核心，吸纳和消化陕北陕南的贫困人口，是切实可行的。

省政府推动关中多个领域工作上升为国家战略，特别是努力把关中打造成为西部大开发的三大区域增长极之一。2016 年关中的 GDP 占到了西北五省的近 30%，对西北乃至整个西部发展发挥了重要带动作用。关中集中了全省 63% 的人口、90% 以上的科技资源，工业占到全省的 56%，投资占到 65%，消费占到 79%，在陕西省发展大局中具有举足轻重的地位。"十二五"期间，关中 GDP 年均增长 11.7%，高于全省 0.6 个百分点，发挥了带动作用，对全省贡献率达到 66.8%。2016 年前三季度，关中经济运行总体好于全省，规模以上工业增加值和社会消费品零售额增速分别高出全省 1.7 个和 0.2 个百分点，固定资产投资增速与全省持平，实际利用外资和引进内资分别占到全省的 86.4% 和 67.2%。应该说全省经济稳中向好，关中发挥了有力的支撑作用。

以京津冀为楷模，促进关中五市一区协调融合发展，有利于推进节点内部的协同和融合。珠江三角洲、长江三角洲的良性发展充分证明了区域经济的重要性，说明大城市要带动中小城市发展，形成城市群的总体效应。近期国家又提出建设长江经济带，特别是习近平总书记亲自抓京津冀协调发展，不仅可疏解北京首都功能，更重要的是可发挥北京、天津优势，带动河北发展，建设渤海湾经济带，实现经济发展和生态环境改善共赢。

关中以"八百里秦川文武圣地"闻名世界。在中华人民共和国成立以来的现代化建设中，陕西形成了门类齐全的工业基础，特别是大专院校、科研院所云集，高端人才实力雄厚。五市一区有各自的发展史，特色鲜明，优势明显，但劣势犹存。如果能实现深度融合协调发展，前景一定令人鼓舞。特别是以国家中心城市西安为龙头，带动关中地区总体推进，全面发展，一定能起到"1+1>2"的效果。可以预见，关中五市一区融合协调发展是实现习近平总书记要求陕西追赶超越的希望所在。

第三篇
战略方案

第5章 构建关中国家西部创新中心战略方案

加快建设关中高新技术产业带，构建关中国家西部创新中心是建设国家西部创新中心的重要途径之一。以关中高新技术产业带为抓手，推动科技与经济紧密结合、创新成果与产业发展紧密对接，按照产学研用一体化思路，打造西部创新创业平台和人才集聚高地，使科研成果在陕西落地生根，充分发挥关中国家西部创新中心的重要作用，为地方经济社会发展服务。

5.1 内涵及指标度量

关中国家西部创新中心建设，是建设国家西部创新中心的重要途径之一。因此，关中国家西部创新中心应该成为西部地区各类创新平台集聚、各类创新人才会集、各类创新活动活跃、创新要素集散通畅、科技成果转化高效、创新生态良好的区域，在西部地区创新活动中具有枢纽和辐射功能，在国家全面实现创新驱动发展战略中具有西部先行者和引领者的作用。而创新中心的建设，需要以关中高新技术产业带为抓手，重点发挥西安、咸阳、宝鸡、杨凌等地国家级高新技术产业开发区的创新引领作用，统筹协调其他高新技术开发区发展，整合创新资源，协同融合发展，开放辐射西部其他省市，从而建成中国西部的科技创新中心。

5.1.1 关中国家西部创新中心建设的内涵及功能定位

西部创新中心建设属于区域创新中心建设问题。因此，要界定关中国家西部创新中心的内涵，需要先厘清区域创新中心的内涵及功能，再结合关中地区特点，给出关中国家西部创新中心的内涵及功能，进而阐明建设关中国家西部创新中心对关中高新技术产业带发展的要求。

5.1.1.1 区域创新中心的内涵

区域创新中心是创新要素和创新活动高度集中的地区。区域性科技创新中心在人才、资金、技术和信息等方面对区域具有一定的影响力、引领能力和带动作用，是区域科技综合实力和创新竞争力的体现（袁红英、石晓艳，2017）。

区域创新中心应具备以下八个基本特征（屠启宇、张剑涛，2015）：一是具有较强的综合经济实力；二是拥有高研发能力的知名大学和科研机构；三是拥有高新技术产业聚集区域，为产业研发提供创新平台和空间条件；四是具有便利快速的对外交通联系；五是拥有较强对外经济联系和广泛的全球市场；六是集聚一大批多样化高层次创新人才；七是具有发达的科技金融机构、科技中介机构和科技服务能力；八是具有开放性和包容性的创新文化氛围。

目前，我国已形成各具特色的创新集聚区。东部沿海地区有以北京为核心的环渤海、以上海为核心的长三角、以深圳为核心的珠三角三大创新高地，中西部地区有以西安为核心的关中、以重庆和成都为核心的成渝、以武汉为核心的汉江等科技密集区。其中，三大创新高地的核心城市是北京、上海和深圳。合肥是继上海、北京之后的全国第三个国家综合性科学中心，重庆已获批区域科技创新中心，武汉提出建设国家第四个科技创新中心，如表 5-1 所示。

表 5-1　我国主要科技创新中心建设内容

名称	建设目标	建设思路
北京全国科技创新中心[①]	建设成为全球创新网络的重要力量，成为引领世界创新的新引擎	以中关村国家自主创新示范区为主要载体，以构建科技创新为核心的全面创新体系为强大支撑，着力增强原始创新能力，打造全球原始创新策源地；着力推动科技和经济相结合，建设创新驱动发展先行区；着力构建区域协同创新共同体，支撑引领京津冀协同发展等国家战略实施；着力加强科技创新合作，形成全球开放创新核心区；着力深化改革，进一步突破体制机制障碍，优化创新创业生态

---

① 国务院关于印发北京加强全国科技创新中心建设总体方案的通知（国发〔2016〕52 号）〔EB/OL〕. http://www.gov.cn/zhengce/content/2016-09/18/content_5109049.htm.

续表

名称	建设目标	建设思路
深圳科技创新中心①	打造世界一流的科技、产业创新中心	一是加速，强化基础研究和原始创新能力，打造创新发展加速度；二是突破，破除制约创新的思想障碍和制度藩篱，营造"大众创业，万众创新"的良好氛围；三是聚才，把人才作为创新的第一资源，加大海外高层次人才引进力度；四是优化，优化综合创新生态体系，构建多要素联动、多领域协同的综合创新生态体系；五是跨越，建立面向全国全球的重大技术发现和挖掘机制，支持企业实现科技创新的跨越式发展
上海科创中心建设②	要全面建成具有全球影响力的科技创新中心，成为与我国经济科技实力和综合国力相匹配的全球创新城市	以长江经济带发展战略为纽带，在国际和国内创新资源、创新链和产业链、中国（上海）自由贸易试验区和上海张江国家自主创新示范区制度改革创新三个方面加强统筹结合，突出改革重点，采取新模式，系统推进全面创新改革试验，充分激发全社会创新活力和动力，把"大众创业，万众创新"不断引向深入，把"互联网+""+互联网"植入更广领域，推动科技创新与经济社会发展深度融合，加快向具有全球影响力的科技创新中心进军
合肥综合性国家科学中心③	建设成为国家综合性科学中心	大力实施创新驱动发展战略，统筹推进创新型省份建设、合芜蚌自主创新示范区、全面创新综合改革试验以及合肥综合性国家科学中心建设的四大国家战略平台布局。合肥综合性国家科学中心建设基于合肥自身的科教资源和现有的大科学基础设施，将构建"2+8+N+3"创新体系④
西部创新中心（重庆）⑤	建成具有西部创新资源集聚能力、创新发展引领能力、示范引领与辐射带动西部经济社会创新发展能力的创新中心	充分发挥两江新区、高新区等重点区域综合示范带动作用。要围绕战略性新兴产业，打造一批全国性重大专项研发平台。要比照国家标准，建设一批国家级实验室和工程创新中心。要在成果确权等关键机制体制改革上实现突破。要加速培育认定高新技术企业，提升高新产业产值占比。要以专项行动提升重点企业、科研院所和高校创新能力。要大力引进产业链研发体系与企业重点研发团队。要推动众创空间从量的铺开到质的提升。要完善资本科技—产业的联动机制，以资本撬动科研转化和科技型企业发展。要把握创新规律，不断落实完善扶持政策

① 深圳：打造世界一流科技创新中心［EB/OL］.人民网，http://scitech.people.com.cn/n1/2016/0601/c1007-28400763.html，2016-06-01.
② 中国科技部.加快实施创新驱动发展战略建设具有全球影响力的科技创新中心［EB/OL］.http://www.most.gov.cn/ztzl/qgkjgzhy/2015/2015jlcl/2015jldf/201501/t20150109_117562.htm，2015-01-10.
③ 安徽省科技厅副厅长罗平：作为全国三大综合性科学中心之一，合肥综合性国家科学中心的格局与使命［EB/OL］.中国知网，2016-10-06.
④ "2"是两个争创：一是争创量子信息国家实验室；二是争创能源国家实验室。"8"是首期建设8个世界一流重大科技基础设施。"N"是依托大科学装置集群，建设合肥微尺度物质科学国家科学中心、人工智能、离子医学中心等一批交叉前沿研究平台和产业创新转化平台。"3"是建设中国科学技术大学、合肥工业大学、安徽大学3个"双一流"大学和学科。
⑤ 重庆：实施创新驱动发展战略加快建设西部创新中心［EB/OL］.新华网，http://news.xinhuanet.com/info/2016-09/05/c_135662537.htm，2016-09-05.

5.1.1.2 关中国家西部创新中心的内涵

以关中"五市一区"城市群建设为基础，依托关中丰富的科教资源、强大的科研能力、过硬的科技实力、领先的军工技术优势、浓厚的文化底蕴，着力关中高新技术产业带发展，将关中国家西部创新中心打造成为具有国际影响力的"区域科技创新中心"。

关中国家西部创新中心是指：科技创新资源密集、科技创新活动集中、科技创新实力雄厚、科技成果范围辐射广大，在全球价值链中发挥价值增值功能，并占据引领和辐射地位的区域，能够成为国家创新发展的重要枢纽。该区域在"宜居""宜业"的创新文化环境中，汇聚创新资源，创新与创业互动，驱动经济高质量发展，具有汇聚创新资源、产生创新成果、转化创新成果、提供技术服务、促成技术交易、促进技术转移等重要功能。

5.1.1.3 关中国家西部创新中心的功能定位

基于关中国家西部创新中心的内涵，结合威廉·鲍莫尔提出的创新中心功能定位，提出关中国家西部创新中心的六项主要功能：

（1）创新要素聚集与知识创造功能：高端创新人才密集，能够实现创新人才的持续集聚和自由流动；拥有多层次资本市场，金融资源对科技形成有力支撑；高新技术企业聚集，带动西部乃至全国具有创新活力和国际影响力的公司以及大量具有创新活力的创业企业落户创新中心，基础研究能力领先，引领全国乃至全球科学技术前沿。

（2）科技资源统筹与协同创新功能：成为西部地区科技资源及创新服务的统筹协调中心，能够实现西部地区仪器设施共享、科技文献共享、科学数据共享、自然科技资源共享，并提供公共检测、科技金融、科技交流与合作等创新服务，优化西部地区科技资源配置，提升科技资源利用效率，实现协同创新。

（3）科技创新引领功能：关中地区具有相对集中的研究型大学和各类科研机构，创新中心的功能体现为能够充分发挥关中地区高校和科研院所的知识创新和科技引领作用，以科技变革引领技术创新，推动区域知识生产、技术商业化、创新扩散和新兴产业集群的形成。

（4）科技成果转化与吸纳功能：实现西部地区科技成果转移转化，成为西部技术产业化高效运转的平台。

（5）创新创业文化中心功能：形成创业创新的文化土壤，树立新时代的创业精神，营造公平、简政、诚信的创业环境，在全社会形成尊重创造、注重开放、敢冒风险、宽容失败的创业氛围。

（6）开放辐射功能：在西部地区创新活动中具有枢纽和辐射功能，设立海外研发中心，实现技术引进和技术转移，在国家全面实现创新驱动发展战略中具有西部示范和引领的作用。

5.1.2 关中国家西部创新中心的测度指标

5.1.2.1 关中国家西部创新中心测度指标体系构建

目前，无论是学术界还是实践领域中都没有对区域创新中心进行明确的指标测度，但是有部分文献对全球科技创新中心、创新型省份、地区创新能力的评价指标体系进行了研究。另外，科技部、国家发展改革委于 2016 年 12 月制定了《建设创新型城市工作指引》，该指引中明确了建设创新型城市的考核指标。本课题组在参考了肖林等（2015）、陈博（2016）、胡春萍等（2016）、杜德斌和何舜辉（2016）、朱迎春（2017）、要瑞璞（2017）、韩子睿等（2017）、袁永等（2017）、赵绍娟和刘伟（2017）等的研究，该指引以及北京市、重庆市等创新中心评价指标体系的基础上，设置关中西部创新中心测度指标体系。

本课题组将区域创新中心的测度指标体系分为创新投入、创新资源、创新产业、创新成果和创新环境五个方面，并计算出各地区科技创新中心现状指标值，如表 5-2 所示。从表 5-2 可以看出，北京作为全国科技创新中心，其研发经费投入强度、国家重点实验室数量、每万名就业人员研发人员数、每万人口科技论文数量、技术合同成果成交额、新三板挂牌企业数、企业发明专利申请量/专利申请量等指标值遥遥领先其他地区，说明其创新投入强度大、创新资源密集、创新成果显著、创新环境特别是融资环境和知识产权保护方面优于其他地区。上海创新中心各方面发展较均衡。深圳战略性新兴产业增加值/地区生产总值、科技进步贡献率显著高于其他地区，说明深圳科技进步和战略性新兴产业发展对经济拉动作用明显。整体上看合肥和重庆各方面要弱于北京、上海、深圳和武汉。

表 5-2 我国各地区科技创新中心参考测度指标（2016 年）

一级指标	二级指标	北京	上海	深圳	合肥	重庆	武汉
创新投入	研发经费投入强度（%）	5.94	3.82	4.10	3.09	1.72	3.05
	规模以上工业企业研发经费支出/主营业务收入（%）	1.29	2.28	2.84	1.18	0.64	1.07
	科技公共财政支出/公共财政支出（%）	4.46	4.94	7.52	11.83	8.73	5.69

续表

一级指标	二级指标	北京	上海	深圳	合肥	重庆	武汉
创新资源	国家重点实验室数量（个）	69	51	14	12	8	20
	每万名就业人员研发人员数（人）	306.05	87.51	252.52	99.6	65.18	63.88
	每万人口发明专利拥有量（件）	46.28	35.14	80.1	19.1	4.76	27.54
	每万人口科技论文数量（篇）	77.58	39.94	33.68	12.50	11.59	25.67
创新产业	高新技术企业数/规上工业企业数（%）	23	30.18	57.21	55	30.49	86.53
	高技术企业主营业务收入/规上工业企业主营业务收入（%）	24.47	20.4	29.3	41	20.08	43.88
创新成果	战略性新兴产业增加值/地区生产总值（%）	15.58	15.6	40.3	12.3	15.87	18.5
	技术合同成果成交额（亿元）	3940.8	459.34	822.86	308.56	257.4	566.42
	科技进步贡献率（%）	80.16	80.5	82.02	53.82	63.06	68.86
创新环境	文化创意产业增加值/地区生产总值（%）	8.2	12.1	12.72	3.04	3.4	12.76
	新三板挂牌企业数（家）	1473	888	696	93	115	238
	企业发明专利申请量/专利申请量（%）	55.33	45.31	38.77	50.98	40.04	46.05

表 5-3 计算出了关中国家西部创新中心的各类指标，并将其与全国科技创新中心的平均水平做比较，可以发现我们仅有规模以上工业企业研发经费支出/主营业务收入这一项指标超过全国平均水平，其余指标均未达到科技创新中心平均水平。在未达标的指标中，创新资源中反映基础研究能力的国家重点实验室数量和每万人口科技论文数量，以及反映创新成果的技术合同成果成交额和科技进步贡献率与平均水平差距较小，其他指标差距较大。这说明关中国家西部创新中心还需从创新投入、创新资源、创新产业和创新环境等各个方面加速建设。

表 5-3 关中国家西部创新中心测度指标

一级指标	二级指标	当前水平	全国科技创新中心平均水平	指标达成度（%）
创新投入	研发经费投入强度（%）	2.16	3.63	59.59
	规模以上工业企业研发经费支出/主营业务收入（%）	2.12	1.55	136.77
	科技公共财政支出/公共财政支出（%）	1.4	7.20	19.46

一级指标	二级指标	当前水平	全国科技创新中心平均水平	指标达成度（%）
创新资源	国家重点实验室数量（个）	23	28	83.13
	每万名就业人员研发人员数（人）	46	146	31.55
	每万人口发明专利拥有量（件）	8.9	39.6	22.46
	每万人口科技论文数量（篇）	26.9	33.49	80.3
创新产业	高新技术企业数/规上工业企业数（%）	19.94	47.07	42.36
	高技术企业主营业务收入/规上工业企业主营业务收入（%）	9.3	29.86	31.15
创新成果	战略性新兴产业增加值/地区生产总值（%）	10.5	19.69	53.32
	技术合同成果成交额（亿元）	802.74	1027.88	78.10
	科技进步贡献率（%）	57.5	71.40	80.53
创新环境	文化创意产业增加值/地区生产总值（%）	2.07	9.16	22.60
	新三板挂牌企业数（家）	141	583	24.15
	企业发明专利申请量/专利申请量（%）	32.42	46.08	70.36

5.1.2.2 关中国家西部创新中心发展预测

关中国家西部创新中心发展起来的标志性指标之一就是创新成果，因为创新成果体现了创新要素转化为科技并带动经济发展的结果。那么关中国家西部创新中心建设能不能够在未来达标，最终要看创新成果相关指标能不能够满足发展需求。而创新成果的产生，和创新投入、创新资源、创新产业和创新环境密不可分。

本课题组采用回归模型对 2006~2016 年创新投入、创新资源、创新产业和创新环境对创新成果的促进作用进行了实证分析，并预测了战略性新兴产业增加值/地区生产总值、技术合同成果成交额、科技进步贡献率等创新成果指标 2020年、2035 年和 2050 年的预测值，结果如表 5-4 所示。

表 5-4 创新投入、创新资源、创新产业和创新环境对创新成果的影响

变量	战略性新兴产业增加值/地区生产总值（%）	技术合同成果成交额（亿元）	科技进步贡献率（%）
研发经费投入强度（%）	12.525* (2.60)	2370.89*** (4.82)	30.122* (2.17)
Constant	−16.956 (−1.68)	4413.83** (−4.29)	−2.79 (−0.1)

变量	战略性新兴产业增加值/ 地区生产总值（%）	技术合同成果成交额 （亿元）	科技进步贡献率 （%）
Adj R-squared	0.535	0.817	0.426
	7.036*	1435.65***	20.9715**
	(2.28)	(5.75)	(3.44)
Constant	−4.603	2279.73**	18.955**
	(−0.76)	(−4.64)	(1.58)
Adj R-squared	0.456	0.865	0.684
	6.554*	1194.11**	20.606***
	(2.53)	(3.72)	(6.22)
Constant	1.652	837.872*	36.364***
	(0.55)	(−2.24)	(9.43)
Adj R-squared	0.52	0.719	0.883
国家重点实验室数量（个）	0.273**	44.271**	0.347
	(3.35)	(3.33)	(0.93)
Constant	3.579	373.599	52.989***
	(2.08)	(−1.33)	(6.73)
Adj R-squared	0.671	0.669	0.177
每万名就业人员研发人员数 （人）	0.289**	48.714**	0.441**
	(3.68)	(4.43)	(1.21)
Constant	−3.262	1561.51**	41.113*
	(−0.96)	(−3.27)	(2.60)
Adj R-squared	0.715	0.788	0.084
每万人口发明专利拥有量 （件）	0.802*	131.505*	0.621*
	(2.26)	(2.31)	(0.46)
Constant	4.763*	189.616*	56.712***
	(2.36)	(2.36)	(7.37)
Adj R-squared	0.45	0.45	0.05
每万人口科技论文数量 （篇）	0.872**	159.430***	2.302**
	(3.36)	(7.57)	(3.61)
Constant	−2.607	−1620.2744***	28.954**
	(−0.74)	(−5.65)	(3.33)
Adj R-squared	0.673	0.919	0.706
高新技术企业数/规上工业 企业数（%）	−1.922**	−264.66	−1.378
	(−3.09)	(−2.03)	(−0.48)
Constant	26.964***	2984.58	72.886*
	(4.69)	(2.47)	(2.73)

变量	战略性新兴产业增加值/地区生产总值（%）	技术合同成果成交额（亿元）	科技进步贡献率（%）
Adj R-squared	0.631	0.384	0.0539
文化创意产业增加值/地区生产总值（%）	0.761* (2.37)	128.751* (2.63)	2.379*** (4.74)
Constant	4.326 (2.05)	−287.184 (−0.89)	44.853 (13.63)
Adj R-squared	0.479	0.541	0.811
2020 年（预测）	13.58	949.813	65.024
2035 年（预测）	23.64	1260.151	68.718
2050 年（预测）	33.71	1419.337	70.613

注：模型中（　）内的值为 t 值，*、**、*** 分别表示在 10%、5%、1%的水平上显著；预测结果根据趋势外推法获得。

实证结果表明：

（1）创新投入、创新资源和创新环境等指标对创新成果具有不同程度的促进作用。

其中，反映创新投入的三个指标，研发经费投入强度、规模以上工业企业研发经费支出/主营业务收入、科技公共财政支出/公共财政支出对创新成果均能够产生显著正向影响；而且研发经费投入强度每增加 1%，促进战略性新兴产业增加值占比和科技进步贡献率分别增加 12.525%和 30.122%；科技公共财政支出/公共财政支出每增加 1%，战略性新兴产业增加值占比和科技进步贡献率分别增加 6.554%和 20.606%。因此，未来要继续在制度上、政策上保障和鼓励科技创新投入。

反映创新资源的四个指标，国家重点实验室数量、每万名就业人员研发人员数、每万人口发明专利拥有量、每万人口科技论文数量每增加 1%，可分别促进战略性新兴产业增加值占比增加 0.273%、0.289%、0.802%和 0.872%。因此，未来要强化创新资源统筹与集聚，注重基础研究能力和企业自主创新能力的提升。

高新技术企业数/规上工业企业数并不能对战略性新兴产业增加值占比产生正向影响，因而对于高新技术产业发展要实现从量到质的提升。因此，未来要注重产业升级和产业链协同发展。

文化创意产业增加值/地区生产总值能够对创新成果产生显著正向影响，因此，在建设关中国家西部创新中心的时候，也要注重文化产业发展，构筑积极的创新环境。

（2）关中西部创新中心建设需提速。按照关中地区各测度指标现有的发展趋势对创新成果进行预测，可以看出，到 2035 年，战略性新兴产业增加值占比和技术合同成果成交额能够达到目标值；而科技进步贡献率即使到 2050 年，也只能接近目标值。因此，需要通过顶层设计、制度保障、有力的政策加速创新要素集聚、加大创新投入、优化创新环境的方式来改变各指标现有的发展趋势，从而加速关中国家西部创新中心建设。如表 5-5 所示。

表 5-5 关中国家西部创新中心创新成果指标预测

指标名称	目标值	2020 年预测值	2035 年预测值	2050 年预测值
战略性新兴产业增加值/地区生产总值（%）	19.69	13.58	23.64	33.71
技术合同成果成交额（亿元）	1027.88	949.813	1260.151	1419.337
科技进步贡献率（%）	71.40	65.02	68.72	70.61

5.2 现实基础及制约因素

国家西部创新中心指科技资源实力雄厚、高新区科技创新体系合理、产业集群优势显现、金融支持力度较大、政府政策保障完善、交通及城镇设施健全、创新文化氛围浓厚、军民融合企业发展迅速、科技辐射带动作用突出，在全国具有科技影响力的中心城市或区域，是新知识、新技术和新产品的策源地和产生中心。关中高新技术产业带作为构建国家西部创新中心的抓手，需要加强以上指标的建设工作，才能更好、更快地实现西部创新中心的目标。因此，首先分析关中高新技术产业带的现实基础，并以此为契机，实现关中地区追赶超越的目标。

党的十九大提出要更加自觉地投身改革创新时代潮流，强调坚持创新驱动发展战略、区域协调发展战略、军民融合战略，必须把创新作为引领发展的第一动力，把创新摆在国家发展全局的核心位置。关中地区结合国家创新发展理念，提出了"十三五"时期以高新技术产业带为发展重点，电子信息、航空航天、生物医药、先进制造和新材料等高新技术产业快速集聚，已经具备构建国家西部创新中心的规模和实力。

陕西省在科技资源、高技术产业发展、军民融合、文化传承等方面有着得天独厚的优势，成为关中国家西部创新中心建设的基础；与此同时，要使得创新成为陕西省发展的第一动力，仍需要在资源统筹、战略性新兴产业发展、科技成果转化、军转民用、文化创新等方面不懈努力。

5.2.1　关中国家西部创新中心建设的基础条件

要成为具有全国乃至全球影响力的创新中心，至少需要具备五大能力：一是具有全球性创新技术和创新经济要素集聚的能力；二是具有产生大量全球领先的原创性科技创新成果、知识性产品和创新思维及标准的能力；三是具有将全球领先的科技成果产业化，形成高技术产业集群规模的能力；四是具有在世界范围内产生影响力的领军企业的能力；五是具有对全球科技创新活动产生示范和引领作用的能力。关中地区教育资源丰富，科技实力雄厚，高校科研院所云集，高新技术产业、高端装备制造业和战略性新兴产业已具规模，具备了建设关中国家西部创新中心的基础条件。

5.2.1.1　科技资源

党的十九大提出，创新是引领发展的第一动力，是建设现代化经济体系的战略支撑。提出科教兴国战略、人才强国战略、区域协调发展战略、创新驱动发展战略等七大战略方针，培养造就一大批具有国际水平的科技领军人才、青年科技人才和高水平创新团队，最终为构建科技强国及国家创新体系、强化战略科技力量而奋斗。关中地区始终坚持科教兴国、人才强国、创新驱动发展战略，高校科研机构云集、科研人员众多，近年来高水平的中青年领军人才不断涌现，加之政府科技投入力度加大，科技统筹平台不断增加，使得关中地区的科技资源实力得到强劲的提升，从而带动关中经济从要素驱动、投资驱动转向创新驱动，并在新常态的轨道上向好、向优发展。

陕西省科技资源实力雄厚。关中地区聚集了全省近80%的高校和科研院所，学科门类齐全，基本覆盖了所有的学科领域。全省拥有高等院校93所，其中普通高等院校78所（见图5-1）；"985"高校3所，居全国第3位；"211"高校8所，居全国第4位。每10万人口在校大学生数居西部第1位。高等教育具有优势地位，博士学位授权和硕士学位授权高校分别达到19所和33所。

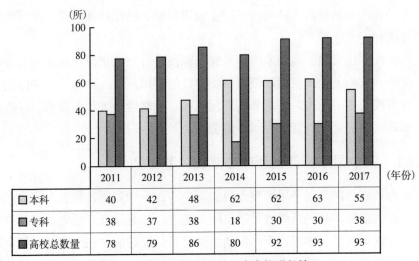

	2011	2012	2013	2014	2015	2016	2017
本科	40	42	48	62	62	63	55
专科	38	37	38	18	30	30	38
高校总数量	78	79	86	80	92	93	93

图 5-1　2011~2017 年陕西省高校增长情况

2016 年，每万就业人数中科研人员为 46 人，科研人员的比例逐年上升，从侧面反映出陕西省的科技氛围浓厚。如图 5-2 所示。

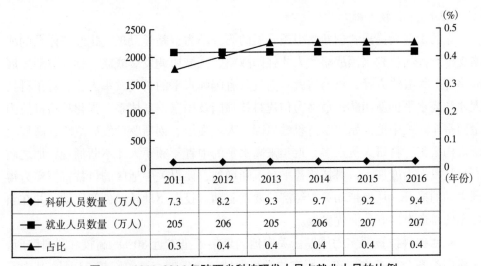

	2011	2012	2013	2014	2015	2016
科研人员数量（万人）	7.3	8.2	9.3	9.7	9.2	9.4
就业人员数量（万人）	205	206	205	206	207	207
占比	0.3	0.4	0.4	0.4	0.4	0.4

图 5-2　2011~2016 年陕西省科技研发人员占就业人员的比例

2016 年新评选中青年科技领军人才超过 100 人，为近年来增幅最大的年份，与 2015 年相比，增幅高达 65%。如图 5-3 所示。

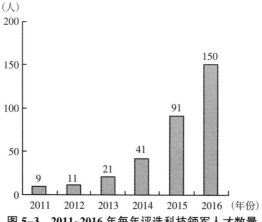

图 5-3　2011~2016 年每年评选科技领军人才数量

陕西省的科研成果显著，2011~2016 年获得自然科学基金项目从 1661 项增长到 1902 余项，资助金额从 0.84 亿元增长到 10 亿元，成果目前居全国第七位。如图 5-4 所示。

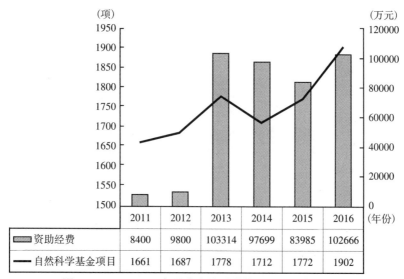

	2011	2012	2013	2014	2015	2016
资助经费	8400	9800	103314	97699	83985	102666
自然科学基金项目	1661	1687	1778	1712	1772	1902

图 5-4　2011~2016 年国家自然科学基金项目及资助经费

全省 2016 年发表研究论文数量超过 3000 篇，被 SCI、EI 检索收录达到 900 余篇。① 如图 5-5 所示。

①《陕西科技年鉴》（2011~2016）。

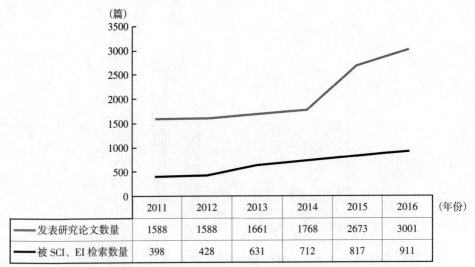

	2011	2012	2013	2014	2015	2016	(年份)
发表研究论文数量	1588	1588	1661	1768	2673	3001	
被 SCI、EI 检索数量	398	428	631	712	817	911	

图 5-5　2011~2016 年全省发表研究论文数量及被 SCI、EI 检索数量

各类研发队伍不断壮大。截至 2016 年，科技研发人员数量达到 8 万余人，增长趋势显著，如图 5-6 所示。

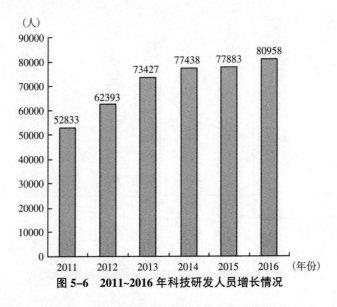

图 5-6　2011~2016 年科技研发人员增长情况

科研经费逐年增长。2016 年 R&D 经费支出超过 1.55 亿元，比上年增长 9.4%，① 2011~2016 年 R&D 经费保持稳步增长趋势，如图 5-7 所示。

———————————

① 2017 年陕西省统计局网站。

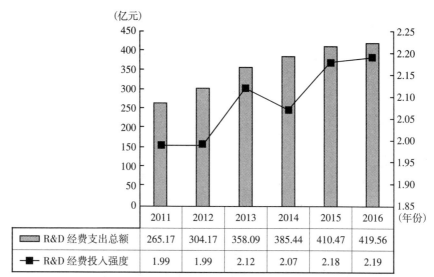

图 5-7 2011~2016 年 R&D 经费支出总额与投入强度

从各地科研经费看，2016 年关中五市一区的 R&D 经费支出占陕西省的 70%，西安市科研经费投入在关中地区遥遥领先，宝鸡市的科研投入也日益增长，其他城市同样保持持续提高的趋势。关中地区科研经费支出不断增加，也反映出关中地区的科研实力雄厚的特点。如图 5-8 所示。

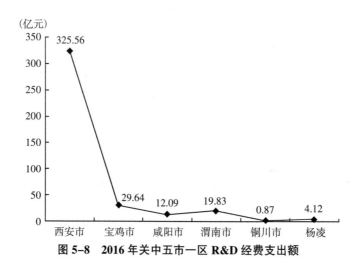

图 5-8 2016 年关中五市一区 R&D 经费支出额

在科技成果转化方面，陕西省 2016 年全年专利申请量达到 69611 件，专利授权量为 48455 件，在国内成果转化方面地位显著。如图 5-9 所示。

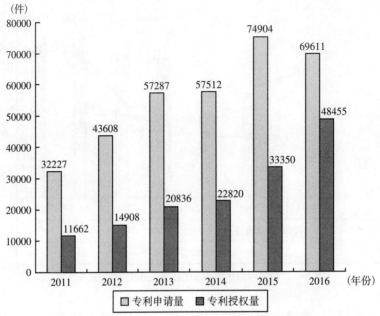

图 5-9　2011~2016 年专利申请量和专利授权量

2016 年技术合同成交量达到 20000 件以上，合同成交额超过 80 亿元，居全国第四位。如图 5-10 所示。

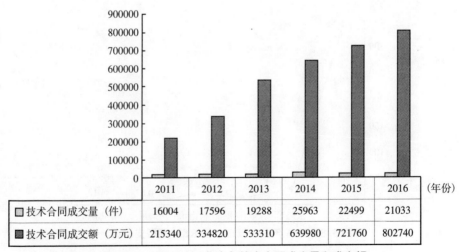

	2011	2012	2013	2014	2015	2016	(年份)
技术合同成交量（件）	16004	17596	19288	25963	22499	21033	
技术合同成交额（万元）	215340	334820	533310	639980	721760	802740	

图 5-10　2011~2016 年全年技术合同成交量和成交额

　　截至 2016 年，陕西省共建有 23 个国家重点实验室，近六年来增幅稳定，科研平台的建设有力地支撑了科研项目的顺利进展。如图 5-11 所示。

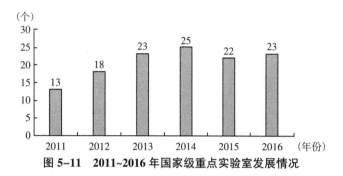

图 5-11　2011~2016 年国家级重点实验室发展情况

　　2016 年，陕西省科技经费投入占 GDP 的比例达到近 90%，科技数据共享平台集成多领域数据超过 9000 余万条。[①] 如图 5-12 所示。

图 5-12　2011~2016 年科研经费投入占 GDP 比例情况

　　同时，建成并完善以西安为中心的统筹科技资源改革示范基地，建有陕西省科技资源统筹中心，渭南、咸阳、宝鸡、沣东新城等科技资源统筹分中心，与省中心联网运行，实现资源开放共享。积极构建科技大市场、技术交易和成果转化对接活动，完善科技成果登记和信息发布机制。2016 年，陕西省共登记科技成

---

①《陕西科技年鉴》（2012~2017）。

果 3400 余项，完成技术合同成交额 800 亿元。[①]

从全国科技创新水平分析，关中区域创新能力显著增强。科技部发布《中国区域创新能力监测报告 2016~2017》和《中国区域科技创新评价报告 2016~2017》，[②]以关中高新产业带为发展重点的陕西省，其综合科技创新水平指数为 65.66%，比上年提高了 2.7 个百分点，排名居全国第 9 位、西部第 2 位。[③]截至 2016 年底，陕西省在科技研发阶段的投入数额增长显著。

综上所述，通过分析关中地区科技人才、科技资源、研发投入和科技统筹平台的现实基础，可以看出关中科技资源的发展为关中高新技术产业带发展和国家西部创新中心的建设提供了坚实的资源基础。

5.2.1.2 科技园区（群）发展状况

2016 年，在实施创新驱动发展战略、建设创新型省份大力推动下，陕西省高新区科技创新体系建设取得新突破。国家级高新区达到 7 个，其中关中地区有西安高新区、宝鸡高新区、咸阳高新区、渭南高新区、杨凌示范区五大国家级开发区。

高新区园区生产总值占全省 GDP 的 1/4，增速高于全省 7 个百分点；7 个国家级高新区园区生产总值（园区 GDP）为 4994.25 亿元，同比增长 14.92%，占全省 GDP 的 26.06%，比全省 7.6% 的增长速度高出了 7.32 个百分点。西安和宝鸡高新区合占国家级高新区园区 GDP 的 88.32%，为全省高新区 GDP 的快速发展奠定了基础。其他高新区也保持了快速增长，进一步拉动了全省高新区的发展。其中渭南园区 GDP 增长约 30%，杨凌示范区增长超过了 10%。关中国家级高新区主要经济指标增幅情况如表 5-6 所示。

目前，关中各高新区体系建设方面取得重大进展。西安高新区已形成"苗圃—孵化—加速"完整的创新孵化体系，2015 年 10 月，西安市众创示范街区正式启航，利用"核心区、拓展区、辐射区"联动模式，规划聚集全方位、多元化的创新创业资源，构建西部最大的创新资源集聚区；宝鸡高新区科技服务体系逐步发展，完善了专家咨询平台，建立创新型科技园区重大事项事前咨询制度，同

---

① 《陕西科技年鉴》（2017）。
② 随着国家创新调查制度的实施，原《全国科技进步统计监测报告》从 2015 年起，正式纳入国家创新调查系列报告中，并先后更名为《中国区域科技进步评价报告》《中国区域科技创新评价报告》，由中国科学技术发展战略研究院编著出版。
③ 《中国区域科技创新评价报告 2016~2017》采用了 2015 年的科技统计数据，实际上是对 2015 年科技创新状况的评价。

表 5-6 2016 年关中国家级高新区主要经济指标增幅情况 [①]

国家级高新区	新增注册企业（家）	营业收入增长（亿元）	工业总产值（亿元）	固定资产投资（亿元）	出口总额（亿元）	净利润（亿元）
西安高新区	4.12	12.01	9.65	10.73	5.51	14.53
宝鸡高新区	15.92	16.83	18.24	23.83	30.88	47.46
咸阳高新区	—	5.24	17.68	109.96	28.64	30.26
渭南高新区	229.66	4.35	—	19.99	6.79	—
杨凌示范区	11.80	9.40	12.93	24.90	—	32.43

时培育了众多的创客空间；渭南高新区按照"创业苗圃+孵化器+加速器"的发展模式，充分结合"众创、众包、众筹、众联"的理念，依托科技资源统筹中心、火炬科技发展有限公司等服务体平台，创建了一批专业和综合性的企业孵化器，形成自身的科技创新体系优势。截至 2015 年底，关中拥有科技企业孵化器 24 家，孵化器总收入 39.42 万元，总之，各开发区在相互配合下，正以以点带线、以线成面的发展速度，成为关中国家西部创新中心的"金腰带"。开发区具体分布如图 5-13 所示。

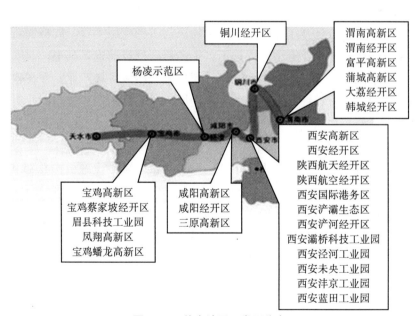

图 5-13 关中地区开发区分布

① 《陕西科技年鉴》（2017）。

5.2.1.3　高新技术产业集群

经过多年的发展，陕西高新技术产业已具有一定规模，且各个开发区已形成自己的优势产业集群。2016 年，7 个国家级高新区工业增加值为 3619.35 亿元，同比增长 13.13%。其中，西安高新区工业增加值增长 9.21%，占全省高新区的60.94%；宝鸡高新区工业增加值增长 11.44%，占全省高新区的 14.78%。[①] 关中地区高新区优势产业集群分布如表 5–7 所示。

表 5–7　关中地区优势产业集群分布情况

高新区名称	优势产业集群
西安高新区	集成电路、生物医药、智能终端、新材料、软件与信息服务
宝鸡高新区	新材料、汽车及零部件、石油钻采装备制造、机床工具制造、高速铁路装备制造、军工电子信息、中低压输变电设备制造
咸阳高新区	电子信息、生物医药、新型合成材料
渭南高新区	高端装备制造、新能源新材料和现代服务业
杨凌示范区	生物医药、绿色食品、环保农资、农牧良种

目前，关中高新带主要有五大国家级高新技术开发区和众多省级开发区，培育了众多明星企业，构建了电子信息、生物医药、现代服务业、战略性新型产业等较为完整的产业体系，有力地促进了关中高新区稳步前进。其中，西安高新区已形成电子信息、先进制造、生物医药、现代服务四大主导产业，并在软件和服务外包、半导体、智能终端、军民融合等领域形成完整的产业链与产业集群，培养了诸如开沃汽车集团、天和防务、康拓医疗、华讯微电子、中航富士达等明星企业。截至 2016 年底，西安市各项综合指标位于西部地区第一名，成为我国发展高新技术产业的重要基地。同时汇集了 80 多家区域性金融机构总部和近 400个风险投资机构，聚集了 100 多家大型企业总部和 100 多个大型研发中心，成为中西部总部经济最为聚集的区域之一。

宝鸡是关中地区的工业重镇，依托宝鸡高新区的发展，重点产业集中在新型材料产业、石油钻采装备产业、汽车及零部件产业、机床工具制造产业，以及高速铁路装备产业、中低压输变电产业、军工电子产业，组成宝鸡七大特色产业集群，支撑宝鸡经济发展水平的全速前进。其中，企业宝鸡石油机械有限责任公司继 2016 年底签订两个总价值高达 38.8 亿元的国际大单后，又与韩国大宇造船海

---

① 《陕西科技年鉴》（2017）。

工株式会社签订了总价值约 1.6 亿元的坐底式海洋平台钻井系统出口合同，标志着我国第一次将海洋平台钻井系统打入国际市场。宝鸡石油钻采装备产业 2017 年 1~7 月实现工业总产值近 80 亿元。

咸阳作为关中地区发展的支撑城市，主要以咸阳高新区为发展主体，并建有三大园区为主导的高新技术发展模式。现有彩虹集团、陕西源杰半导体芯片以及国内最大覆铜板生产商生益科技等行业巨头和一大批电子信息企业。未来 5~8 年将形成一个千亿元级的园区，进而形成"东有西安三星，西有咸阳彩虹"的全省电子信息产业大格局。截至 2016 年，新型合成材料产业园内共有各类从事合成材料制品生产和研制的企业 100 余家。延长石油西北橡胶有限公司、西北橡胶塑料研究设计院、黄河轮胎、三精科技工贸、科隆特种橡胶制品有限公司、黄河轮胎橡胶有限公司等一批省内外知名的规模型高新技术企业坐落在园区内。

近年来，以渭南高新区为主要发展动力的渭南市围绕"创建国内一流创新型特色产业园区"这一目标，聚焦"三大任务，四个突破，五项保障"，主动作为，追赶超越，提质增效，园区综合竞争力显著增强，并形成了三大特色主导产业。以中联重科、北人印机为骨干，工程机械、印刷机械在全国同行业处于领先地位，形成陕西东部最大的装备制造产业集群。以渭化集团、金钼科技为龙头，重点建设新型煤化工、钼化工生产基地，形成关天经济区最具特色的精细化工产业集群。以 3D 打印、沃特玛、天臣新能源电池为代表的新能源新材料产业快速发展，形成晋陕豫黄河金三角区域具有核心竞争力的战略性新兴产业集群。铜川高新区的发展使以煤炭生产为主、空气污染严重的铜川市进入了空气清新、蓝天指数相对较高的发展状态。

杨凌示范区围绕"支撑和引领干旱半干旱地区现代农业发展"这一国家任务，以国家粮食安全、生态安全和旱区农业发展技术需求为导向，发展特色农业，同时加强与高校、科研院所合作，构建协同创新体系，基本形成了区内外协同创新机制。杨凌示范区自成立以来，累计获得省部级以上科技奖励 300 多项，在全国 18 个省区建立了 301 个农业科技示范推广基地。2016 年，示范推广面积达 6500 多万亩，推广效益超过 170 亿元，为示范带动干旱半干旱地区乃至全国广大地区现代农业发展发挥了积极作用。与此同时，示范区经济发展也步入了"快车道"，杨凌已初步成为城市功能完善、科教实力雄厚、产业特色鲜明、生态环境优美的农科新城。具体如图 5-14 所示。

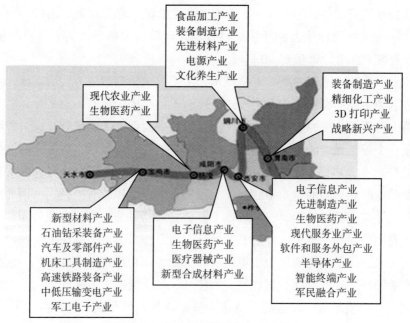

食品加工产业
装备制造产业
先进材料产业
电源产业
文化养生产业

装备制造产业
精细化工产业
3D 打印产业
战略新兴产业

现代农业产业
生物医药产业

电子信息产业
先进制造产业
生物医药产业
现代服务业产业
软件和服务外包产业
半导体产业
智能终端产业
军民融合产业

新型材料产业
石油钻采装备产业
汽车及零部件产业
机床工具制造产业
高速铁路装备产业
中低压输变电产业
军工电子产业

电子信息产业
生物医药产业
医疗器械产业
新型合成材料产业

图 5-14　关中高新带重点产业分布

总之，关中地区的自主创新发展水平显著提升，在世界处于先进地位的科技成果数量不断增多，产业规模不断扩大，初步显现出聚集效应，产业发展环境不断优化，成为推动经济社会发展的重要动力。初步形成了以航空航天、装备制造、电子信息、生物医药、新材料、新能源、现代农业和节能环保等领域为典范的高新技术产业集群，高新技术产业发展趋势良好。目前，关中地区根据陕西省"十三五"规划纲要的要求，坚持发展特色优势产业、工业技术产业、战略性新型产业、农业创新技术产业、新型服务业等，提出优化存量，做优增量，推进大调整、大协作、大循环，创新产业组织模式，打造陕西产业升级版。

5.2.1.4　金融支持和投资环境

在"十三五"规划加快推进"三个陕西"建设的战略部署下，国家和省政府加大对关中地区科技创新投入力度，使该地区科技创新能力稳步提升，科技投资环境不断成熟。

2016 年，关中地区科技活动投入指数为 59.87%，比上年提高 0.67 个百分点，排名第 11 位，保持稳步增长。2015 年，陕西省科技成果转化引导基金已出资设立 4 只科技成果转化子基金，出资总额达到 1.03 亿元，子基金资金总额达

12.1 亿元，科技贷款风险补偿和知识产权质押等融资模式得到推广。[①]

全省 70% 的区域性金融机构总部在西安高新区落户，设立科技支行 9 家，聚集各类科技金融服务机构 360 余个，设立股权交易中心、产权交易中心等六大科技金融服务平台。设立了 50 亿元新兴产业扶持引导基金和 1 亿元风险补偿资金，引导发起设立了西科天使、军民融合、现代能源等八只市场化运作的创业投资基金，300 亿元陕西集成电路产业投资基金已确定首批出资人。

海内外上市挂牌企业 106 家，占陕西省的 60% 以上。财政科技投入力度加大，中心城市西安财政科技拨款占 GDP 比重达到 0.64%。陕西省在科技成果转化基金拨付方面倍加重视，基金投入力度逐年加大，2015 年投入 2.63 亿元，比 2014 年增长了 124%，为近年来基金投入力度最大的年份，如图 5-15 所示。

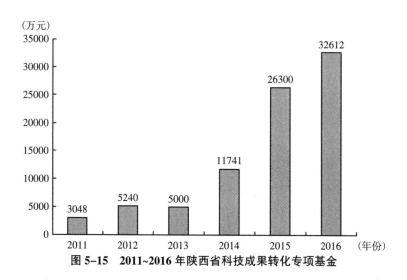

图 5-15　2011~2016 年陕西省科技成果转化专项基金

关中地区的科研经费投入占 GDP 的比例从 2014 年的 0.39% 提高到 2015 年的 0.87%，可见科研经费支持额度不断增加，金融支持能力不断提高；规模以上企业 R&D 发展经费内部支出 2016 年为 419.56 亿元，比 2015 年增加了 26.39 亿元，增长了 6.7%，占规模以上工业企业主营业务收入的比例持续上升。[②] 如图 5-16 所示。

---

① 《陕西省科技统计快报》（2017）。
② 《陕西科技年鉴》（2012~2017）。

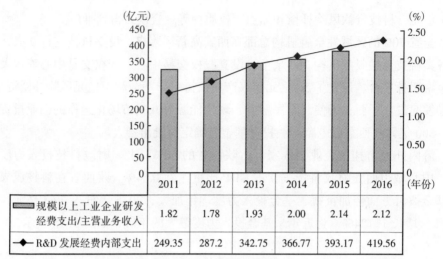

	2011	2012	2013	2014	2015	2016 (年份)
规模以上工业企业研发经费支出/主营业务收入	1.82	1.78	1.93	2.00	2.14	2.12
R&D发展经费内部支出	249.35	287.2	342.75	366.77	393.17	419.56

图 5-16　2011~2016 年企业 R&D 发展经费内部支出占生产总值的比例

5.2.1.5　国家战略支持和政策保障

"十三五"期间，国家、陕西省政府、关中五市一区在促进科学技术进步、加快关中统筹科技资源改革、实施统筹创新工程等方面出台了相关意见和决定。同时结合党的十九大的新发展形势，遵循国家西部大开发、"关天"经济区发展规划以及"一带一路"重要倡议，坚持创新驱动发展战略、区域协调发展战略等，在企业的科技研发投入、科技创新和产业发展、培育科技人才和创新团队、规范科技园区管理和研发基地管理、促进科技资源共享等方面制定了一系列规范性文件，为科技发展创造了良好的政策环境，使得科技综合实力明显提升。

从国家层面来看，结合西部大开发深入发展、关中—天水经济区发展目标及"一带一路"发展倡议，国家发布《关中—天水经济区发展规划（2009~2020 年）》，力争到 2020 年，经济总量占西北地区比重超过 1/3，人均地区生产总值翻两番以上，城乡居民收入水平大幅提高，自我发展能力显著增强；颁布《"关—天经济区"（陕西）科技和金融结合试点方案》，从科技金融的角度探索推动陕西省科技成果转化的有效路径；《推动共建丝绸之路经济带和 21 世纪海上丝绸之路的愿景与行动》作为推进"一带一路"建设的纲领性文件，需要多方面政策配套才能实现；《西部大开发"十三五"规划》鼓励西部城市结合本地实际，将该规划确定的重大工程、重大项目、重大政策、重要改革任务与本地区经济社会发展"十三五"规划做好衔接，完善推进机制，强化政策保障，分解落实各项工作，确保目标任务如期完成，努力开创西部发展新局面；还有正在规划制定的《国家自主创新示范区发展规划纲要（2016~2025年)》等重要纲领性文件，推动关中地区在宏观发展环境中发展壮大。

从陕西省政府层面看，陕西省近年来颁布一系列举措，为科技创新企业的发展提供便利。发布《陕西省"十三五"高技术产业发展工作指导意见》《陕西省中长期科学和技术发展规划纲要（2006~2020年)》《陕西省"十三五"战略性新兴产业发展规划》《陕西省人民政府关于加快培育和发展战略性新兴产业的意见》《陕西省战略性新兴产业重点领域指南》《陕西省人民政府关于贯彻国家自主创新基础能力建设"十三五"规划的实施意见》《系统推进全面创新改革试验打造"一带一路"创新中心的实施意见》和配套的实施细则，为加快产业化发展进程提供了政策支持，建成了相对完善的政策理论系统，确定了电子信息、生物、新材料、新能源、航空航天、节能环保、新能源汽车7个重点发展领域，加大了对自主创新、科技转化的政策支持等。

从关中地区层面看，西安市全面落实《中共陕西省委陕西省人民政府关于加快建设西安国家自主创新示范区的若干意见》《西安建设国家创新型城市发展规划》《西安国家自主创新示范区空间发展规划》及2017年人民银行西安分行最新出台的《关于金融支持西安国家自主创新示范区发展的指导意见》等；宝鸡市印发《宝鸡高新区促进企业发展知识产权实施办法》《宝鸡高新区小微企业孵化器和众创空间认定管理办法（暂行)》《宝鸡市促进产业发展专项资金管理办法》等。相对完善的政策体系及各项政策的实施，有力地促进了关中高新技术产业快速发展。如表5-8所示。

表5-8　相关政策保障

政策层面	政策名称
国家层面	《关中—天水经济区发展规划（2009~2020年)》
	《推动共建丝绸之路经济带和21世纪海上丝绸之路的愿景与行动》
	《国家自主创新示范区发展规划纲要（2016~2025年)》
陕西省层面	《陕西省"十三五"高技术产业发展工作指导意见》
	《陕西省"十三五"战略性新兴产业发展规划》
	《系统推进全面创新改革试验打造"一带一路"创新中心的实施意见》
关中地区层面	《西安建设国家创新型城市发展规划》
	《关于金融支持西安国家自主创新示范区发展的指导意见》

政策层面	政策名称
关中地区层面	《宝鸡市促进产业发展专项资金管理办法》
	《宝鸡高新区促进企业发展知识产权实施办法》

5.2.1.6 交通和城镇设施建设

从交通运输角度分析，关中区域目前已经形成了以铁路、公路为主，兼有航空、管道的多种运输方式相互补充、相互协调的并具有一定规模的现代化、立体式、开放型的综合交通运输体系。同时，陕西省以西安为核心，以西咸新区为引领，以陇海铁路和连霍高速沿线为横轴，以包茂高速沿线为纵轴，以陕北长城沿线、陕南十天高速沿线为两带，以京昆、福银、沪陕高速沿线为三条走廊，以宝鸡、榆林、汉中、渭南为四极，并以铜川、韩城为辐射区，构建"一核两轴两带三走廊四极两辐射"的城镇群格局。

目前全省铁路主要有郑西、西宝、大西高铁，陇海、包西、太中银、宝成、宝中、阳安、襄渝、神朔、西康、宁西、侯西等路网干线和咸铜、西户等多条支线铁路。已基本形成了以陇海、包西为东西、南北主轴，以西安为中心枢纽的"两纵五横三枢纽"骨架网，以郑西、西宝、大西高铁为代表，构成了以西安为中心的高速铁路网雏形。"两纵"指包西—西康（宁西）、宝中—宝成线，五横有神朔、太中银、侯西、陇海及阳安—襄渝线，三枢纽指西安、宝鸡、安康枢纽。另外还有咸铜、西户等支线铁路。截至 2015 年底，全省铁路网运营里程 4526 千米，居全国第 10 位。

截至 2016 年底，铁路运输业的投资额达到 1018007 万元，道路运输业投资额为 10846889 万元，占基础设施投资总额的 18%，航空运输业的投资额达到 196400 万元，管道运输业投资额为 101397 万元，交通运输行业的投资采用以道路运输为主、其他方式为辅的发展模式。如图 5-17 所示。

从城镇建设角度分析，关中地区以西安特大城市为中心，以宝鸡、咸阳、铜川、渭南和杨凌 5 个市区为次中心，构成 53 个县区、455 个建制镇为节点的关中城镇群，是全国城镇化程度最高的地区之一，在关中国家西部创新中心建设中地位卓著。

关中地区五市一区的城镇建设作用如下：西安市是世界著名的历史文化名城和国际旅游城市，中国重要的科研、高等教育、国防科技工业和高新技术产业基地，是新欧亚大陆桥中国段陇海兰新经济带最大的中心城市。不仅是关中高新带

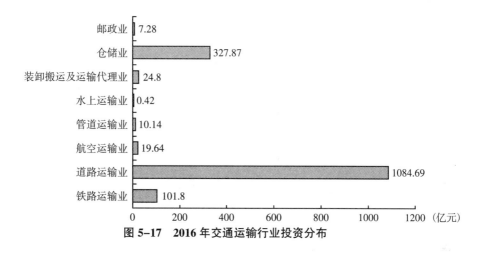

图 5-17　2016 年交通运输行业投资分布

的核心集聚区，而且将成为关中国家西部创新中心的桥头堡。咸阳作为关中高新技术开发区的支撑城市，全市形成农业以多种经营和乡镇企业为支柱，工业以电子、纺织、石油化工为支柱，第三产业以旅游和流通为支柱的经济发展格局。咸阳正与西安一起成为西部地区重要的科教、旅游、金融和信息中心。宝鸡是陕西粮油生产区，物产丰富，工业基础雄厚，是陕西省第二大工业城市，已成为关中高新区产业向西北、西南转移辐射的基地和桥梁。杨凌是全国优秀的特色农业示范基地，以建成高新技术农业、涉农工业和为农服务产业、农业科研教育发达的农科城为目标，加快完成城市功能建设，成为关中高新带向西部乃至全国示范、转移农业高新技术的中心。铜川属于资源型城市，以建成资源开发为主的综合产业型大城市为目标，成为关中辐射带动陕北的桥梁。渭南矿产资源丰富，是中原地区通往陕西乃至大西北的咽喉要道，也是"新欧亚大陆桥"的重要地段。

从图 5-18 可以看出，2016 年关中地区主要城市的生产总值以西安市的绝对值最大，但从增速可以看出，杨凌发展速度最为显著。

从关中地区城镇居民人均可支配收入来看，西安市和杨凌示范区的绝对值遥遥领先，增速较为明显的是渭南和铜川，[1] 在这些指标发展的基础上带动关中城镇设施建设不断完善（见图 5-19）。

---

① 图 5-18、5-19 数据来源于《陕西科技年鉴》（2017）。

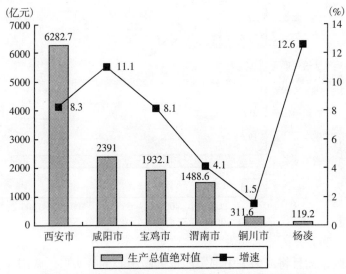

图 5–18　2016 年关中地区主要城市生产总值及增速

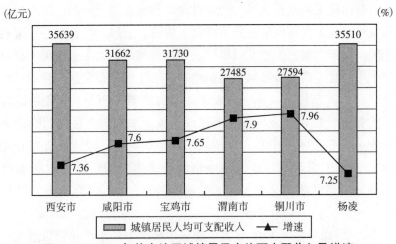

图 5–19　2016 年关中地区城镇居民人均可支配收入及增速

5.2.1.7　文化传播和科技融合

党的十九大报告指出，文化自信是民族复兴的精神引领，坚持文化自信，推动社会主义文化的繁荣昌盛，是中华民族的重要任务。陕西省作为文化资源大省，在党的十九大的指引下，高度重视文化产业的发展，并将文化产业与科技发展结合，争创佳绩。

陕西省同时具备丰厚的文化资源和较高的科研水平。这些特性主要表现在三个方面：一是陕西省作为中华民族的摇篮和中华文明的重要发祥地之一，以红色文化、汉唐文化、西北民俗文化为特色，在此基础上形成了特色鲜明的文化发展方向与领域，凭借其独特的文化底蕴和传统文化形态，在我国文化产业市场中占据了重要位置。二是高校林立，科研机构众多，具有很强的科教综合实力和发展后劲，为实施科技产业化项目奠定了基础。三是新闻出版、广播电视、文化娱乐和互联网等的发展，在陕西省具有一定的规模和较强的实力，为发展动漫游戏、虚拟会展、数字影视、文化遗产数字保护和传播等数字文化产业提供了坚强的后盾。

随着文化发展数字化与信息化趋势的到来，科技逐渐渗透于文化产业的各个环节，给传统意义上的文化形态、文化生态和文化存在方式带来了巨大冲击，推动文化产业转型。陕西省作为我国特色鲜明的文化大省，拥有独特而丰富的历史文化遗产和传统风俗文化，为陕西省文化与科技融合奠定了基础。同时，陕西省具有充足的科技资源储备，形成了以动漫游戏、网络媒体、数字影视、数字出版等为代表的高科技重点领域，有利于推动陕西省文化与科技深度融合。

陕西省文化产业呈现出健康、蓬勃发展的态势。"十二五"以来，陕西省文化产业年均增长值在 30%以上，比同期 GDP 增长速度高 16.7 个百分点。2017 年上半年，全省规模以上文化及相关产业企业数量达到 848 家，比上年同期增长 177 家，比第一季度增长了 40 家，实现营业收入 363.8 亿元，比上年同期增长 22.6%，比全国上半年增速高出 10.9 个百分点。其中，文化服务业营业收入高速增长，增速 30.5%；文化批零业和文化制造业快速增长，营业收入增速分别为 21.4%和 18.4%。2016 年陕西省文化产业完成增加值 802.52 亿元，比 2013 年增长 19.83%，占陕西省 GDP 比重为 4.14%，保持了高速增长的势头。据陕西省社会科学院预测，到 2020 年，陕西省文化产业增加值年均增长 20%左右，占 GDP 的比重将达到 5%左右，可成为真正的支柱产业，同时形成较为完备的文化创新体系、公共文化服务体系、现代文化市场体系。2016 年文化产业投资额达到 14641484 万元，其中新闻出版发行服务业投资额为 69181 万元，占文化产业的 0.5%；广播电视电影服务的投资额为 155973 万元；文化艺术服务的投资额为 1962418 万元。如图 5-20 所示。

随着陕西省经济的不断增长，陕西人民文化素养的不断提高，陕西省文化与科技融合在各个领域中呈现出新的发展趋势。在新闻出版方面，第一，以内容创新和数字化转型为重点，加快资源整合，继续发展图书、报纸、期刊等纸介质传统出版产业；第二，以业态创新和服务创新为重点，加快新技术应用，大力发展数字出版等战略性新兴出版产业；第三，以原创创意为重点，快速提高国产动漫

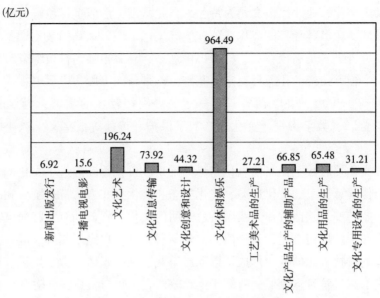

(亿元)

图 5-20　2016 年文化产业投资额[①]

出版产品的数量和质量，加速发展动漫游戏出版产业等，2016 年动漫产业自主知识产权动漫软件为 21 套，比 2015 年增长 50%。在演艺产业方面，在艺术演出表现手法上更多地采用自动化、数字化、集成化和智能化舞台装备，运用虚实结合的多维化表现空间，从剧场艺术向多场合消费艺术发展，相应的演艺科技也从有限空间向多维空间发展；实景演出是当前演艺产业最为复杂的演出空间，多维空间将带动演艺科技从自动化、数字化、网络化、系统集成、单元智能向规模化集成、系统间协同、智能化服务发展。如图 5-21 所示。

　　近年来，陕西省围绕科技文化融合，在基础平台建设、优势产业整合、明星企业引导、政策保障支持等方面，取得了一系列成就。

　　首先，陕西省依托曲江新区和西高新区，充分利用曲江新区的文化优势和高新区的科技优势，共同以培育文化创意产业等新兴文化业态为主线，以文化旅游、移动互联网应用、动漫游戏、数字出版为支撑，整合科技资源，发挥"1+1>2"的示范效应，成为全国首批"国家级文化和科技融合示范基地"之一。目前该示范基地初步形成了以动漫、游戏、手机阅读、手机动漫等数字文化内容为主营业务的中小企业集群，以陕西出版集团、曲江出版传媒、华商报为主体构成的

----

①《陕西科技年鉴》（2017）。

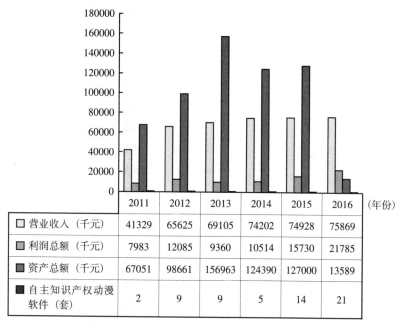

	2011	2012	2013	2014	2015	2016
□ 营业收入（千元）	41329	65625	69105	74202	74928	75869
■ 利润总额（千元）	7983	12085	9360	10514	15730	21785
■ 资产总额（千元）	67051	98661	156963	124390	127000	13589
■ 自主知识产权动漫软件（套）	2	9	9	5	14	21

图 5-21　2011~2016 年动漫产业主要经济指标

图书新闻出版发行企业集群，以雄峰印务、秦源软塑科技等为主体构成的印包科技企业集群。

其次，陕西省在动漫游戏、数字出版等产业进行文化与科技产业高度渗透。目前陕西省动漫基地主要集中在西安高新区、西安碑林科技园和曲江新区，创作出《大话李白》《丑末寅初》《华佗与五禽戏》《丝路少年》《大秦帝国》《疯狂便利店》《过年啦》等一批优秀动漫产品，成功开拓日、美、法、中国台湾、越南和新加坡等国家和地区市场，目前该区域已成为全国最重要的文化产业聚集区；数字出版是现代数字信息技术在出版领域的具体运用，是传统出版向现代出版的新跨越，为了促进陕西省数字出版领域的发展，陕西省建立了陕西西安国家数字出版基地海量内容投送平台、基于版权保护交易的综合信息服务平台、数字出版人才培训平台、投融资服务平台、创新创业孵化平台、海外拓展与国际合作平台六大服务支撑平台及西安数字出版产业发展基地，扶持数字出版企业快速发展。经过近年来的发展，陕西省文化与科技融合呈现出快速发展的势头。

5.2.1.8　军民融合

关中地区国防工业门类齐全，航天工业技术、航空工业技术、电子工业技术、兵器工业技术都位列全国前茅。近年来，陕西军工企业发展民品生产已积累了许多宝贵经验，有力地推动了地方经济的发展。在党的十九大提倡的军民融合发展战略方针的指引下，进一步实现"军带民、民保军，军民融合"，将不仅对陕西追赶超越起到重要作用，同时可以在提高经济运行质量方面发挥引领作用。

关中地区以西安市为重点，以航空航天产业为重点领域，以中航飞机公司、西航公司、航天四院、航天六院、航天五院西安分院、省电子信息集团等为龙头，以省内配套单位为骨干，联合高校和科研院所，围绕大中型飞机、航空发动机、无人机、通用飞机、火箭发动机等整机产品和电子信息产业、北斗卫星应用产业、高分应用产业，不断打造创新能力强、特色突出的军民融合产业联盟。

首先，军工企业与非军工企业合作发展。2016 年陕西省非军工企业积极参与军品生产，全年新增武器装备科研生产许可单位 9 家、保密资格单位 97 家，2 家民营军工配套企业在创业板上市，5 家企业在新三板成功挂牌。2017 年，继续打造完善军工民口协作配套体系的建设。包括支持西安设立军工资质服务机构，西安航空、航天、兵器基地及高新区设立受理点，对"民参军"单位进行指导，打造 10 家"民参军"龙头企业，做强 20 家"民参军"骨干企业，新培育 30 家"民参军"企业等。其次，陕西省政府加大对军工优势产业的扶持力度。2016 年，陕西省总规模 100 亿元的军民融合产业投资基金正式挂牌，省军转民专项资金支持军民融合重点项目 20 个，带动投资 35 亿元。2017 年，陕西省进一步加大推进军民融合发展的力度。包括推进国家重大项目实施，加快大型飞机、特种飞机等重大项目建设和新一代飞机研制，争取航空发动机和新材料专项项目，推进新舟 700 飞机、大推力火箭发动机、北斗卫星应用、国家民用试飞基地等项目建设。最后，从关中地区的重点高新区来看，西安高新区内有 8 家军工集团投资布局，涉及军工电子、船舶、航空、航天、兵器和核工业等领域，是国内军工资源最为聚集的地区，拥有各类军转民、民进军企业 298 家，2015 年产值突破 800 亿元。

从军民融合企业的整体发展看，军民融合创新企业得到快速成长，"十二五"时期，军民融合创新型企业已经发展至 500 余家。在陕军工单位投资或参股的各类民品企业 300 多家，其中总收入过 10 亿元的企业 2 家，5 亿~10 亿元的企业 12 家，1 亿~5 亿元的企业 50 家。同时，陕西有 300 余家民口单位参与军品科研生产配套，其中民营单位 60 余家。目前已有近 300 种民用产品形成一定规模，其中，有 39 种民品已经成为企业的支柱产品。如图 5-22 所示。

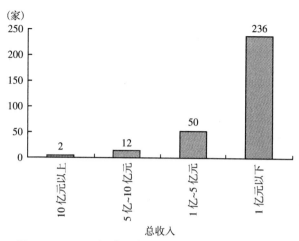

图 5-22　2016 年陕西省军民融合规模以上企业数

此外，陕西还拥有一批军民共用的资源，包括 27 个技术中心、各类专业计量检测机构 15 个、各类国家重点实验室 7 个，为推动军民融合的快速发展搭建了平台。[①] 关中地区已经基本形成以军带民、以民促军、军民融合的产业多元化集群化发展格局，军民互助融合产业发展潜力巨大。如图 5-23 所示。

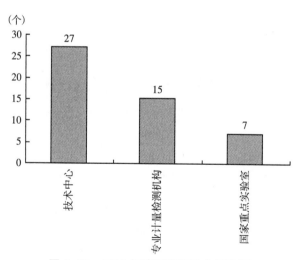

图 5-23　2016 年陕西省军民共用资源

① 陕西省统计局网站数据。

5.2.2 关中国家西部创新中心建设的制约因素

虽然关中地区高新技术产业发展迅速，具备了国家西部创新中心的基本条件，但仍存在以下制约因素。

5.2.2.1 科技资源统筹机制失衡

关中地区科技资源丰裕，科技优势突出，科技资源和统筹能力在西安地区集聚效应明显，西安科技大市场为科技创新提供了有力的支撑作用，但其他地区的资源集聚和统筹能力远远落后于西安，呈现出单一城市发展迅速，但未有效地带动整个关中地区的科技创新水平的情况。

5.2.2.2 产业集群竞争力欠缺

关中高新技术产业分布领域广，2011 年有 R&D 活动的规模以上高技术企业数为 100 家，2012 年为 120 家，2013 年为 147 家，2014 年是 177 家，2015 年为 196 家，2016 年为 210 家。增长趋势如图 5-24 所示。可以看出，有 R&D 活动的规模以上高技术企业数量相对较少，集群内部的部分企业缺乏自主创新能力，缺乏核心技术，模仿多于创新，产品技术含量低，造成产业整体竞争力不足。

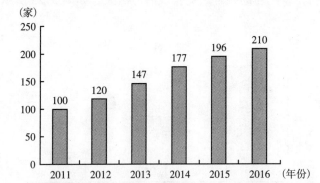

图 5-24 2011~2016 年有 R&D 活动的规模以上高技术企业数量①

高新区内部分企业产业化程度不高，致使整体产业链不完整，企业间的技术与产业结合度不太紧密。在共同文化、地域条件上，企业之间并没有建立起相互认同和合作的关系，且关联产业间没有显现出良好的互补效应，使得企业间不具备竞争基础上的合作动力。

---

① 《陕西科技年鉴》（2012~2017）。

5.2.2.3　科技成果转化平台支持力度有限

陕西省科技资源统筹中心、西安科技大市场等都已搭建了科技成果转化平台,但由于平台运行时间不长、服务还不十分完善等原因,关中地区的科技成果转化平台对企业及高校科技成果转化的支撑力度还较为有限。

关中地区科技活动投入尽管从整体来看呈上升趋势,[①] 却远远落后于发达地区和国家的投入比例,且成果转化力度有限。军工企业的产品只在军用范围内研制,推广应用的成果较少。文化产业与科技融合的领域局限于动漫游戏、数字出版、广播影视、文化旅游、广告会展等方面,发展范围较狭窄,成果转化力度不大。

5.2.2.4　文化创新与科技融合程度受限

目前,陕西省的文化市场存在条块分割、多头管理、各自为政的局面,这既加大了组织资本运营的难度,又造成文化资源的浪费和闲置,陕西文化发展中的科技含量欠缺,很多高新科技无法找到合适途径顺利植入文化当中。首先,创新主体对文化科技创新和文化创意产业形态认识不清晰,直接影响了实践中二者的融合。其次,文化创意产业园区的科技植入能力不强。最后,缺少文化领域与科技领域交流信息的平台。

5.2.2.5　军转民用体制机能受阻

虽然关中地区的国防科技实力较强,但军民之间的创新链条长期处于分割状态,军民技术的相互转移以及军民融合产业化严重受阻,使得对地方经济发展的带动作用很不明显。军工企业突出的科技优势与关中地区的生产力滞后形成了较大的落差,因此,应尽快实施军民融合发展战略,提高民用企业的科技水平和科技进步贡献率,促进军民融合产业的发展。

[①] 关中地区 2016 年企业科技活动投入指数 59.87%,较全国平均水平低了 5.76 个百分点。

5.3 构建关中国家西部创新中心的思路及具体方案

5.3.1 建设思路

5.3.1.1 关中国家西部创新中心是国家关中平原城市群发展规划的核心区域

建设关中国家西部创新中心要以顶层设计为引领、以制度创新为支撑、以几何学原理为规律，遵循"以带串点，以带托面"的建设思路，其中，"点"是指关中地区各高新技术科技产业园区，"带（线）"是指关中高新技术产业带，"面"是指关中国家西部创新中心。在几何学中，线是点运动的轨迹，又是面运动的起点。点最重要的功能在于表明位置和进行聚焦，点与点之间连接形成线，或者点沿着一定方向规律性地延伸可以成为线，平面上线的封闭或者线的展开也可以形成面。关中国家西部创新中心如图 5-25 所示。

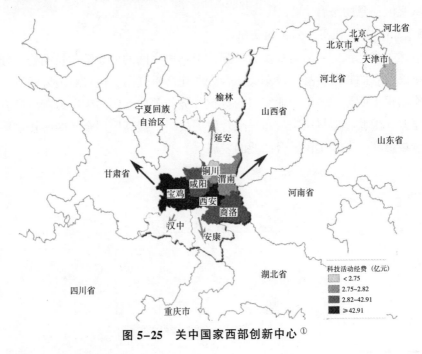

图 5-25 关中国家西部创新中心 ①

① 该图基于中国地图绘制。

5.3.1.2 "以带串点，以带托面"

（1）以带串点，促进关中高新带高速发展。关中地区拥有五大国家级高新技术开发区以及众多科技园区，其中五大国家级高新技术开发区对经济的带动作用最大。但是，这些科技园区发展存在两个方面的问题：一是园区实力差异悬殊，西安和宝鸡高新区体量较大，其他高新区增速较快；二是园区之间相对独立性较强，融合发展较弱。创新系统的协同度是指各子系统之间在发展演变过程中相互和谐一致的程度，本课题针对五大国家级高新区做了一个协同度测算：将西安高新区、咸阳高新区、渭南高新区、宝鸡高新区和杨凌高新区整体当作一个复合系统，五大高新区作为其子系统，将认定高新技术企业数（家）、科技活动人员数量、科技活动经费、全年技术成果交易额和发明专利情况作为创新系统的评价指标，根据式（5.1）以几何平均法计算各子系统的有序度：

$$u_j(e_j) = \sqrt[m]{\prod_{i=1}^{m} u(e_{ji})}, \quad j = 1, 2, 3, 4, 5 \tag{5.1}$$

式中，$u(e_{ji})$ 代表子系统的序变量分量有序度，反映了子系统的有序一致的程度。$u(e_{ji}) \in [0, 1]$，其值越大，表明 e_{ji} 对相应子系统有序的贡献越大。假设在初始时刻 t_0，各子系统的有序度为 $u_j^0(e_j)$，而当整个复合系统发展演化到时刻 t_1 时，各子系统的有序度为 $u_j^1(e_j)$。则复合系统的协调度为：

$$C = \theta \sqrt[m]{\prod_{j=1}^{m} \left[u_j(e_j) - u_j^0(e_j) \right]} \tag{5.2}$$

式中，θ 满足：

$$\theta = \frac{\min\left[u_j^1(e_j) - u_j^0(e_j) \right]}{\left| \min\left[u_j^1(e_j) - u_j^0(e_j) \right] \right|} \tag{5.3}$$

由式（5.2）可知，$C \in [-1, 1]$，其取值越大，复合系统的协调发展的程度越高，反之则越低。计算结果如表 5-9 所示。

表 5-9　五大国家级高新区子系统有序度及系统协同度

年份	西安高新区	咸阳高新区	渭南高新区	宝鸡高新区	杨凌高新区	五大高新区协同度
2010	0.0499	0.0748	0.0818	0.0512	0.0717	—
2011	0.3448	0.0760	0.1324	0.1086	0.1591	0.0389
2012	0.3812	0.1617	0.1967	0.2128	0.1484	0.1326
2013	0.6132	0.6012	0.5877	0.2924	0.4669	0.4276
2014	0.6522	0.6021	0.3810	0.4276	0.3081	0.3850

续表

年份	西安高新区	咸阳高新区	渭南高新区	宝鸡高新区	杨凌高新区	五大高新区协同度
2015	0.7527	0.7615	0.6331	0.4768	0.4282	0.5263
2016	0.9317	0.9340	0.7936	0.8401	0.9506	0.8214

根据上述计算，我们发现，五大高新区协同发展主要存在以下两个方面问题：

第一，从子系统有序度上看，尽管五大高新区有序度都在持续增强，但发展不太平衡，西安创新系统有序度明显高于其他 4 个高新区，宝鸡高新区和杨凌示范区较为落后。

第二，从五大高新区协同度上看，五大高新区协同度较低，且不太稳定。

图 5-26 更为细致地描述了五大高新区子系统有序度的差异和系统协同度的演变：西安高新区子系统有序度不断上升，且其每年的有序度均明显高于其他 4 个高新区；咸阳高新区子系统有序度在 2010~2012 年较低，但从 2013 年开始上升迅猛，与邻近的西安高新区基本保持一致；渭南高新区有序度同样在 2010~2012 年较低，从 2013 年开始迅速增长为 0.5877，但随后又回落至 0.3810，之后又开始逐步上升；宝鸡高新区有序度一直处于上升通道，但上升速度较慢；杨凌示范区有序度时升时降，但总体较低。从五大高新区复合协同度上看，整体协同度较低，协同程度不太稳定，时升时降。

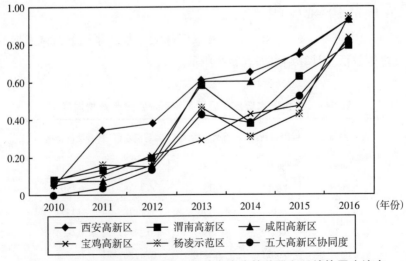

图 5-26　五大国家级高新区子系统有序度的差异和系统协同度演变

　　因此，为了提升科技园区的有序度和协同度，本课题组提出"以带串点"的发展思路。"以带串点"是要通过构筑关中高新带利益共同体，实现关中各高新技术科技产业园区之间创新要素的聚集和流通，提升区域科技资源统筹能力，将以西安、咸阳、宝鸡、渭南、杨凌等国家级高新技术产业开发区为龙头的各类科技园区串联起来，推动各个科技园区融合发展，有序推动产业升级。

　　（2）以带托面，促进关中国家西部创新中心发展。"以带托面"是要以关中高新技术产业带为轴心和支撑，通过创新要素流动、产业链协同、军民融合发展、创新创业突破、创新文化引领、内外开放辐射带动关中国家西部创新中心协同发展，实现"功能互补、区域联动、带向集聚、节点支撑"的大格局。具体建设方案如图 5-27 所示。

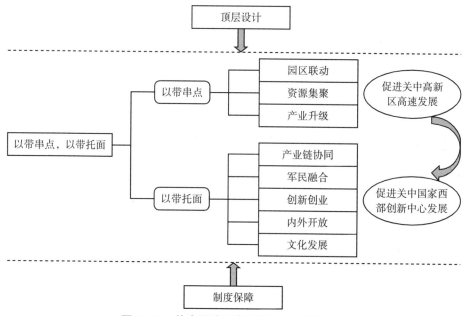

图 5-27　关中国家西部创新中心建设方案

5.3.2　实施步骤——"三步走"

　　坚持市场导向和政府推动相结合、科技创新与深化改革统筹、企业主导与人才优先并重、协同创新与对外开放同步等基本原则。主要目标分为：

　　（1）第一步，到 2020 年，以关中高新技术产业带为抓手，重点突出改善创新生态环境，汇集各类创新资源，实现创新资源和创新要素的集聚功能，把关中

国家西部创新中心建设成为西部创新资源集聚中心。战略性新兴产业增加值占
GDP 比重提高到 15%以上,①人均生产总值超过 1 万美元,带动关联产业规模超
万亿元。关中地区技术合同交易总额超过 800 亿元。科技高端人才和紧缺专业人
才不断聚集,引进 500 名海内外高端创新创业人才,遴选 1000 名杰出人才、领
军人才和青年拔尖人才,培养 100 名引领陕西和西部发展的创新型企业管理人
才,人才资源总量达到 555 万人。创新创业服务体系不断完善,依托高等院校、
科研院所、市(区)县建成 500 个各类创新创业孵化平台,面积超过 1000 万平
方米。创业投资基金总规模超过 1000 亿元。

(2)第二步,到 2035 年,以关中高新技术产业带为先锋,重点突出激发创
新主体的有效创新活动,推动创新成果顺畅转化,打通从研发到产业的全创新
开发产业链的各个环节,创新投入比不断加大,研究与试验发展经费支出占
GDP 比重达到 3%以上,实现关中国家西部创新中心的科技研发功能、技术创
新功能和产业驱动功能。科技创新动力、活力和能力明显增强,科技创新质量
实现新跨越,形成高端引领型产业研发集聚区和关中协同创新共同体的核心支
撑区。

(3)第三步,到 2050 年,以关中高新技术产业带为后盾,全面构建起西部
创新中心的整体功能。科技对经济的支撑引领作用不断增强,科技进步贡献率提
高到 70%,技术合同成交额突破千亿元,万人研发人员数排进全国前三,在西部
地区创新驱动中具有示范和辐射带动作用,实现知识创造能力、知识流动能力、
技术创新能力、创新环境和创新绩效的示范和辐射功能,建成具有全球影响力的
"一带一路"创新中心。

5.3.3 具体方案

5.3.3.1 顶层设计

(1)完善统筹机构,从顶层设计上协调各个园区发展。由政府统一指挥,构
建关中高新带利益共同体,指导协调各高新区在产业联动、资源整合、人才交流
等方面优势互补、互利互赢;为了更好地促进全省高新区协同联动发展,西安国
家高新区要协同六大核心产业区,与另外三家国家级高新区互相联动,在充分发
挥各自优势的同时,充分共享政策,围绕各类创新需求,打破阻碍创新的"无形
之墙",构建跨区域创新网络,推动区域间共同设计创新议题、互联互通创新要

①《"十三五"关中协同创新发展规划》。

素、联合组织技术攻关。围绕共性需求,加强各类开发区、产业园区之间的协作创新,优势互补、整体联动,不但能防止关中高新带内部出现恶性竞争,更能真正形成利益共同体,形成更具竞争力的高新技术产业带。

(2)充分发挥西安全面自主改革试验区辐射引领作用。加强与各地市协作,聚集各类创新要素,打造全国知识创新、技术创新和成果转化的策源地。积极促进西安高新区与宝鸡、渭南等高新区联动协作机制的建立,开展知识产权、科研院所、高等教育、人才流动、金融创新等创新改革。构建以西安为核心、关中高新带为示范、辐射全国的技术转移空间格局,实现创新资源的聚集、整合和利用,形成高新技术开发区的"骨架支撑"。西部创新中心的构建要按照"功能互补、区域联动、带向集聚、节点支撑"的思路,形成"一核一带多节点"的空间布局,即明确大西安在协同创新发展中发挥引领、辐射和带动作用;以西安高新技术产业开发区、宝鸡高新技术产业开发区等国家级高新技术开发区为龙头,发展关中高新技术产业带,串联产业带内各高新区分工互动,有序推动产业升级和人口聚集,形成以带串点、以带托面的协同发展的利益共同体;推动宝鸡、咸阳、渭南、铜川、杨凌等节点地区发展,提高城市综合承载能力和服务能力,使关中高新带成为创新驱动经济增长的新引擎。

(3)搭建三区联动创新网络。在关中高新带上构架起大学校区、科技园区、公共社区"三区融合、联动发展"的创新体系,能够将知识和人才富集优势溢出为城区的发展优势,形成"城市的大学、大学的城市"的良好环境。根据关中区域内高校院所聚集的优势,大学校区应作为"三区联动"的龙头,作为创新人才和创新科技的策源地,大学为科技园区提供创新人才、项目和手段,为整个区域经济社会发展提供智力支持;科技园区是学校与社会联动的桥梁、融合的起点,是大学师生和城区市民创新创业及就业的场所;公共社区是大学和科技园区发展的保障基础,不仅为校区和园区提供公共服务,为创新人才创造适宜居住、休闲、交流的环境,更是创新创业人才发挥才智的空间,关怀现实、服务社会的场所。最终形成高等教育、科技园区、城市社区合力促进知识价值链、产业链、增长极整合发展的创新网络。

5.3.3.2　以带串点

重点以西安、咸阳、宝鸡、渭南、杨凌等国家级高新技术产业开发区为龙头,以关中地区其他省市级科技园区为地理集聚空间载体,打造关中高新带利益共同体;提升区域科技资源统筹能力,发挥关中高新带"虹吸效应",实现产业集聚和科技创新资源集聚,打造西部创新资源集聚中心;围绕产业链部署创新链，强化基础研究和原始创新能力，打造西部原始创新策源地；推动关中高新带战略性新兴产业发展，加速传统产业转型升级，打造西部创新中心产业载体，强化区域创新"主动脉"。

（1）园区联动。

1）完善园区规划。按照"高起点、高标准、前瞻性"的要求，做好现有园区规划的完善和扩大工作，以适应关中高新技术产业快速发展的要求，加快构建专业特色园区。按照"区域分工、产业聚集"的要求，努力构建规模较大、层次较高的专业园区、特色园区。要根据园区特点和功能定位，有针对性地选择重点培育的产业，形成主题突出、特色鲜明、集约开发的发展格局；优化园区服务质量，创新服务内容，拓展服务形式。根据关中各市区资源优势和现有产业基础，对各市区重点培育发展的战略性新兴产业进行科学的布局和分工。关中高新技术产业带产业布局如表 5-10 所示。

表 5-10　关中高新技术产业带产业布局

科技园区	重点发展产业
西安高新区	电子信息、先进装备制造、生物医药、现代服务业四大主导产业和通信、光伏与半导体照明、电力设备与能源技术、电子元器件、汽车、软件与服务外包、生物制药、创新型服务业八大产业集群
宝鸡高新区	钛及钛合金新材料、汽车及零部件、现代石油钻采传输装备、机床工具制造、高速铁路装备制造、军工电子信息、中低压输变电设备制造
咸阳高新区	电子信息、生物医药及医疗器械、新型合成材料、石油化工
渭南高新区	装备制造、新能源新材料、3D 打印、煤化工
杨凌示范区	生物制药、绿色食品、环保农资、农牧良种以及以会展、物流、旅游等为主的现代服务业

2）形成关中各开发区互动联动机制。支持其他地市高新技术开发区在西安高新区设立成果转移机构、派驻"科技特派员"，推动西安高新区与宝鸡、渭南、咸阳、杨凌等国家高新区（示范区）互动联动，打造关中高新技术产业带。逐步将西安自创区试点政策拓展至省内其他高新区，并支持西安高新区托管其他高新区部分区域，实现省内各个高新区在创新资源配置、产业转移、人才共享、项目配套和产业联动创新上的协同与联动，促进省内高新技术产业资源和要素的优化整合；支持陕南、陕北各高新区在关中设立"飞地"科技园，推动关中科技资源

向全省辐射转化，形成西安带关中、关中带全省的发展格局。①

3）结合国家"互联网+"战略部署，推动"园区联动"智慧化升级。在关中高新带上搭建起响应及时、随时随地、全程全时式的互联网信息服务体系，通过构建智慧化企业平台体系、全面便民的数字化民生体系和实时快捷的用户服务体系，以及更加全面的覆盖，可直接提升大学校区创新服务能力，改善社区生产生活环境，更快响应科技园区各类要求，同时该体系能够分析、整合园区运行核心系统的各项关键信息，从而对于包括民生、环保、公共安全、园区服务、工商业活动在内的各种需求做出智能响应，使"园区联动"运行更加智慧顺畅。

（2）资源集聚。

1）提升基础研究能力，把握科技创新源头。要充分发挥关中地区高校、科研院所资源优势，在基础性、前瞻性、战略性科技领域，加快提升基础科学研究、战略高技术研究和应用技术研究的能力，重点加强西安交大清洁能源产业化研发、西工大无人机技术、西安理工大水利水电及装备制造、西农大农业生物技术育种工程、空军军医大学国家分子医学转化等高技术研究和应用技术研究能力，把握科技创新源头；强化对国际科学前沿重点领域和方向的谋划布局，准确把握科学发展趋势，研究制定发展规划和路线图。积极瞄准国际科学前沿孕育重大突破的热点问题，如无人机、人工智能、光电芯片、合成生物学等超前部署。紧紧围绕经济社会发展的重大需求和行业发展方向，加强对农业、材料、能源、资源环境、健康、信息、制造与工程等领域的前瞻性部署，集中力量攻克一批制约经济社会发展的重大科学问题。重视国家重大科技基础设施建设，围绕一流科学领域建设大科学装置。加快推进科研机构与创新载体建设，积极引进国内外重大项目和重大企业与高校合作建设产学研基地，拓展基础科学研究的深度和广度，提升原始创新活力。加快建设和提升协同创新载体服务平台，抓好产学研协同创新项目的管理和服务，鼓励各类企业联合省内高校院所重点学科建立产业研发创新联盟、协同创新战略联盟、工程技术研究中心、院士（博士后）工作站、重点实验室等合作平台，探索建立利益共享、风险共担机制，使合作常态化、系统化，实现科技成果转化的高附加值和高收益。

2）充分发挥陕西省科技资源统筹中心职能。依托其搭建的资源共享、研究开发、科技金融、成果转化、综合服务五大平台和仪器设施共享、科技文献共享、科学数据共享、自然科技资源共享、研发基础条件、公共检测服务、技术转

---

① 《开发区发展启示录》。

移服务、科技金融服务、创新创业服务、综合业务服务、战略与咨询服务、科技交流与合作服务十二个子系统，以及西安省科技大市场和宝鸡市、咸阳市、渭南市等分中心，聚集关中高新带各类科技资源；借助省科技资源统筹中心和西安科技大市场现有平台基础，以技术转移转化基础平台为中心，配套建设知识产权服务平台、军民融合推进平台、丝路科技合作平台以及科技金融服务平台，从而形成具有关中特色的、服务高新产业带的技术转移转化服务平台体系，同时将该平台体系嵌入陕西省科技管理服务一体化云平台，实现关中五市一区资源和服务的有效对接，提升技术转移转化效率；并通过其搭建的陕西科技云平台等实现科技资源分享，从而提升关中高新带各开发区企业实现信息互通、招商互通和人才流通，充分共享政策。

3）充分发挥技术市场和技术转移机构的中介助推作用。以设立分中心的方式实现与国家技术转移北京中心、东部中心、苏南中心等区域中心的创新资源对接，充分发挥关中地区人才和科技优势力量，承接发达地区先进技术与新兴产业，探索高新技术产业的合作共赢新模式。在此基础上，可通过建立丝绸之路国际技术转移转化协会辅助丝路企业及组织机构解决科技创新与技术转移需求，提升关中高新技术带国际影响力，在全球科技发达国家设立西部创新中心创新园区和技术转移分中心，并搭建尖端领域联合研发平台、人才交流平台、高技术企业展示平台等，将国际科创项目引进来，同时帮助关中高新技术科创项目"走出去"。依托"丝绸之路经济带"科技合作建设工程，设立国际科技合作中心，发挥关中高新带的辐射功能，实现我国与丝路沿线国家科技、文化、人才等创新资源的双向流动；围绕"创新需求、打破创新壁垒、构建创新网络、推动创新互惠"，发布科技成果目录，推动科技成果与产业、企业需求有效对接，实现科技成果市场价值。积极推动科技与产业、科技与文化、科技与金融、军工与民用四大体系的融合发展，实现科技优势向经济优势的加速转化。西安高新区与西安市科技局合作建设了西安科技大市场，搭建了科技资源供需双方交易共享、合作交流的平台，汇聚了 900 多家高校院所和军工单位、1.7 万名行业专家、7300 多项技术成果、7700 多家科技企业的科技资源信息，共享大型仪器设备 7000 多台（套），促进西安完成技术交易额 530 亿元，跃居全国第三位；[①] 围绕"互联网+"战略开展企业技术难题竞标等"研发众包"模式探索，引导科技人员、高校、科研院所承接企业的项目委托和难题招标，聚众智推进开放式创新。

---

① 《开发区发展启示录》。

4）大力推进科技工程建设。依托重大科技专项，建设重点实验室、工程技术研究中心等创新平台，发挥科技创新平台作用，推进科技工程建设，实现创新资源集聚，加速科技成果转化落地，在 3D 打印、大数据、云计算、集成电路、新材料、新能源、生物医药等战略性新兴产业领域，形成一批具有核心竞争力的创新产品。围绕西安在航空、航天、新材料、先进制造、生物等领域的创新研发优势，聚集优质科技资源，争取国家布局建设重点实验室、工程技术研究中心等创新平台。聚焦重大产业链技术难题，依托龙头骨干企业、科研院所、专业园区组织实施一批重大技术转移和科技成果产业化项目，加速创新资源向西部创新中心聚集。鼓励支持行业龙头企业利用关中地区创新资源丰富、高校科研院所众多、科技型企业蓬勃发展的区域优势，与高等院校、科研机构、专利持有人开展对接合作，加速科技成果转化落地，提高科技成果向生产力转化的效率。全面布局陕西大数据产业体系，致力打造六位一体大数据产业发展格局，即"'基地+园区'+行业云+大数据交易所+产业基金+产业研究院+产业联盟"，率先围绕云计算服务、信息融合、大数据应用、产业基地建设等产业链关键环节，在西安、咸阳、杨凌示范区、西咸新区等地和有关行业先行组织实施秦云、城市信息融合示范、大数据应用示范、产业基地示范四大工程，提升西部创新中心的辐射功能。在陕国家级重点实验室、工程技术研究中心及科技创新平台如表 5-11 所示。

表 5-11 在陕国家级重点实验室、工程技术研究中心及科技创新平台

在陕国家级重点实验室 （23 个）	在陕国家级工程技术研究中心 （5 个）	科技创新平台 （15 个）
西北旱区生态水利国家重点实验室；西部绿色建筑国家重点实验室；动力工程多相流国家重点实验室；金属材料强度国家重点实验室；电力设备气绝缘国家重点实验室；肿瘤生物学国家重点实验室；瞬态光学技术国家重点实验室；宇航动力学国家重点实验室；激光与物质相互作用国家重点实验室等	国家数据广播工程技术研究中心；国家节水灌溉工程技术研究中心（杨凌）；国家杨凌农业生物技术育种工程技术研究中心；国家杨凌农业综合试验工程技术研究中心；国家微检测工程技术研究中心	新技术动态交流平台；设备共享平台；产学研技术交流平台；销售推广平台；西安中小企业技术产品展销平台；中试实验室；同业交流发展平台；医疗设备信息共享平台；生产线流程规划平台等

（3）产业升级。当前新常态下全国经济发展正呈现出增速换挡、结构调整、动力转换"三期叠加"的新特征：一是经济增速出现双中高换挡的新变化；二是结构调整出现供给侧改革的新变化；三是增长动力发生新变化。随着新一轮科技革命和产业革命浪潮的到来，新兴产业将是经济发展的新动力。相应地，西部创新中心要依托当前的经济发展阶段，以高端制造业、新兴高技术产业为载体进行

产业创新。因此，关中要发挥高新技术产业带优势，构筑关中国家西部创新中心产业载体。

1）实施工业强基战略，推动传统产业升级。强化工业基础能力是《中国制造2025》明确的重要战略任务，就是要保证"底端筑牢"，加快产业转型升级，保障经济与产业自主、安全，实现工业由大变强。通过改造升级着力做优传统产业，不断延伸资源性工业的产业链，提高资源精深加工产品比重，构建创新能力强、效益高、质量好、可持续发展的新型工业体系。重点围绕能源装备、轨道交通、输变电、数控机床、汽车、农业机械等优势领域，实施工业强基战略，改造提升有色冶金、食品、纺织、建材、化工等传统产业，加大结构调整，提高集中度，推广循环经济，实现降本增效。如表 5-12 所示。

表 5-12　重点传统产业升级思路[①]

名称	强基思路	2020 年目标
能源工业	稳油、扩气、转化煤	总产值达到 9000 亿元，年均增长 7.5%
原材料工业	打造支柱、转型发展、提质增效	总产值达到 8500 亿元，年均增长 10.2%
装备工业	高端化、智能化、绿色化、服务化、国际化	规上企业工业总产值 8000 亿元，年均增长 13.2%，在工业总产值中的占比达到 22.2%
医药工业	打造医药新支柱，推动绿色健康食品工业上档升级	实现产值 1200 亿元
消费品工业	发展电子商务，培育产业用纺织品、支持特色环保轻工业做优做强	总产值突破 7500 亿元，年均增速达到 13.0%，在工业总产值中的占比提升到 20.8%

能源工业：按照"稳油、扩气、转化煤"的思路，稳步开发煤炭资源，推进绿色开采、综合利用，力争煤炭转化率提高到 45%，以煤制烯烃和煤制油为主要路径，促进陕西省煤炭资源深度转化，变资源优势为产业优势，力争到 2020 年实现产值 3000 亿元。加大油气开发力度，天然气、煤、油综合利用技术优化与升级。整合火电资源，积极实施现有电源扩建工程。加快太阳能发电、风电、深部地热供暖制冷、余热余能利用等产能建设，优化新能源产业布局，在全省加快分布式能源生产、供给和消费体系建设。到 2020 年，全省能源工业总产值达到 9000 亿元，年均增长 7.5%。

原材料工业：以"打造支柱、转型发展、提质增效"为主线，以技术创新、

[①]《"十三五"战略性新兴产业发展规划》。

增强企业核心竞争力为先导，以产业结构调整、优化升级为方向，以"大集团引领、大项目支撑、园区化承载、集群化推进"为发展战略，全面落实去产能、去库存，处置关停一批僵尸企业，改造提升有色、冶金、建材、兰炭等传统产业，大力发展化工、有色金属、无机非金属新材料和前沿新材料，继续保持钛、镁、钼等产品全国领先地位，培育一批满足航空航天、装备、电子等高端领域需求的创新型产品。推进原材料工业由规模扩张向创新驱动转变，由产业链低端向中高端转变，实现转型发展、绿色发展和可持续发展。到 2020 年，全省原材料工业总产值达到 8500 亿元，年均增长 10.2%。

装备工业：以"高端化、智能化、绿色化、服务化、国际化"为主攻方向，加快信息技术与制造技术深度融合，在优势领域超前布局，重点围绕智能和新能源汽车、航空航天、数控机床、输变电、能源装备等领域，改造提升传统装备，发展壮大先进装备，加快培育 3D 打印、机器人等新兴装备，把陕西打造成为我国重要的装备制造业基地。到 2020 年，全省装备制造业规上企业完成工业总产值 8000 亿元，年均增长 13.2%，在工业总产值中的占比达到 22.2%。

医药工业：全力打造医药新支柱，推动绿色健康食品工业上档升级，着力医药重点产品推广，打造优势品牌，力争到 2020 年，全省医药产业实现产值 1200 亿元。实施优势品种奖励，对品牌培育好、增速快、市场推广效果明显的医药企业予以奖励。

消费品工业：以提质增效为中心，以加快结构调整和转型升级为主线，大力发展电子商务，加强品牌建设，积极培育产业用纺织品，支持特色环保轻工业做优做强。到 2020 年，消费品工业总产值突破 7500 亿元，年均增速达到 13.0%，在工业总产值中的占比提升到 20.8%。全力培育农副食品加工、食品制造、酒水饮料茶 3 个过千亿元产业。[①]

2）发展战略性新兴产业，打造产业载体。依托《中国制造 2025 陕西行动计划》，大力发展战略性新兴产业，全面提升关中高新产业带的核心竞争力，构筑关中国家西部创新中心产业载体。重点发展高端制造业、新材料、新一代信息技术、生物技术、绿色低碳、新能源汽车、集成电路、节能环保八大战略性新兴产业，优先打造西安航空、航天、集成电路制造和宝鸡新材料等国家产业基地，如表 5-13 所示。

---

①《"十三五"工业经济与发展规划》。

表 5-13　战略性新兴产业发展思路 ①

产业名称	发展思路	2020 年目标
高端制造业	推进重大装备与系统工程化应用，做大做强增材制造、航空、航天、智能装备等产业	产值超过 3000 亿元
新材料	发展高性能结构材料、先进复合材料、电子信息材料和新型功能材料	产值超过 1600 亿元
新一代信息技术	发展半导体产业、新型显示、通信设备、智能终端等，延伸发展高端软件产业，打造全球信息技术产业高地	产值超过 4000 亿元
生物技术	以生物技术创新带动产业发展，壮大生物医药产业，发展生物农业，建设西安、杨凌生物医药、生物育种研发生产基地	打造千亿元级生物技术产业集群
绿色低碳	做大做强储能蓄电池产业，加快太阳能、风能、生物质能、核能等能源利用技术发展	实现 2020 万千瓦新能源发电装机容量目标
新能源汽车	坚持纯电驱动、混合动力和 LNG 节能动力结合发展，发展新能源轿车、重卡整车制造，强化控制系统以及充电设施等配套产业	总产值超过 1300 亿元
集成电路	在国家集成电路产业基金和集成电路产业兼并重组作用下，保持光电芯片、硅材料、封装测试等高速发展	总产值超过 1000 亿元
节能环保	围绕绿色发展，落实能耗强度和能源消耗总量控制制度，在工业、交通、建筑等重点领域开展节能装备技术研发和产品推广应用	总产值超过 600 亿元

高端制造业：以西安高新区、西安经开区、航空基地、航天基地、宝鸡高新区、渭南高新区等为载体，统筹研发、制造、应用各环节，积极推进重大装备与系统工程化应用，做大做强增材制造、航空、航天、智能装备等产业，推进制造业向智能化、绿色化、服务化发展，加快建设高端装备制造强省。到 2020 年，高端装备制造业产值超过 3000 亿元。

新材料：以西安经开区、西安高新区、宝鸡高新区等为载体，完善新材料研发、分析与检测、创业孵化、投融资、综合培训、交易中心等服务体系，大力发展高性能结构材料、先进复合材料、电子信息材料和新型功能材料，培育产业发展新优势。到 2020 年，新材料产业总产值超过 1600 亿元。

新一代信息技术：以西安高新区、西安经开区、航天基地和西咸新区等为载体，加快发展集成电路、新型半导体分立器件、光电子等半导体产业，积极发展新型显示、通信设备、智能终端等，延伸发展应用软件、嵌入式软件、软件服务外包等高端软件产业，创新发展基于大数据、云计算、虚拟现实等新技术的信息

---

① 《"十三五"战略性新兴产业发展规划》。

服务业,打造国内乃至全球信息技术产业高地。

生物技术:以西安高新区、杨凌示范区、西咸新区等重点园区为载体,充分发挥陕西省资源与技术优势,以生物技术创新带动生命健康、生物制造等产业发展,着力壮大生物医药产业,突破发展生物医学工程,创新培育生物检测和治疗,积极发展生物农业,建设完善陕南原料药种植加工基地和西安、杨凌生物医药、生物育种研发生产基地,打造千亿元级生物技术产业集群。

绿色低碳:依托陕北光伏、风电产业应用示范区及关中新能源装备制造产业聚集区,做大做强储能蓄电池产业,加快太阳能热利用技术和产品推广应用,提高风电技术装备水平,有序推进光、风电规模化发展,因地制宜开发利用生物质能,积极发展核能发电机组及配套产业,建设国家核电设备配套基地。到 2020年,新能源产业规模不断壮大,支撑实现 2020 万千瓦新能源发电装机容量目标。

新能源汽车:把握全球新能源汽车轻量化、智能化发展趋势,坚持纯电驱动、混合动力和 LNG(液化天然气)节能动力相结合的发展战略,重点发展新能源轿车、重卡整车制造,强化动力电池、控制系统以及充电设施等配套产业,建立龙头企业引领的专业化、品牌化、服务化新能源汽车产业体系。到 2020 年,新能源汽车总产值超过 1300 亿元。

集成电路:在国家集成电路产业基金和集成电路产业兼并重组的两只推手的作用下,保持集成电路产业规模高速发展的态势。陕西目前拥有集成电路相关企业 200 余家,已经形成从集成电路设备和硅材料的研制与生产,到集成电路设计、制造、封装测试及系统应用的完整产业链;三星(中国)半导体及配套企业的入驻,为陕西集成电路产业完善了发展条件,若三星 12 寸生产线与"十三五"期间引进的生产线达到满产,陕西芯片制造业产值将提升至 550 亿元;随着三星封装线的投产、华天科技与美光的继续投入,封装测试业预测将达到 400 亿元;到 2020 年,集成电路产业总产值将超过 1000 亿元。

节能环保:围绕绿色发展理念,落实能耗强度和能源消耗总量控制制度,在工业、交通、建筑等重点领域开展节能装备技术研发和产品推广应用,增强节能服务能力;着力推动大气、水体、土壤等污染防治,推动技术装备和服务创新,强化资源综合利用,促进节能环保产业快速发展,产生良好的示范带动作用,营造绿色低碳的生活发展环境。到 2020 年,节能环保产业总产值超过 600 亿元。

关中高新技术产业带优势产业如表 5-14 所示。

表 5-14　关中高新技术产业带优势产业

名称	特色产业定位			
西安高新技术产业开发区	电子信息（集成电路、软件服务外包、通信设备制造、电子元器件）	先进制造（电力机械、制冷及石油设备、仪器仪表、汽车等领域）	生物医药	现代服务（以研发设计、信息服务、互联网、金融服务、创意产业为重点）
宝鸡高新技术产业开发区	新型材料产业集群	石油钻采装备产业集群	汽车及零部件产业集群	机床工具制造产业集群
西安经济技术开发区	高速铁路装备产业集群	中低压输变电产业集群	军工电子产业集群	泾河工业园：汽车及零部件制造、精细化工及医药、新材料、石油天然气深加工、农副产品添加工等
西安国际港务区	中心区：发展金融保险、商务中介、信息咨询、文化休闲、服务外包等现代服务业 以现代物流和现代服务业为特色	出口加工区：初步形成以航空、机械、电子、新能源为主导的产业格局		
渭南国家高新技术产业开发区	机械工业、电子工业	3D 打印	新材料生产	农副产品加工、精细化工业
杨凌农业高新技术示范区	现代农业科技创新中心	旱区现代农业、农产品	生物医药	
西安阎良国家航空高技术产业基地	以整机制造为主干产业	航空发动机、机载系统、航空新材料	航空零部件加工、航空维修、转包生产	航空教育培训、航空旅游博览
西安国家民用航天产业基地	民用航天产业	新材料、新能源产业；半导体照明和太阳能光伏		服务外包和创意产业链
咸阳高新区	电子信息	生物医药及医疗器械	新型合成材料	

3）延伸八大产业链，发展"硬科技八路军"。关中国家西部创新中心要构建创新型的产业集群，必须要有强大的动力源作为引领。陕西硬科技实力全国领先，打造万亿元级乃至千万亿元级产业，就是发展硬科技产业。作为硬科技概念的发源地，关中高新带要延续"硬科技八路军"的发展势头，挖掘新的发展潜力，延伸硬科技八大产业链，航空航天、光电芯片、新能源、新材料、智能制造、信息技术、生命科学、人工智能八大产业既是西部创新中心的优势领域，也是未来整个战略新兴产业以及科技发展新的方向。八大产业链发展的核心在于推动产品向消费端延伸，以市场需求为指向改良既有的产业体系，积极打造新兴产业，针对性建立资源深加工、服务区域市场的产业集群。因此，关中高新带需要通过产业链分工与互动协同的创新，打通产品经济与服务经济连接的瓶颈，延长产业链，加强工业化与信息化的深度融合，以形成具有跨行业跨区域带动作用的市场竞争力。具体发展思路及延伸产业如表 5-15 所示。

表 5-15　硬科技八大产业发展思路及延伸产业

产业名称	发展思路	延伸产业
航空航天	实施"产业优化、科技引领、民生改善、服务提升"四大工程	装备制造、零部件、维修改装、航空航天新材料、飞行培训、航空旅游、航天服务等方面
光电芯片	云计算、物联网、大数据等新一代信息技术与现代制造业、生产性服务业等融合创新	设计业、外延制造业、封装测试业相互依存，照明灯具、装备材料、配套应用端协调发展
新能源	重点发展太阳能光伏、风能、清洁能源、生物质能、核能五大产业	新能源电池、光热利用技术、生物基燃料乙醇、生物柴油、风能、新能源汽车、生物炼油、核电产业等
新材料	重点发展高性能结构材料、先进复合材料、电子信息材料、新能源材料、新型功能材料	高端装备制造、生物医药、电子信息、资源环境等领域
智能制造	推动先进装备制造产业、重大技术装备集成化、高端化发展	自动化生产线、自动化装备、工业信息化、工业互联/物联网、智能生成等重点领域
信息技术	加快推广应用，推动云计算、大数据、移动互联与传统产业的渗透融合	产品研发设计、物联网、数字内容等，对接国内外云计算、大数据、移动互联等产业
生命科学	建设临床医学研究中心，围绕常见病、多发病，进行关键技术研究	诊疗技术、新型医疗器械、临床医学、人口健康等
人工智能	从硬件、软件、应用环节入手，形成基础支撑层、中间技术层、终端应用层三种组织模式	加速人工智能在家居、金融、教育、汽车、医疗等领域的应用

航空航天产业：充分发挥航空航天科技的引领带动作用，积极推动科技和经济紧密结合、创新成果和产业发展紧密对接，重点实施"产业优化、科技引领、民生改善、服务提升"四大工程。强化优势主导产业发展，培育新兴产业，坚持

"产业链构建，集群化发展"的思路，大力整合省内航空航天资源，推动产业领域从航空航天装备制造向航空航天零部件、维修改装、航空航天新材料、飞行培训、航空旅游、航天服务等方面延伸。如图 5-28 所示。

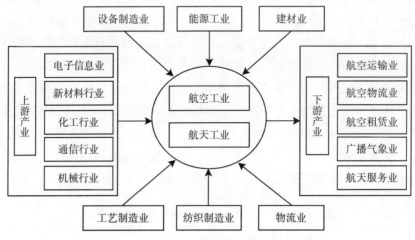

图 5-28　航空航天产业

光电芯片产业："互联网+"行动计划将促进云计算、物联网、大数据等新一代信息技术与现代制造业、生产性服务业等的融合创新，芯片国产化进程将进一步加速；发展芯片生产环节关键技术，集成电路设计、制造、封装环节关键技术，第三代半导体关键技术；形成设计业、外延制造业、封装测试业相互依存、协调发展格局，延伸产业链条至照明灯具、装备材料、配套应用端。如图 5-29 所示。

图 5-29　光电芯片产业

新能源产业：提高能源转化效率，发展清洁能源的化工利用，重点发展太阳能光伏、风能、清洁能源、生物质能、核能五大新能源产业，推进能源化工的绿色发展、转型升级，走开源、节流（节能）、减排、精细化、绿色化发展的道路，推动动力电池关键材料的开发，单电池及电池模块开发，燃料电池、新能源电池、透明导电薄膜、光伏电池、光热利用技术、生物基燃料乙醇、生物柴油、风能产业、新能源汽车、生物炼油、核电产业等高附加值产品链条延伸，提高核心竞争力。如图 5-30 所示。

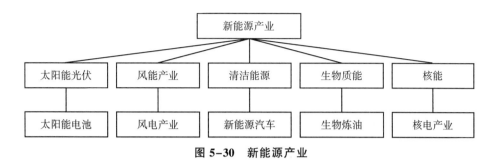

图 5-30　新能源产业

新材料产业：进一步扩大新材料产业规模，鼓励协同创新基础、应用基础与产业技术协同发展，建立优良的新材料产业创新发展环境，重点发展高性能结构材料、先进复合材料、电子信息材料、新能源材料、新型功能材料，鼓励新材料产业向高端装备制造、生物医药、电子信息、资源环境等领域发展和渗透，统筹战略集成，延伸产业链条，支撑新兴产业发展。如图 5-31 所示。

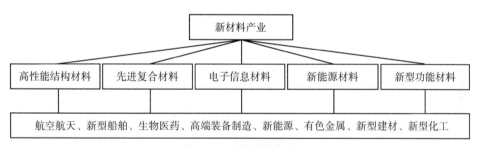

图 5-31　新材料产业

智能制造产业：追踪工业 4.0，围绕"中国制造 2025"陕西规划目标，推动先进装备制造产业、重大技术装备集成化、高端化发展，增强产业协作配套能力，借助"互联网+"，在自动化生产线、自动化装备、工业信息化、工业互联/物联网、智能生成等重点领域、关键环节上取得新突破，形成新优势，以努力打造成研发水平高、集成能力强、制造业与服务业融合发展的示范区。如图 5-32 所示。

信息技术产业：发挥信息技术产业对陕西省高新技术产业的带动和引领作用，转变产业发展方式，加快新一代信息技术的推广应用，打造高端云计算、大数据、移动互联产业集群，推动云计算、大数据、移动互联与传统产业的渗透融合，加快产品研发设计与物联网、数字内容关键环节的研究开发，对接国内外云计算、大数据、移动互联等产业转移需求，推动产业的快速发展。如图 5-33 所示。

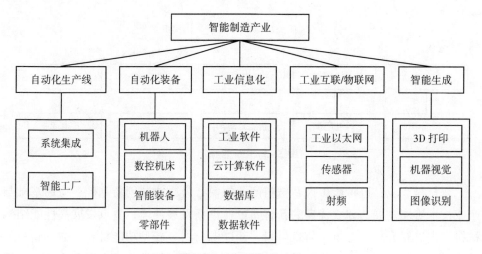

图 5-32 智能制造产业

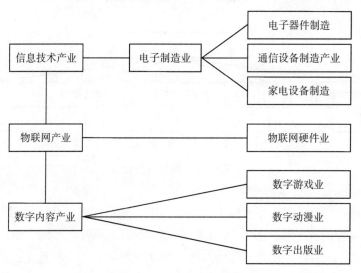

图 5-33 信息技术产业

生命科学产业：以现代医学等前沿技术发展为先导，大力推进前沿科技向医学应用转化。充分发挥陕西省医疗及中医药资源优势，依托省内高校、科研院所、企业等科研力量，建设临床医学研究中心，重点围绕常见病、多发病，开展技术攻关和临床医学关键技术研究，促进转化医学与临床医学相结合，形成一批新的诊疗技术规范，研发一批新型医疗器械，推动人口健康领域的追赶和超越。如图 5-34 所示。

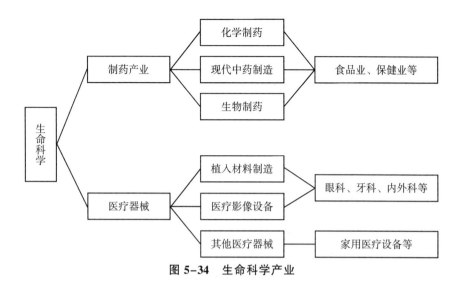

图 5-34　生命科学产业

人工智能产业：陕西省人工智能产业当前尚处于发展初期，要从硬件、软件和应用等不同环节入手，初步形成基础支撑层、中间技术层、终端应用层三种生态组织模式。创建全产业生态，引领产业发展，加速人工智能应用，发展硬科技打造模式。如图 5-35 所示。

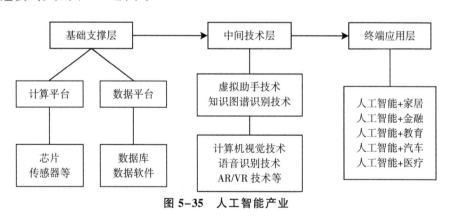

图 5-35　人工智能产业

5.3.3.3　以带托面

创新企业孵化机制，加速西北技术转移中心建设，构建西部地区科技成果转移转化服务平台，提升西部创新中心科技成果转化能力；构建协同开放创新体系，提升西部创新中心开放引领辐射功能；着力深化改革，进一步突破体制机制障碍，优化创新创业生态，将关中国家西部创新中心建成为"区域整体协同发展改革引领区、创新驱动经济增长转型新引擎、自主创新改革试验区和创新创业生

143

态环境示范区"。

（1）产业链协同。

1）在产业价值链布局上实现分工互动。将西安作为辐射整个西部创新中心的原点，重点发展战略性新兴产业培育发展前端的研发产业，进一步加大高新区和产业孵化基地建设，而把新兴产业生产制造等中、下端向其他地区转移，宝鸡、咸阳、渭南、铜川等地及高新区则要利用其装备制造、轻纺机械、中医药制造生产等中心基地的优势，在主动承担西安技术转移、培育提升本地企业技术创新能力的同时，鼓励、帮助重点龙头企业将研发总部移至西安，逐步形成战略性新兴产业研发中心在西安，生产制造和销售在其他地市的产业价值链上、中、下游全面分工协同的格局，实现西部创新中心整体效益倍增，将协同创新作为构建西部创新中心的创新机制。围绕科产协同、要素协同、主体协同、园区协同、转化协同、政策协同等七个方面，以技术"进链"、企业"进群"、产业"进带"、园区"进圈"为主线，厘清产业体系，明确产业重点，通过全产业带创新，形成自研发设计至终端产品完整产业链的整体优势；围绕发展潜力大、成长性强、带动作用显著的优势产业，全面增强关中高新技术产业带的创新能力、竞争能力和综合实力，将关中高新技术产业带打造成为西部创新中心的"金腰带"。

围绕关中高新技术产业带重点产业，针对不同趋势特点，基于产业链分别可采取以下四种创新模式，如表5-16所示。

表5-16　不同产业链协同创新模式[①]

创新模式	模式特点	适用产业	特点
扩散型	创新依靠需求拉动，收益随着需求扩大而增加	电子信息、通信设备等	这类产业具有高渗透性特点，存在互利互通的内在要求，产业外延由制造业外延至服务业、教育、公共设施等各个产业
非集中型	创新成果的扩散方式以市场开拓、自下而上的非集中型扩散为主	生物医药、医疗器械等	这类产业与国际先进水平存在差距，经济规模水平低，应通过提高医药研发、制药合成技术等实现生产自主化；完善现代中药和医疗器械等产业上、下游相关的产业链
学习型	创新因生命周期而不同，通常为模仿—干中学—创新和研究开发	航空航天等	这类产业需要高度综合的现代技术，涵盖产业相当广泛，应将产业集成创新作为首要目标，实现成果转化基地建设，加速推进产业聚集，完善延伸产业链条

---

① 张贵. 创新驱动与高新技术产业发展 [M]. 北京：社会科学文献出版社，2017.

创新模式	模式特点	适用产业	特点
替代型	创新需要通过彻底更换产品、技术等来实现整个产业的变革	新能源、新能源汽车等	这类产业发展需要实现根本性变革，可通过模块化生产，彻底更换产品、技术等，最终实现整个产业的变革，连接航空航天、电力、通信、交通运输等各个应用领域

2）加强产学研深度合作。关中地区高等院校与科研院所数量众多，要加强产学研创新，充分发挥高校院所的基础研究投入对企业研发的溢出效应，形成以高等院校、科研院所为主体的知识链，使高校院所成为产业带技术创新驱动体系中的知识创新主体和重要支撑力量；要推动高新技术企业与具有相应优势的高校院所、科研机构进行合作，充分释放高校院所的创新优势，将科研创新能力转化为实际生产力。为深化关中高新技术产业带上的产学研合作、促进科技成果孵化转化，可以采取以下三种合作模式：

模式一："校企合作"模式，如西北大学与延长石油集团联合成立的"延长西大"先进技术研究院的工程技术研究中心模式，陕西科技大学食品与生物工程学院和西安百跃羊乳集团有限公司合作的羊乳研发重点实验室模式，百度人才智库团队与西北工业大学计算机学院开展的基于"面向商务智能的跨空间数据关联关键技术"的课题研究模式。

模式二："校校合作"模式，如西北工业大学与深圳清华大学研究院为支撑和推动军民融合科技与产业创新联盟生态体系、军民两用科技成果创新孵化体系，进行战略合作的模式。

模式三："校地合作"模式，如为支持铜川中医药产业发展，设立陕西中医药大学铜川研究中心；为促进农业高新技术成果转化，西北农林科技大学和渭南市大荔县联合建立"西北农林科技大学创新发展培训基地"；为促进宝鸡当地企业创新发展，建设"交大—宝鸡"科技成果转化与技术转移平台；等等。

（2）军民融合。

1）启动国家军民融合创新示范区建设。作为军工大省，陕西具有推动军民融合发展的天然基础和比较优势，核、航天、航空、船舶、兵器和电子六大行业齐全，产业基础雄厚，已建成西安兵器产业园、西安航天产业园、阎良航空产业园等一批军民融合产业基地，形成了行业门类齐全、产学研相互配套的比较完整的国防科技工业综合体系，承担了以推动军民融合发展为重点的全面创新改革试验任务。西安航空、航天、兵器基地和汉中航空产业基地等军民融合基地园区形成了特色鲜明、配套条件较为完善、集群效应凸显的发展态势，4 个基地均被批准为国家级军民融合产业示范基地。军民融合产业是关中高新技术的基础性产业，也是支柱产业之一。借助产业带的集聚和辐射功能，大力推动军民融合，发挥军工优势带动地区经济发展，发挥门类较为齐全的军工板块及国防系统骨干单位在关中地区的聚集效应，形成汽车、空调压缩机、安全消防装备、节能环保装备、射频连接器、物联网、航空、卫星导航应用等军民融合优势产业。组织实施军民融合重大项目建设，打造关中军民融合特色产业。

2）深入推进央地融合、省部融合。在 2012 年"央企进陕"活动中，陕西省与五大军工集团公司签订了总投资上千亿元的 84 项军民结合重点项目建设协议书，已有 61 项项目落地建设。在 2015 年新一轮"央企进陕"活动中，再次签订了"十三五"总投资 1000 多亿元的 65 项重点项目建设协议书，[①] 要逐一细化 425 项总投资 1.56 万亿元的央企地方签约合作项目落实方案，确保开工建设。此外，陕西省与国家国防科工局、航天科技、航空工业、中国航发、中国商飞等深化合作，服务国家战略，主动融入国家军民融合产业体系。用好军民融合产业基金，建设国家军民融合知识产权协同运用示范基地，重点在工业机器人、先进复合材料、电子信息、增材制造等领域组建 10 个军民融合产业联盟，培育一批"民参军""军转民"企业，促进"产学研用政金"全要素融合，加快军民科技、央地企业、产业金融、军地经济融合。[②] 形成民用航空、民用航天、高端装备制造、电子信息、特种化工、新材料、新能源七大军工特色主导产业，军工民品发展实现高端化。

3）健全军民融合统筹机制。强化多领域、全要素创新资源的优化配置，实现军民科技创新、产品创新和服务创新。推动军工企业进行股份制改造和混合所有制改革，按产业链、创新链优化整合地区军工资源，深化军工单位跨地区、跨行业、跨所有制开放式合作。以推进西安全面创新改革试验为契机，加快西安航空基地、西安航天基地、西安兵器工业科技产业基地、西安高新区军民融合产业园等基地园区建设。搭建军民融合技术资源、公共服务平台，促进高精尖军用技术和先进科研成果就地民用转化，加快民用行业产能向军品科研生产转移，加快军用重点实验试验设施共享试点，推动军民技术、能力双向交流。促进军民融合、央地融合、部省融合。加快推进中国西部科技创新港、空天动力研究院、西

① 沈谦. 陕西推动军民深度融合构筑发展新高地 [N]. 陕西日报，2017-05-14.
② 唐冰. 陕西推动军民深度融合构筑发展新高地 [N]. 各界导报，2017-09-19.

工大无人机技术产业化基地、卤阳湖民机试飞基地建设。支持西安光机所建设先导技术研究院，建设西安增材制造研究院、空军军医大学国家分子医学转化科学中心，加快"一院一所"模式推广。深入推进区内制造业军民融合项目发展，尝试搭建军民共用信息服务平台，联合一批重要军工、民用实验室，探索试验设施共享机制，并依托此种共享机制，建设军民两用技术项目孵化中心和实验基地。积极牵头省内重点军工单位与区内重要制造业企业的强强联合，加速军民技术相互转化应用，推动区内百亿元级军民融合龙头企业的形成（入驻），推动更多军民融合制造业企业上市融资。

（3）创新创业。

1）创新企业孵化机制，加速产业成果转化。充分发挥关中西安、咸阳、宝鸡、杨凌地区国家级和省级孵化器作用，利用省孵化器协会的媒介作用，加强全省各企业孵化器之间，孵化器与科研机构、中介服务机构、风险投资机构之间的联系，协调各方关系，定期举办各种培训，提供信息服务等，增强各企业孵化器的孵化能力，使其促进科研成果转化、孵育创业企业和培育企业家的潜力得以充分发挥，推动关中高新技术产业的发展。为高技术在孵企业提供专业公共技术、企业培训、项目申报、商业策划、技术贸易、投融资、创业导师等各项专业服务，提升孵化器对中小科技企业的培育作用。构建完整的创业孵化服务链条，实现孵企业"创业苗圃—孵化器—加速器—科技园区"的无缝链接发展路径；完善创业辅导链条，形成由创业导师、创业辅导员、创业联络员共同构成的创业辅导团队，目前全省拥有创业导师 350 余人；形成流动性专家库，专家库由不同类型的专家构成，包括创业培训专家、创新技术类专家、成功企业家、投融资专家等，创业导师从专家库中挑选，为入孵企业提供投资价值评估和创业辅导服务。

2）搭建虚拟孵化平台，解决跨区域孵化资源分布不均的问题。目前陕西省企业孵化器主要集中在西安市、咸阳市、宝鸡市和杨凌区，其中西安市占据了绝大部分比重。而企业孵化器在西安市主要分布在 6 个区，分别为高新区、经开区、碑林区、阎良、长安区和雁塔区，特别是高新区有 13 家，占最大比重。关中高新技术产业的培育和发展，离不开孵化器的支撑。因此，一方面应该加快咸阳市、宝鸡市、渭南、铜川和杨凌示范区的孵化器建设；另一方面可以打破地域限制，搭建虚拟孵化平台，通过虚拟孵化网络平台将关中高新带在孵企业以虚拟组织的模式渗透到科技孵化网络中，利用现代信息技术，以常规孵化为基础，以互联网为媒介，以网络为载体，全天候、全方位为本地和远程的在孵企业提供信息咨询、企业诊断等服务，进一步拓展创业孵育的功能，发挥资源配置的作用，通过对企业的孵化促进关中高新带高技术产业的发展。目前全省对公共技术服务平台投资额超过7亿元。

3）发挥创新创业联盟作用。在关中高新带内全面推广企业内创促转型、院所自创促发展、高校众创促转化三大创新创业模式，形成创新创业联盟，吸引创业投资机构、社会创业服务组织、行业领军企业等培育社会力量积极参与，着力构建适应大众创新创业需求和特点的低成本、便利化、全要素、开放式的创新创业服务体系，为创新创业者提供良好的工作空间、网络空间、社交空间和资源共享空间，实现创新与创业相结合、线上与线下相结合、孵化与投资相结合。建立众创空间及孵化器评价指标体系，根据评估结果予以支持。加快市场化改革步伐，创新运营模式。

4）建立众创空间服务体系。鼓励和支持陕西省省属大中型企业建设专业孵化器、创客空间等创业服务平台，开发战略性新兴产业重大产品，培育发展高新技术产业，推动企业转型升级；大力推广复制"光机所"经验，支持科研院所建立众创空间，孵化高新技术项目，培育高新技术企业；实施高校众创空间全覆盖计划，鼓励高等学校围绕优势专业领域建设众创空间，建设以科技人员为核心、以成果转移转化为主要内容的众创空间。2016年，"西安市众创示范街区"正式授牌，规划建设总面积30万平方米的众创空间。高标准认定了第一批11家众创空间，面积超过3万平方米，创业咖啡、开源组织、创客空间等为创客的聚集提供了有效载体。"创途在XIAN"已成为西部众创空间的标杆，进驻创业团队超过100个，获得天使资金额已过亿元。以创业园为代表的各类综合和专业性孵化器30家，其中国家级孵化器14家，涉及集成电路、光电子、节能环保、新材料、生物医药等新兴产业领域，孵化空间超过300万平方米。[①]打造"众创大赛+众包平台+种子天使"三位一体的助推模式。加快建立科技成果众包、众筹平台，支持陕西众创空间、"创途在XIAN"、西安北航科技园众创空间等建设。发挥天使投资、风险投资、科技成果转化引导基金作用，促进科技与金融紧密结合，大力培育高新技术企业、"瞪羚企业"，促进高成长性中小企业加快发展。定期举办各级、各类、各领域创新创业大赛，通过大赛和媒体开放产学研用、大中小微等各类市场主体需求，引导参赛团队众包需求、参加竞赛；引导金融机构密切关注、及时跟进，深入推进注册资本登记制度改革，简化办事流程，激发创业活力，

---

① 《高新区座谈会工作总结汇编》。

2016 年上半年注册企业 3673 家，企业总数累计超过 3 万家；构建良好的机制和环境，建立专业化众创孵化器；加快建设高端人才聚集高地，吸引海内外高层次人才进入孵化器创新创业，在关中高新技术产业带上着力形成新的产业体系，2016 年上半年西安高新区共引进国家"千人计划"5 人，总数达到 35 人。

（4）内外开放。

1）借力新一轮"西部大开发"，坚持对内开放。强化与东部高新技术产业开发区的合作交流。加强与京津冀、长三角、泛珠三角的产业与科技对接；进一步推动陕西高新技术产业开发区与中关村、东湖、张江、深圳、苏南、天津等国家自主创新示范区之间的合作交流，共同探索示范区建设的有效做法；积极推动与京津唐都市经济圈、中原经济区和长江经济带各类科技园区，建立更为紧密的战略合作关系，在创新合作模式、招商引资、品牌输出、产业转移等方面加强有效的衔接合作；密切与西部高新技术产业开发区的对接融合。大力推动与丝路沿线甘肃、宁夏、青海、新疆等省区以及成都的高新技术产业的融合发展，促进我国西南、西北腹地高新技术产业一体化发展。探索园区共建等异地合作模式，积极与西部各市地区开展合作，共建高新技术产业园区，完善现有产业链配套，开展高新技术产业的区域分工协作。支持西安高新技术产业开发区与西部地区各地方开展合作，采取设立分支机构、输出服务、人员培训等模式共建高新技术创业苗圃、创新型孵化器、加速器、创业社区等"众创空间"，实现高新技术资源跨区域流动共享。

2）发挥自贸区"虹吸效应"，推进对外开放。要全面提升关中高新技术产业带国际化水平，围绕发展高新技术产业的需求，积极引进发达国家的资本和技术。努力扩大同国际大跨国公司、大企业、大财团的合作，吸收更多的跨国公司来陕西设立地区总部和技术研究开发中心，同时鼓励企业"走出去"，组建合作园区，将"高水平引进来与大规模走出去"有机结合，促进丝绸之路经济带国际内陆港、自由贸易区、国际金融中心、大数据中心共建共享，互联互通；支持关中高新技术企业向海外拓展，鼓励和支持技术出口带动成套设备出口，扩大国际技术贸易。积极参与国际科技合作计划，创新丝绸之路经济带合作机制，鼓励打造一批国际性交流合作平台。积极实施高新技术产业"走出去"战略，重点建设塔吉克斯坦、吉尔吉斯斯坦、尼日利亚等一批海外产业园，推动在高新技术发展方面开展全方位、多层次、高水平的技术和产业合作交流。[1]借力自贸区的政策

---

① 《开发区发展启示录》。

扶持，加快对外开放进程，成为丝绸之路经济带新的增长极，使关中高新技术产业带和丝绸之路经济带并轨发展。2014~2016 年，陕西与"一带一路"沿线国家及地区进出口贸易额超过 730 亿元，投资合作的国家和地区从 11 个增加到 26 个，投资额从 3.8 亿美元增长到 12.8 亿美元，在陕西对外投资总额中的占比从 19%提高到 34%。关中国家西部创新中心依附于丝绸之路经济带新起点建设，西部创新中新要实现"内外并重"，既要把对内开放摆到更加突出的位置，同时也要在安全高效的基础上有序推进对外开放。陕西自贸试验区正式挂牌至今，自贸区新增注册企业 6114 家（外资企业 58 家），新增注册资本 1856.6 亿元（外资企业注册资本 28548.72 万美元）。其中，三星电子二期项目正式启动，总投资 70 亿美元；注册资本 100 亿元的西安国联新能源投资管理合伙企业入驻西安经开区；注册资金 30 亿元的中民投国际物流融资租赁有限公司落户西安国际港务区；亚马逊云网络服务平台、鸿海集团云智慧科技、（意大利）丝绸之路国际文化艺术研究院中国区总部等落户西安浐灞生态区；等等。海航现代物流、华侨城"文化+旅游+城镇化"综合项目、世界苹果中心等一批千亿元级投资项目和交易平台纷纷落地，向西沿着丝绸之路打造出一条"共商、共建、共享"的发展之路。

（5）文化发展。

1）弘扬陕西优秀传统文化。文化产业的蓬勃发展能够极大地增加西部创新中心的吸引力。推出一批弘扬陕西优秀传统文化的精品，在全国乃至世界树立起陕西独特的文化品牌；打造陕西特色文化示范基地，通过典型示范带动，让陕西优秀传统文化融入群众生活；要充分利用陕西优秀传统文化传承基地，把全省广大青少年作为教育普及主体，引导他们熟知陕西优秀传统文化，使文化自信融入血脉；利用"一带一路"倡议机遇，"走出去"举办各种形式的陕西传统文化展演和交流活动，让优秀文化走出陕西、走向世界。陕西关中厚重的文化积淀形成了独特的风土人情和独有的地域文化，孕育了许多文学佳作，"影视陕军"也不断掀起陕西热。目前，陕西共拥有影视制作机构 361 家，电影电视剧年均产量居全国第六位，过去五年间陕西共有 7 部作品 13 次荣获了中国电视剧飞天奖、金鹰奖和中宣部"五个一工程"奖，21 部影片在国内外荣获了 57 项大奖。陕西的影视剧涨势喜人离不开陕西文化产业大环境的滋养。过去五年陕西省文化产业投入约 37 亿元，累计支持了 580 多个文化产业项目，30 多个省级重大文化产业项目正在有序推进。文化是旅游的灵魂，过去五年陕西的世界文化遗产数量从 1 处增加到 8 处，游客量也不断攀升，2015 年共接待游客量 4.49 亿人次，同比增长超过 16%，旅游总收入达 3800 多亿元，同比增长超过 26%。

2）深入推进文化产业供给侧结构改革。加强顶层设计，加快建立比较完善的文化产业综合协调机制。禁绝低俗供给，有效规避"劣币驱逐良币"现象；减少低端供给，推动文化业态创新。加大对文化企业的支持力度，降低文化企业准入门槛，确保民营、国有企业享受同样政策保障。在财政、税收、立项、用地等方面加大支持力度，切实降低文化产品的生产成本。进一步壮大文化市场主体；加快推进公司制、股份制改革，努力培育一批核心竞争力强的骨干文化企业。鼓励发展互联网创业平台、交易平台等新型创业载体，扶持一批"专、精、特、新"中小微文化企业。健全文化产业投融资支撑体系，鼓励各金融机构在融资条件、授信规模等方面向文化产业倾斜。进一步拓宽社会资本的投资领域和范围，健全多层次、多元化、多渠道的文化产业投融资体系，在融资条件、授信规模上向文化产业倾斜。注重品牌效应，带动产业发展。

3）推动文化科技创新，补齐文化制造业短板。以国家级文化与科技融合示范基地建设为契机，大力推进陕西省文化与科技深度融合。按照"传统与新兴并重"的思路，促进传统文化产业升级，发掘更多新兴延伸产业。例如以智能制造与高新技术互为支撑的形式推动铜川市陶瓷产业发展，依托资源优势，坚持绿色、低碳、环保的理念，重点发展建筑陶瓷、工业陶瓷、民用陶瓷等现代陶瓷；通过研发推动，人才支撑，加快发展紫砂产业，把陈炉陶瓷工业园打造成陕西著名的陶瓷工业园；通过实施"互联网+"行动计划，推动文化与制造、物流、金融等产业深度融合，加大互联网技术在新兴产业中的发展与创新，大力倡导互联网创新创业，着力发展新兴互联网文化产业，推动传统文化产业转型升级，着力构建具有陕西特色的现代文化产业体系，补齐陕西文化制造业的短板。促进文化创意和设计服务与制造业、特色农业、旅游业等相关产业融合发展。创新应用技术，以西安市唐延路创意产业先导基地、曲江文化创意产业园模式大力发展文化创意园区。其中，西安高新区唐延路创意产业先导基地聚集了华为、大唐和中兴等一批国内外知名创意企业，通过研究制定政策，加大资金、税收和投融资等方面扶持力度，为软件、动漫、广告等文化创意企业提供了良好的发展条件和环境。西安曲江文化创意产业园则采取了"曲江模式"，以市场化和国际化运作等手段、大项目支撑等战略，充分挖掘其文化创意资源，并经过演绎和创意而高效地转化为市场产品。

5.3.3.4　制度创新

（1）以西安交大创新港为示范。依托项目平台，服务国家战略，加强人才培养，将创新港作为西部创新驱动发展的先导区、科教改革和技术创新的示范区、创新创业与生态宜居的融合发展区，创建西部人才集聚的高地，将中国西部创新港科创基地工程打造成为一个地标性历史建筑。通过西部科技创新港这一崭新平台，引领中国西部乃至"一带一路"的创新发展，聚集超过5万名高素质人才，成为中国西部人才科研高地，实现人才、信息、资本等市场要素的穿梭流动。① 通过整合全球资源，重点围绕电力电子、高端装备制造、能源与动力、新材料等九大创新工程平台（中心）建设，深度开展国际化合作，集聚高端人才，建设以高校为知识创新主体、以企业为技术创新主体、以创新港为技术扩散转移主体的创新产业生态链，形成多学科融合、多团队协同、多技术集成、产学研用长效合作的技术研发与应用大平台、大工程，共同推进科研成果的产业化、工程化，实现创新资源的协同效应和科研开发的规模效应；同时，充分发挥创新港的"吞吐"能力，通过实施"吞吐并行，创新升华，循环流转"的发展路径，使创新港成为西部区域创新平台，成为融合开放具有国际影响力的智慧学镇。

（2）坚持人才兴区战略，优化人才引进政策，构建人才落户体系。创新完善"以用聚才"的人才引进机制，强化引智平台搭建，以科技创新园、高端装备产业园等专业园区为依托，引进各类高端创新创业人才。组织开展"专家服务企业对接会"，帮助企业与专家结对子，建立合作关系；做好产业引才，围绕新材料、高端装备制造等战略性新兴产业引进人才，促进人才与产业相融、与企业互动、与项目对接，形成高端人才引领、高端产业集聚的良好格局；加大柔性引才力度，发挥政府主导作用，深入推动产学研合作。建立以市场、知识、业绩等为核心的人才评价体系，探索市场化的人才评价激励机制，探索科技成果使用处置和收益管理改革，完善职务发明、科技成果转化制度，使创新人才更多地分享成果收益；创新高层次外籍人才出入境政策，研究区域优化高层次外籍人员出入境政策。加大对符合创新发展需求的国内外高端人才的吸引力度，形成人才集聚体系。建立健全良好的用人机制和激励机制，树立公平、公正、竞争的优良作风，营造尊重知识、尊重人才的良好氛围，努力为人才的集聚和知识的发挥创造有利条件，达到吸引高端人力资源和防止人才流失的目的。从长远来看，在关中高教资源丰富的背景下，应树立牢固的"优先发展教育"的思想，加大教育投资力度，为西部创新中心的发展储备人才。

---

① 戴海花，陈瑾. 中国西部科技创新港：正在崛起的"智慧城"［N］. 陕西日报，2017-08-10.

（3）加强财政支持。认真落实"稳定工业增长 21 条""促进民间投资若干意见"等政策，通过省级产业母子基金运作，推行股权投资，把省级财政预算安排用于产业发展和基础设施建设等领域的相关资金变为基金，直接集中投资于产业园区、公共平台、龙头企业、科技成果转化、中小微企业创业创新等关键领域和重点项目，包括陕西省新型产业培育、现代服务业发展、文化旅游发展、传统产业改造提升、PPP 模式的基础设施建设，以及省确定的重大事项，发挥出财政资金统筹引导和杠杆撬动放大作用，有效吸引社会资本投入实体经济，支持陕西省产业结构优化升级。从 2014 年开始，陕西省政府陆续出台了《关于省级财政支持中小企业发展资金股权投入管理办法》《关于进一步改进财政支持产业发展方式的意见》和 《陕西省产业发展基金管理办法》，经过 3 年发展，陕西省由政府投资 56.7 亿元推动成立的 28 只产业发展基金，目前总规模已达 835 亿元，还将带动 778.3 亿元的社会资本投资，用于支持陕西航空航天、医药、集成电路、高端装备、大数据、新材料、军民融合、旅游、文化等产业发展；[①] 成立信用担保基金，通过融资担保、再担保和股权投资等形式，为科技型中小企业提供信用增进服务；鼓励保险机构通过投资创业投资基金、设立股权投资基金或与国内外基金管理公司合作等方式，服务科技创新企业发展；鼓励在陕保险公司积极推出符合科技创新企业需求的保险产品，针对科技创新企业在产品研发、生产、销售各环节以及数据安全、知识产权保护等方面提供保险保障方案。

（4）构建知识产权驱动型创新生态体系。鼓励建立以企业为主导，产学研合作的产业技术创新联盟，培育建设一批产业特色鲜明、优势突出，具有较强影响力的专业化知识产权运营机构，要针对产业开展高价值专利培育，形成专利密集型产业，从而实现对市场的牵引。要用知识产权把产业上下游串联起来，在产业内形成专利池，发挥专利的整体价值，按照"一产业一方案、综合施策"的办法，加快完善知识产权密集型产业统计分析制度，制定知识产权密集型产业目录和发展规划，继续推进知识产权密集型产业培育发展工作。严格按照《促进科技成果转化若干规定》，突破科技成果定价、处置、收益等方面的障碍，明确对成果转化的金融支持、财税政策及评价机制，通过构建校企新型研发平台、军民融合"人才池"、产业联盟"专利池"等转化通道和载体，破解科技成果转化"最后一公里"的难题。加大简政放权力度，完善科技管理体系，最大限度释放科技创新潜能，破除体制机制的障碍，将更多的创新成果更快地转化为现实生产力。

---

① 张小莉，杨华. 800 多亿元省级产业基金力促陕西产业结构优化升级 [N]. 陕西科技报，2017–10–17.

高价值专利源于创新、成于法律、活于经济、显于市场，高价值专利培育离不开知识产权创造、运用、保护、管理、服务等各个层面。要通过开展高价值专利培育工作，带动关中高新技术产业提质增效、经济转型升级，为完善西部创新中心知识产权提供有力支撑。

第6章 成为"一带一路"重要节点战略方案

贯彻国家"一带一路"倡议，落实《陕西省推进建设丝绸之路经济带和21世纪海上丝绸之路实施方案（2015~2020年)》确定的战略目标和任务，需要通过发展外向型经济，推动高水平高标准自由贸易试验区、经开区和关中国家级西部创新中心的建设，推动陕西省建设西部开放中心和经济增长极，成为"一带一路"的重要节点。

6.1 陕西省成为"一带一路"重要节点的内涵及测度

在"一带一路"倡议和西部大开发战略的指导下，我国积极推进东西部地区共同发展，有利于地处西部的陕西省发展外向型经济。陕西省外向型经济的发展，应抓住向西开放，拓展"一带一路"国际市场和国际资源，进一步激发自贸区、经开区的经济发展活性，在扩大对外开放中加快发展外向型经济，以外向型经济发展推动陕西省更高水平的对外开放，实现陕西省"追赶超越"的战略目标。

6.1.1 陕西省成为"一带一路"重要节点的内涵

陕西省成为"一带一路"重要节点的内涵，就是立足自古以来陕西省在"一带一路"相关国家和地区经济、政治、文化交流中的源头作用，在国家的支持下，充分发挥自身的经济地理优势、科技与教育优势，通过内陆地区发展外向型经济的创新模式，成为国家"一带一路"大战略中经济相通、政治互信、文化交融的重要节点。

外向型经济的概念最早是美国经济学家 Balassa（1961）利用经合组织和世界银行的资料，在对"二战"后一些国家发展经济的成功经验进行研究的过程中，将样本按照对外开放程度划分时提出的。经历了从 Balassa（1961）的刺激出口型，到 T. N. Srinivasan（1985）的出口导向与进口替代并存的发展战略，阿尔伯特·费萨罗（1986）政府主导出口与内需（进口）兼顾的战略，再到克利斯特·冈纳森（2005）出口导向型经济的发展过程。

面对当前全球经济下行压力增大、开放度下降和价值链成本上升的外部环境，在"一带一路"倡议和西部大开发战略背景下，结合陕西省自身的资源禀赋，提出陕西省（内陆）外向型经济的内涵：是为推动陕西省经济增长，以国际市场需求为导向，以出口为中心，参与国际分工，吸引国外投资，提升资源效率，而建立的经济结构和开放性经济运行体制。陕西省通过发展外向型经济，以确立在国际产业链的中、高端地位。

陕西省是"一带一路"的重要经济、政治、文化节点。古长安是丝绸之路的起点，中国的地理中心，连接东西部和"一带一路"特别是丝绸之路经济带的文化交流纽带，陕西省成为"一带一路"重要节点有历史渊源。陕西省是"一带一路"的重要政治节点。延安是中国共产党的发源地，国家政策的重要策源地之一，中国与"一带一路"国家的政治交流活动，陕西省是先行先验区。陕西省是"一带一路"的重要经济节点，是西北地区经济中心、交通中心，对外交流活动丰富，其人员流动加强了陕西省与"一带一路"国家的经济联系，使中国的优势资源与"一带一路"国家便捷地连接在一起，成为"一带一路"的重要节点。

陕西省通过发展外向型经济成为"一带一路"重要节点。外向型经济是我国对外开放战略的经济表现，对外开放战略与内陆西部地区经济发展需求的结合，是"一带一路"倡议提出的基石。对外开放需要分步骤分区域逐步实现，带动西部地区全面发展，陕西省就是重要节点实施过程中的着力点。外向型经济需要对外交流，陕西省发展外向型经济会加速陕西省与"一带一路"国家的对外交流，形成双向的人员流动，增进双方之间的理解，实现陕西省文化与"一带一路"文化的融合。陕西省外向型经济的发展，是内陆对"一带一路"的经济实践，将促成西部对外开放的政策修订，促进陕西省对"一带一路"的外向型经济发展。

总之，陕西省发展外向型经济，有利于陕西省经济、政治、文化的改革和开放，使陕西省成为"一带一路"的重要节点。具体概念模型如图 6-1 所示。

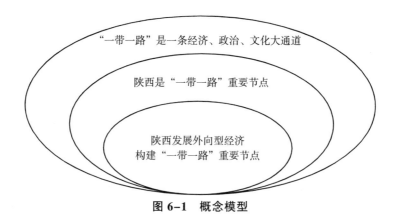

图 6-1　概念模型

通过对我国不同地区的外向型经济发展进行进一步的实践总结发现，地区政策和经济资源禀赋是推动其发展的关键因素，因此外向型经济表现为区域开放政策主导、"两种"资源禀赋约束和"政策+资源"双轮双向驱动的特征。

6.1.1.1　开放政策主导

对外开放是地方经济发展的一项制度，具有很强的政策倾向性，同时，不同地方对区域经济的发展总是受到自身经济资源禀赋的约束，这导致外向型经济的实施需要考虑其主导因素。外向型经济作为我国的新生事物，在政策指引下开始微观试点。实践过程中政策与区域经济发展不断互动，所以这类外向型经济内涵具有显著的政策烙印。

对 1980 年因国家政策导向而设立的深圳特区外向型经济研究，王守仁（1985）最早提出外向型经济是发展中国家实行开放型经济的一种方式和途径；其后我国总结深圳发展经验，经济特区大量成立，外向型经济成为经济国策，吴能远（1991）进一步发展其内涵，认为外向型经济是发展中国家在工业化过程中的一种经济发展战略；随着外向型经济在全国的推广和市场制度的不断完善，特区外向型经济开始转型发展，莫世祥（2005）提出外向型经济是开放型经济的雏形，转型的关键在于调整外向型经济的出口导向、加工贸易依赖、比较优势缺失等方面；金融危机前后，外向型经济的发展遭遇巨大困难，国家出台相关政策扶持特区经济发展，各地纷纷根据自身的产业特点，走差异化的发展道路，冯苏宝、贾怡君（2010）据此发展外向型经济内涵，认为其是以贸易投资自由化为导向，与国际经贸规则全面接轨，在制度上实现贸易、金融、投资、运输"四大突破"。当前全球经济新常态下，党的十九大提出将加强我国的对外开放，"以'一带一路'建设为重点，坚持引进来和走出去并重，遵循共商共建共享原则，加强创新能力开放合作，形成陆海内外联动、东西双向互济的开放格局"，特区进入创新驱动下的外向型经济转型周期，外向型经济全面向中西部地区推广。

总之，政策倾向影响下的我国外向型经济的内涵，经历了从开放型经济的一种方式，到工业化的战略，再到国际化的格局的变化过程，外向型经济的内涵伴随政策的调整不断得到深化和发展。

6.1.1.2 资源禀赋约束

以点及线，经济特区的外向型经济发展具有显著的带动作用，周边省区利用自身的资源禀赋推动外向型经济迅速发展，学术界对外向型经济内涵的研究也呈现出资源禀赋特征。典型经济资源禀赋包括人力资源禀赋、能量资源禀赋和物质资源禀赋，不同地区依据自身禀赋特点，丰富外向型经济的实践。

物质资源禀赋型是依托地区物质资源池的外向型经济模式，典型代表地区为河南省、湖北省、湖南省。刘一光（1988）最早开始汇总研究河南地区的外向型经济实践，提出外向型经济就是利用本地物质资源搞好内外经济"两个循环"，注重国际经济一体化的总趋势和大格局，注重劳动生产率的国际比较，讲求比较优势，求得比较利益；随后，邹英姿（2006）、陈昌焕（2007）根据中部地区外向型经济的发展实践，进一步扩展外向型经济内涵，增加经济要素——产业结构、金融组合、信用环境和企业实力等；之后胡戴新（2008）、黄伟（2009）丰富了外向型经济的测度方法；后金融危机时代，周游（2015）对湖南外向型经济进行实证研究，提出将地理位置、政策环境、生产要素、旅游产业等因素加入外向型经济系统，进一步丰富了外向型经济内涵。物质资源禀赋是外向型经济系统的实体支撑，经济实体会随着外向型经济的发展而得到不断丰富。

能量资源禀赋型是依托地区科技资源池或矿产能源池、信息资源池等的外向型经济模式，典型代表地区为广东省、浙江省等。深圳市的外向型经济发展直接影响到广东地区，广东依托与深、港、澳便捷的信息资源流通，以及自身较完整的产业体系，使外向型经济迅速发力。张元元（1985）总结广东做法，从静态、动态两个角度提出外向型经济的内涵，从静态来说是一种经济模式，实行这种经济模式必须参与国际分工；从动态来说是一种经济发展方式，把对外经济贸易作为导向性的行业，通过对外贸易活动来引导和带动整个区域经济的发展。随后，广东省外向型经济发展实践遭遇了外汇兑换成本高、高通胀率、技术设备引进和风险防范困难等方面的经济运行问题，外向型经济的运行机制问题逐渐显露，广东省通过构建自身的科技资源池和更大的对外开放得以解决。此后，杨国美（1994）首先进一步完善了外向型经济的两种资源的内涵，提出需利用好生态环境这个资源,进一步发展外向型经济的内涵;中国加入 WTO 后,广东外向型经济优势进一步显现,朱乃新(2003)、马典祥(2004)、张翰文(2006)将外向型经济与区域经济增长相联系,证实外向型经济的内生增长性;后危机时代,广东转入外向型经济的高级阶段开放型经济模式。能量资源是外向型经济的发展动力,科技创新、信息流通和能量利用是外向型经济动力的主要来源。

人力资源禀赋型是以地区人力资源池为发展重点的外向型经济,典型代表地区是山东省、河北省、江苏省。具有人力资源优势的地区外向型经济发展相对较晚,刘宝江、刘家起(1988)根据青岛胶南地区的人力资源优势实际,提出外向型经济是充分利用人力资源丰富和工资成本低的优势做大加工出口,更多地吸收国外资金和技术;外向型经济的发展需要一批掌握国际市场经营技巧,熟悉国际经济、政治、文化诸因素相互作用复杂过程的外向型经济人才,对人力资源禀赋下的外向型经济内涵的理解走向深入;直到金融危机爆发前,钮中阳、朱同丹(2008)对江苏的外向型经济发展进行进一步研究后提出,人力资源的开发所带来的科技创新,可以促进江苏外向型经济的可持续发展,人力资源禀赋与创新活动紧密联系起来;金融危机后,人力资源禀赋在外向型经济中的重要性得到进一步提升,田一万(2011)更是依据对廊坊经开区外向型经济的研究,提出人力资源是外向型经济可持续发展的"第一资源"。人力资源禀赋对外向型经济的内涵提升提供了很好的实践。

总之,能量资源禀赋是推动外向型经济的动力,物质资源禀赋是外向型经济的支撑,人力资源禀赋是外向型经济高质量发展的保障。

6.1.1.3 两轮双向驱动

以线带面,外向型经济在部分省区的实践经验,迅速推广到全国,尤其是对经济落后的西部地区和部分内陆地区。这些地区的经济资源薄弱,经济体系落后,需要通过更强有力的政策倾向和资源扶持才能够发挥外向型经济的促动作用。

最早关注到全国外向型经济局势的是张鸿儒、张锡侯(1988),通过对全国的外向型经济分布状态进行研究,提出内陆要配合沿海地区、沿海要带动内陆地区外向型经济发展,建立具有内地特色的外向型经济结构和管理体制,逐步实现加入国际大循环的战略;西部地区深居内陆,能量资源禀赋比东部差,交通不便、信息滞后,加之政府首先实施向东部沿海倾斜的经济政策,使得其外向型经济起步较晚。吉文秀(1991)研究西部地区的外向型经济实践,认为西部地区的外向型经济发展,在很大程度上决定着中国经济发展的后劲和前景,提出西部外向型经济就是建设边境自贸区、出口加工区、经济特区、利用外资的资源开发和与东部衔接的发展模式。随后，胡小娟、伊力哈木·托合提等（1992~1995）进一步拓展研究外向型经济在西部城市化和行业发展中的应用研究，丰富了外向型经济在经济落后地区的实践内涵。2000年开始的国家西部大开发战略，加大了西部地区外向型经济发展的政策倾向，使西部外向型经济内涵得以重新定义：大力发展西部地区具有区位优势的对外贸易，实现西部投资主体多元化以加大开发力度，积极引进外资参与，使其与西部地区的资源优势相结合，发展特色经济，逐步全方位、多层次、宽领域扩大开放。郑伯红、汤建中（2002）等学者认为，外向型经济以重视对外贸易、参与国际分工、扩大商品出口和积极利用外资发展本地经济为特征，是经济全球化的结果。随后十年，西部外向型经济开始发力后危机时代，魏曙光（2016）、邓世缘（2017）分别针对西部地区不同省份的外向型经济的发展进行重心再调整，提出跨越式发展进入开放经济时代的战略思想。戴翔、张二震（2017）等进一步提出西部地区外向型经济的"三外"即外资、外贸和外经，从空间、结构和活力三个维度发展突破的举措。政策倾向和资源辅助可以有效推动西部地区的外向型经济发展，也由此带来外向型经济的跨越式提升。

总之，政策主导和资源禀赋，对外向型经济发展具有显著的推动作用，外向型经济内涵随着地区政策倾向的变化、三大经济资源的动态调整而变化。政策倾向与该地区的国际、国内环境紧密相关，经济资源与自身的前期积累相关。由此，本书认为：陕西省地区外向型经济发展需分析当前的陕西省经济运行环境和经济资源现状。

6.1.2　测度指标

发展外向型经济，需要根据当前的国际经济环境和国内政治、经济环境，结合外贸领域的显性指标，把握外向型经济的特征。陕西省拥有优越的政策支持和西部地区丰富的经济资源，但长期以来经济总量较小，急需通过发展外向型经济改变陕西省经济现状。外向型经济作为陕西省对外开放的重要措施和实践"一带一路"倡议的核心内容，不仅对陕西省经济增加出口创汇能力具有重要作用，同时还为引进陕西急需的资金、技术、设备、原材料等提供条件。陕西省作为内陆省份，长期以内向型经济发展为主，而"一带一路"倡议带来的新需求，要求陕西省发展外向型经济。陕西省外向型经济的发展，需利用好"一带一路"沿线国家和中国东部省份的两种资源、两个市场，合理调整陕西省产业结构，提高自然资源和人力资源的流动效率，加速陕西省外向型经济发展。

外向型经济的测度,需选择能够表征内陆省区对外开放水平的测度指标。我国外贸领域的对外开放,尚未达到世界贸易组织发展中缔约国的水平,陕西省作为西部核心省份,外向型经济受到的约束更为显著。国内企业进口限制较多、关税水平偏高,对外贸经营活动有一定限制;国际投资和对外金融活动限制较多,外商投资实行审批制而非登记制;控制外商投资领域,国内企业海外投资活动审批较严,严格控制对外金融交易;外汇管理实行较严格的外汇制度,对资本项目控制较严。因此,陕西省外向型经济发展状态,可以选择显性对外贸易指标表征。具体测度包括:外资依存度(引进外资额、对外投资额/经济总量)、外贸依存度(商品、服务贸易额/经济总量)、加工服务贸易依存度(加工贸易额/进出口总额)、国际人才交流度(入境人数/总旅游人数),结果如表 6-1 所示。

表 6-1　陕西省发展外向型经济,成为"一带一路"重要节点测度

单位:%

指标名称	陕西省测度水平	重要节点初级目标值(中国平均)	重要节点中级目标值	重要节点高级目标值	陕西省初级目标完成度
对外开放度	2.16	111.40	133.68	167.10	1.94
外部投资比重	1.59	1.14	1.37	1.71	139.47
商品贸易比重	2.73	221.65	265.98	332.48	1.23
"一带一路"人才交流度	45.37	21.74	26.09	32.61	208.69
服务贸易比重	0.01	0.80	0.96	1.20	1.25
合计	51.86	356.73	428.08	535.10	14.54

资料来源:《陕西统计年鉴》(2017) 和《中国国家统计局 2017 年公告》。

由表 6-1 可知,陕西省成为"一带一路"重要节点的优势在于人员交流和吸引外资(均超过重要节点中高级水平),但商品、服务贸易和对外开放度是陕西省的短板,综合达成度仅 14.54%。

6.2　建设的现实基础

外向型经济作为陕西省对外开放的一项重要措施和建设"一带一路"重要节点战略的核心内容,不仅对陕西省增加出口创汇能力具有重要作用,同时还为引

进急需资金、技术、设备、原材料等提供条件。陕西省作为内陆省份，长期以内向型经济发展为主，而"一带一路"倡议带来的新需求，要求陕西省发展外向型经济。

6.2.1　各行业对外开放水平

陕西省通过发展外向型经济成为"一带一路"重要节点。作为陕西省"五新"战略实施的重要组成部分，需要在商品贸易和服务贸易领域达到全国平均水平以上，尤其是对"一带一路"国家和地区的贸易水平，以成为"一带一路"重要节点。商品贸易需要在传统资源行业和高新技术产品领域，高效利用国外特别是"一带一路"国家的资金、技术、人才和管理经验，以经开区为突破点，延长经开区内企业所在产业链的长度，提升生产商品的技术含量，实现商品贸易规模的跨越式增长。服务贸易依托陕西省深厚的文化底蕴和教育、科技优势，以自贸区为支点，与"一带一路"国家发展以教育输出、服务外包等形式进行人文交流，实现服务贸易上台阶。

更好地发挥外贸、外资对陕西省经济发展的作用，通过各行业全面对外开放，发展外向型经济，成为"一带一路"重要节点。衡量外向型经济水平的标准是区际外向性和国际外向性。合理的外向型经济活动能满足国际市场需求，从而促进社会经济的进步和人民幸福度的提高。区际外向性以区际分工和区际开放为标准，国际外向性以物资贸易和人员流动为标准。陕西省客运和货运行业对外开放度平均超过重要节点初级值15%，其他行业领域开放度则平均低80%，金融领域开放度和市场活跃度差距较大，如表6-2所示。

表 6-2　陕西省对外开放水平

指标类型	指标名称	指标定义	陕西省测度值	初级重要节点水平值	差距(%)
生产行业	第三产业分工度	(地区二三产业就业人数/地区三大产业就业人数)/(全国二三产业就业人数/全国三大产业就业人数)	0.6398	1~1.2	-36.02
	区内货运依存度	地区货物运输量/全国货物运输量	0.0364	0.03	21.33
服务行业	区际劳动力流动度	地区国内旅游收入/地区 GDP	0.0061	0.03~0.1	-79.67
	区际客运活跃度	地区客运量/全国客运量	0.0337	0.03	12.33
	国际旅游依存度	地区国际旅游收入/GDP	0.0002	0.03	-99.33
	观念开放度	地区第三产业年末从业人员比例	0.2968	0.4~0.6	-25.80

续表

指标类型	指标名称	指标定义	陕西省测度值	初级重要节点水平值	差距(%)
市场活跃度	区际市场活跃度	地区社会商品零售总额/地区 GDP	0.0133	0.4~0.6	-96.68
	外贸依存度	地区 FDI/地区 GDP	0.0026	0.1~0.3	-97.40
金融行业	信息开放度	地区互联网普及率	0.4774	1~1.2	-52.26
	货物贸易依存度	地区进出口总额/GDP	0.0038	0.1~0.3	-96.20

注：以重要节点初级目标值对应形成各行业平均范围。

资料来源：根据《陕西统计年鉴（2016）》和《中国统计年鉴（2016）》整理所得。

进一步从外贸依存度和外资依存度两个指标对陕西省外向型经济的对外开放性进行测量与评价。计算公式分别是：外贸依存度=进出口总额/GDP；外资依存度=实际利用外资额/全社会固定资产投资。结果如图 6-2 所示。

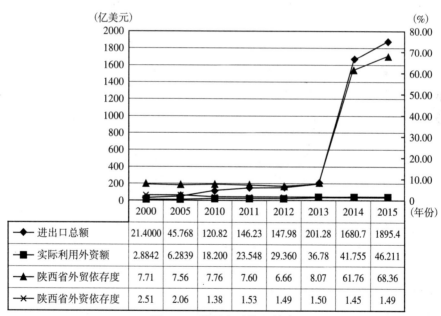

	2000	2005	2010	2011	2012	2013	2014	2015
◆ 进出口总额	21.4000	45.768	120.82	146.23	147.98	201.28	1680.7	1895.4
■ 实际利用外资额	2.8842	6.2839	18.200	23.548	29.360	36.78	41.755	46.211
▲ 陕西省外贸依存度	7.71	7.56	7.76	7.60	6.66	8.07	61.76	68.36
✕ 陕西省外资依存度	2.51	2.06	1.38	1.53	1.49	1.50	1.45	1.49

图 6-2　陕西省对外开放度

2000~2012 年，外贸依存度保持稳定，在 2014 年、2015 年，受国际港务区和内陆海关成立的影响，外贸依存度急剧上升至 61.76%、68.36%，说明陕西省外向型经济在政策调整后发展迅速。从外资依存度看，实际利用外资额呈增加趋向，但外资依存度却处于停滞不前的状态，说明陕西省在利用外资方面没有取得突破。

总之，陕西省外向型经济发展仍处于起步阶段，发展相对滞后。在互联网时代背景下，陕西省跨境电子商务、国际物流等外向型产业已得到快速发展，但从发展深度看，仍然处于表层阶段，企业规模小、存货周期短是其主要特点。开放型经济对金融、物流、绿色产业等第三产业将起到巨大的推动作用，通过第三产业带动第一、第二产业获得更大的发展空间。大力探索对外开放发展外向型经济，对陕西省成为"一带一路"重要节点意义重大。

6.2.2　各行业经济贡献

陕西省外向型经济的发展势头良好，出口增长尤为显著，优于全国平均水平。其中，2017 年上半年，按行业分，高技术和装备行业占全省进出口九成，高技术行业和矿产品业增速近 50%，说明陕西省的外向型经济中重工业的贡献突出，但在全国的统计货物进出口数据中的比例普遍偏小，不及理论平均的 1/3；按贸易类型分，加工贸易增速要大于一般贸易，总量接近一般贸易的三倍；按企业性质分，外资企业增速优于国有企业增速，国有企业优于私营企业，外资企业的贡献占全省的 3/4、全国的 1/5。陕西省外贸增长的产业结构如表 6-3 所示。

分析陕西省外贸经济的产业结构数据可以发现，陕西省外贸经济总体规模可观，发展潜力巨大，但由外贸产业产生的拉动作用却很弱，不及全国平均水平的 1/3；在外贸产业中外商投资的加工贸易型行业企业占到其中的 3/4，国有企业和私营企业表现平稳，对外贸产业贡献很小（占比超过全国平均水平，认为具有重要作用；超过全国 20%，认为具有主导作用）。调节陕西省产业结构的关键在三个方面：

一是利用国际资源优化产业结构。吸引国际资源进入可以弥补陕西省地区投资不足的短板，带来就业；同时，外资带来的技术设备和管理方法往往生产成本更低，可以提升陕西省的劳动生产率，促进陕西省产业结构升级。生产产品以外销为主，带动周边产业的外向型经济发展。

二是通过对外贸易提升陕西省经济开放性。出口贸易使得陕西省企业在国际市场中参与竞争，增加陕西省经济的开放性，同时成功的企业贸易的累积，倒逼陕西省经济体制开放；对外贸易从原材料向高附加值产品出口的结构性调整，需要突破传统外贸政策，使经济开放取得质的提升。

三是参与国际分工提升陕西省在国际产业链中的地位。陕西省以自身占据优势的经济要素（自然资源、劳动力资源和科技资源），提升生产效率和高附加值

表6-3　2017年1~6月陕西省外贸增长的产业结构表

指标名称	全省			按行业区分					
	进出口总值	出口	进口	机电产品进出口	高新技术产品进出口	文化产品进出口	矿产品进出口	农产品进出口	纺织品进出口
绝对值	1202.3	686.52	515.78	982.48	339.19	1.75	71.33	30.11	10.88
同比增长率（%）	26.97	42.72	10.71	27.05	49.54	27.17	92.45	11.93	8.28
占全省外贸比重（%）	100	57.10	42.90	68.43	23.62	0.12	4.97	2.10	0.76
占全国货物进出口比重（%）	5.33	5.52	5.11	1.00	0.62	—	1.24	0.32	0.18
重要节点目标达成度（%）	177	184	170	33	21	—	41	11	6

指标名称	按贸易类型分		按贸易企业性质分			对"一带一路"国家		
	加工贸易进出口总值	一般贸易进出口总值	外商投资企业进出口	私营企业进出口	国有企业进出口	进出口	出口	进口
绝对值	921.99	319.63	896.03	173.36	132.09	133.16	103.39	29.77
同比增长率（%）	36.65	27.05	30.46	13.66	23.34	13.80	15.63	7.87
占全省外贸比重（%）	76.69	26.58	74.53	14.42	10.99	11.08	15.06	5.77
占全国货物进出口比重（%）	1.62	0.43	19.63	6.66	5.31	0.81	1.14	0.40
重要节点目标达成度（%）	54	14	654	222	177	27	38	13

注：经济指标平均分布下各省比重约为3%。

资料来源：《中华人民共和国商务部2017上半年统计公告》《陕西省商务厅2017上半年统计公告》。

加工能力，从"一带一路"进口自然资源和农产品，利用低成本高质量的科技加工能力生产商品，向世界市场出口，提升其在世界产业链中的地位。

6.2.3 加工服务贸易

外向型经济状态由加工服务贸易占总进出口比例主导。陕西省对外贸易中加工贸易主要为来料加工，其进口料件不进入国内市场，而是经加工装配后直接出口，来料加工贸易对 GDP 产生影响的只是进出口差额部分，出口创汇能力强。出口加工贸易增长速度快，是重点发展领域；对外承包工程和进料加工绝对数额大、增长速度快，是陕西省服务加工贸易的关键。具体如表 6-4 所示。

表 6-4　陕西省加工服务贸易及增长率

单位：万元，%

	2014 年	2015 年	2016 年	增长率		2014 年	2015 年	2016 年	增长率
进口来料加工装配贸易	30731	27765	40203	10.27	出口来料加工装配贸易	35836	42437	41181	4.97
进口进料加工贸易	4371260	4934811	5613786	9.47	出口进料加工贸易	4986599	5797881	7300299	15.47
进口来料加工装配进口的设备	0	2054	0		出口对外承包工程出口货物	90771	141899	122526	11.66
进口出料加工贸易	286	59	1216	108.39	出口出料加工贸易	65	5	733	342.56
合计	4402277	4964689	5655205	9.49	合计	5113271	5982222	7464739	15.33

陕西省发展加工服务贸易的关键，是连通全国大市场、培育大品牌、建设特色大基地、构建大产业的战略规划，把加工服务贸易产业建设成为大服务、大生态的重要支撑产业。走绿色、和谐、特色、健康的多品种、高品质、高价值的特色发展道路，引领新常态发展，使陕西省加速由生态和谐省向生态美省、富省、强省转变。切实贯彻落实习总书记提出的"绿水青山就是金山银山"理念，把陕西省建设成为全国生态文明试点，谱写中国梦的陕西篇章。

6.2.4 自贸区、经开区作用

自贸区和经开区作为陕西省外向型经济发展的关键区域，对其所在城市和陕西省的外向型经济发展起到积极的促进作用。截至 2017 年 10 月，我国拥有自贸试验区（以下简称自贸区）11 个，国家级经开区（以下简称经开）219 个，其中陕西省拥有自贸区 1 个、经开区 5 个。

6.2.4.1 自贸区外向型经济现状

"一带一路"倡议激发了我国对外投资的热情，自贸区提供了资本和商品走向"一带一路"的平台，以及进一步释放区域市场活力的途径。陕西省自贸区建设正逐步集聚陕西省的资本和商品，且已取得一系列的经济、政策成果。

（1）外资企业占比高。陕西省自贸区成立的短短半年时间，三大片区在利用外资规模和外资企业入驻数量上，取得了不俗的成果。仅 2017 届丝博会期间，陕西省自贸试验区就签订外资项目 22 个，投资总额 22.6 亿美元。陕西省自贸区各片区 2017 年上半年经济运行情况如表 6-5 所示。

表 6-5　陕西省自贸区各片区 2017 年上半年经济运行情况

	新增企业数量（户）	新增注册资本（亿元）	其中外资企业数量（户）	其中外资企业注册资本（万美元）
中心片区	4619	1311.75	55	21372.62
杨凌片区	308	27.82	5	1402.06
国际港务区片区	657	394.1	4	6500
自贸区合计	5584	1733.67	64	29274.68

资料来源：陕西省自贸区网站 2017 年 1~6 月统计公告。

（2）自贸区潜力大。陕西省自贸区短时间内集聚大量外资和项目，进一步评价其集聚水平，发现其潜力巨大。陕西省自贸区三大片区地处关中经济圈核心，企业注册资本、新增资本和新增企业数在西安的占比和在全省的占比可以反映其外向型经济的集聚质量。根据 2017 年上半年陕西省工商总局、西安市工商局公布的企业信息和自贸区管委会公布的运行情况数据，整理得到 2017 年上半年陕西省自贸区外向型经济资源集聚水平，如表 6-6 所示。

表 6-6　2017 年上半年陕西省自贸区外向型经济资源集聚水平

	新增企业数量（户）	新增注册资本（亿元）	其中外资企业数量（户）	外资企业注册资本（亿美元）
自贸区	5584	1733.67	64	2.927468
自贸区占西安的比例（%）	0.66	18.34	32	23.49
自贸区占陕西省的比例（%）	—	14.61	—	8.76

资料来源：陕西省统计局 2017 年 1~6 月经济运行统计公告。

表 6-6 中显示，自贸区新注册的企业数量占西安和陕西省比例较小，但注册资本金增加显著，说明新增企业多是经济实力强的企业。其中，外资企业的增加尤为明显，数量占比接近 1/3，吸引外资所占西安和全省比例较小，说明自贸区注册的外资企业规模较小，数量较多，对外向型的发展要求较高的企业在入驻。究其原因：自贸区挂牌后，有利于劳动生产效率更高、商品价格更低的企业通过入驻自贸区降低交易成本，增加经济收入，而对于劳动生产效率较低的企业，其收入是否得到提高取决于由建立自贸区所产生的贸易创造效应和贸易转移效应。可见，自贸区产生阶段也会增加陕西省全社会的总收入，同时，参与自贸区的成员数目与外向型经济水平的高低呈正相关关系。

6.2.4.2 自贸区发展外向型经济存在问题

自贸区中入驻有境外投资企业、到境外投资创办企业的企业和扩展国际市场的外向型企业，这些企业的经营、发展和需求存在差异，导致自贸区在定位和管理上的问题突出，表现在以下方面：

（1）通过自贸区到境外投资创办企业的需求协调困难。通过自贸区到境外投资创办企业的目的：开展多种形式的国际经济合作，促进本企业外向型发展；充分利用国外资源，促进本企业出口的发展；引进先进技术和科学管理的方法；及时掌握国际市场的信息；促进对外承包工程和劳务。差异化的发展需求，对自贸区的管理规范化、透明化、便利化等方面的需求程度不同，导致自贸区管理难度增加。

（2）企业所有制性质不同，涉外法制频繁。目前自贸区内投资企业有三种所有制形式：一是中国的公司、企业或其他经济组织在国外或港澳地区同外国或港澳地区的公司、企业或个人，按照所在国或地区的法律规定，共同投资兴办的合资经营企业；二是中国的公司、企业或其他经济组织在国外或港澳地区，同外国和港澳地区的公司、企业或个人，按照所在国或地区的法律规定，共同投资兴办的合作经营企业；三是中国的公司、企业或其他经济组织在国外或港澳地区按照所在国或地区的法律规定，单独投资开办的独资经营企业。不同国家关于企业管理的法律法规不同，企业涉外事务增加自贸区管理复杂程度，带来自贸区管理困难。

（3）陕西省自贸区中存在向外向型转化不同阶段的企业，使自贸区发展定位困难。从属生产阶段，企业主要从事来料加工，其他主要由外商负责，需要自贸区定位通关便利；自主生产阶段，企业已经能够独立地生产出口产品，需要自贸区定位国际需求信息平台；自主经营阶段，企业不仅能独立地生产出口产品，而且能自主地开发和销售适合国际市场需要的产品，需要自贸区定位国际供给信息平台;跨国经营阶段,企业拥有雄厚的资金和技术实力,在更高层次上参与国际分工和竞争,需要自贸区定位国际环境保障平台。不同阶段的企业并存,导致自贸区定位困难。

总之,要处理好陕西省自贸区改革在中国整体改革中的定位,理顺自贸区发展实体经济和虚拟经济之间的主次关系,把握好自贸区内部的区别与联系,设计出能复制、推广运用的自贸区管理模式。

6.2.4.3 经开区外向型经济现状

国家级经开区在陕西省的陕南、陕北和关中都有分布,结合省市级开发区实现对陕西省经济的全面引领,其中国家级经开区所实现的经济贡献尤其显著。

(1)外向型产业聚集。经开区"实施三新战略助力建设万亿级工业大走廊",实现了国内外知名企业落户、八大产业集群齐聚经开区的盛况。截至 2016 年末,经开区累计入区企业 28000 余家,38 家世界 500 强企业投资项目 57 个,31 家大型央企投资项目 107 个。2017 届丝博会暨 21 届西洽会上,经开区成绩又创新高,经开区分团共征集签约(成果)项目 80 项,项目总投资 14520841.6 万元,其中,内资项目 69 项,总投资 14201296 万元;外资项目 11 项,总投资 46992 万美元,签约项目投资额在区县和开发区中排名第一。西洽会后中交天和西安装备制造有限公司、日本岩谷产业株式会社等入驻经开区。现在陆续有投资体量大、科技含量高、辐射范围广的项目签约入驻,对于打造经开区的产业集群有巨大的带动作用。

(2)改革先行,出口成果显现。西安经开区经济制度改革坚持先试先行的理念:产业结构调整上,电子、生物医药、航空航天以及现代服务业等依托园区发展起来,改变农业和传统工业主导的产业格局;产城融合上,开发区成为城镇化的重要载体,成为新型城区;人才培养上,开发区培养了大批高层次的技术和管理人才,改变以农民和国企职工为主的从业人员结构;所有制结构调整上,由此前多为国有企业,转变为大量民营企业、股份制企业、外资企业入驻,建立现代企业制度;管理体制改革上,经开区多采取管委会(政府派出机构)主导、集团公司运营的模式,进行市场化体制的探索,服务灵活、高效。改革的成效初步显现,国家级经开区的外向型经济现状如表 6-7 所示。

从表 6-7 可以发现,国家级经开区的出口和使用外资,承担全省开发区九成和全省经济的七成,投资规模和工业投资占比均超过五成,可以说国家级经开区是陕西省开发区的代表,同时也是经济发展的动力源。

陕西省经开区的成效是在改革开放背景下,积极参与全球产业分工、集聚加

表 6-7　国家级经开区的外向型经济现状

单位：万元，%

指标名称	工业总产值	规模以上工业增加值	实际利用外资	实际到位内资项目资金	出口总额	固定资产投资
国家级开发区绝对额	2719.55	720.32	26.35	1321.64	515.24	1309.36
占全省开发区比例	68.20	69.10	95.80	72.40	99.20	59.70
占全省 GDP 比例	1.09	3.54	38.40	57.01	75.05	1.09

资料来源：陕西省统计局 2017 年 1~6 月工业经济运行统计公告。

工制造活动的结果。经开区的经济发展是全球产业结构调整、转移与廉价劳动力、土地资源优势以及外资优惠政策的一种新组合，利用劳动力和土地等经济要素禀赋和政府优惠政策的吸引力，基于交通运输条件和政府依法行政状况对经开区绩效起到正促进作用。陕西经开区在改革过程中，政府管理部门减少经济要素的竞相压价和盲目比拼财税优惠；适当遏制劳动力和土地成本的过快增长，加强交通等有助于克服交易成本的基础设施环境建设；优化政商环境，充分发挥市场机制的基础性作用，提高依法管理陕西省经济的意识和水平。总之，陕西省经开区的发展尊重加工制造活动对区位选择的内在要求，抑制生产成本的同时关注交易成本的降低，以技术进步和制度创新促进陕西省经开区的持续健康发展。

6.2.4.4　经开区发展外向型经济存在的问题

陕西省经开区发展外向型经济有自身的独特优势，但也存在发展的问题。一是来自经开区的体制原因，目前的经开区实行的是传统的政府派出管理模式，面临着行政和产业发展、经济发展之间的矛盾，并且问题越来越突出；二是经开区之间的竞争使产业布局同质、同构化，导致在招商引资中的竞争压力越来越大；三是经开区的管理机制、管理人员需要提升能力和素质。具体来说：

（1）经开区数量少，总体规模偏小。长期以来，陕西省的经开区作为全省改革开放的先行者和试验田，已经成为陕西省经济发展的强大引擎和扩大开放的排头兵，但与东部省市经开区相比较，无论是数量还是规模都偏小。陕西省拥有国家级开发区 5 个，仅占全国总量的 2.3%，省级以上开发区数量在全国排名第 13 位，数量仅相当于江苏的 1/4、浙江的 2/5。全省大约 8 个县（区）有一个经开区，且省级以上开发区规模以上工业增加值占全省比重不到 20%。

（2）空间分布不均衡，产业发展不平衡。纳入统计监测的经开区中，陕南和陕北各有 1 家，其余 3 家集中在关中。国家级、省级开发区发展差距很大，国家级经开区重点发展先进制造业、战略性新兴产业，已经形成特色优势产业集群，部分省级开发区还没有上规模的知名企业，没有外资进入。

（3）产业竞争力不强，产业趋同化现象严重。从整体上看，入区的大项目、龙头项目不多，辐射带动作用有限，产业集群还没有发展壮大。一些经开区主导产业定位不明晰，缺乏特色，功能定位不够明确，在招商引资过程中存在盲目性、趋同性，集聚效应不够，对企业的吸引力不强。

6.2.5 "一带一路" 人员交流

人才总是从发展中国家流向较发达国家和发达国家。据联合国开发总署统计，目前发展中国家在国外工作的专业人才已达 50 万人，并且以每年 10 万人的速度递增，其中亚太地区人才外流最为严重。发展中国家的人才正大量流入英国、法国、德国、加拿大和澳大利亚等国及一些东欧国家；较发达国家一方面从发展中国家输入人才，另一方面又向发达国家输出人才；从发达国家流向少数发达国家，由于美国、法国、德国和日本等国家采取了高薪聘请和提高科研经费等办法，致使一些发达国家人才外流也很严重。全球呈现出人才从发展中国家向发达国家流动，从发达国家向少数发达国家流动的全球大流动的趋势。

陕西省外向型经济的发展不仅会对 "一带一路" 国家产生外贸作用，同时会带来技术外溢和社会交流。由于 2016 年和 2017 年的统计资料还未公布，根据陕西省和国家公布的 2016 年统计年鉴数据，陕西省吸引 "一带一路" 国家人员交流情况如表 6-8 所示。数据表明，陕西省吸引 "一带一路" 国家人员的能力较强，超过全国的平均水平近一倍，达到重要节点的标准。且 2010 年至今，来陕交流的 "一带一路" 国家人员数量不断上升，与此形成鲜明对比的是全国吸引 "一带一路" 人员数量基本保持稳定，甚至出现小幅萎缩。陕西省在吸引 "一带一路" 人员交流过程中起着重要作用，陕西省外向型经济的发展会对 "一带一

表 6-8　陕西省与 "一带一路" 人员交流

单位：万人，%

年份	2011	2012	2013	2014	2015	2016
全国入境人数	2995.99	2986.42	2900.6	2918.7	2909.6	2815
全国增速	4.07	-0.32	-2.87	0.62	-0.31	-3.25
陕西省入境人数	135.1857	169.2409	171.6441	139.78	172.1382	195.3709
陕西省增速	37.07	25.19	1.42	-18.56	23.15	13.50
陕西省占全国的比重	4.51	5.67	5.92	4.79	5.92	6.94
重要节点初级目标达成度	136.73	171.73	179.32	145.12	179.28	231.35

路"国家产生拉动作用。

人员的交流加强，同时带来科学技术的快速发展。陕西吸引"一带一路"人员交流的优势，带来陕西科技水平的提升，主要表现为三类专利的申请量和授权量。由于 2011 年数据缺失，仅有 2012~2016 年陕西省的专利申请量和授权量数据，如表 6-9 和图 6-3 所示。

表 6-9　陕西省专利情况统计

指标（件）	2012 年	2013 年	2014 年	2015 年	2016 年
一、申请量总计	43608	57287	57512	74904	69611
发明专利	17043	26487	24399	17322	22565
实用新型专利	16392	26157	16067	21449	27149
外观设计专利	10173	4643	17046	36133	19897
二、授权量总计	14908	20836	22820	33350	48455
发明专利	4018	4133	4885	6812	7503
实用新型专利	9158	13936	15405	16151	17084
外观设计专利	1732	2767	2530	10387	23868

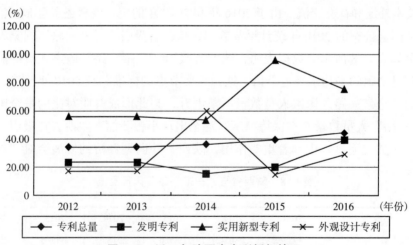

图 6-3　近五年陕西省专利授权情况

专利申请量、授权量连续五年上升，说明陕西省的科技水平不断提升。但从授权比率看，实用新型专利增长显著，且转化比率较高；发明专利也呈现快速上升的趋势；外观设计专利波动巨大，且授权率普遍较小。总之，陕西省吸引以"一带一路"国家为主体的人才交流，稳步推进了陕西的科技水平提升，为陕西成为"一带一路"重要节点提供保障。

6.2.6　陕西省建设的现实基础述评

陕西省外向型经济结构失衡，涉外经济可持续发展后劲不足。长期以来，政府强调把出口作为带动对外贸易发展的重点来抓，对出口实行多种鼓励和优惠政策，出口保持较高增速，而对进口的关注和重视程度较低。

陕西省面临"一带一路"经济新常态，2017 年体现得尤为明显。本书通过对西安海关统计的 2017 年 1~6 月数据进行整理，从外商投资、对外开放和产能合作三方面，把握陕西省外向型经济的运行现状。经开区的产业分工格局正在发生重大变化，越来越多的低收入经济体参与到全球低端劳动密集型产业链的竞争中。发达国家力推"再工业化"，在全新技术水平上引导高端制造业回流。服务贸易、服务外包成为热点，一定程度上抵消了全球货物贸易增速的下降。新技术革命不断催生新的产业、新的业态，推动全球价值链向新的领域延伸。陕西省经开区的体量较小，且内部存在较大的地区间发展差异，从而决定了各类产业都有漫长的生命周期。为了追逐劳动力等生产要素成本的地区间差额，沿海劳动密集型产业可以向陕西省梯度转移；东部制造业集聚地区仍有机会延续"欧美研发、中国制造"的格局，继续发挥配套和效率优势。同时，陕西省凭借不断积累的人力资本，加大研发力度，在一些战略性新兴产业领域，如航空航天、文化产业、高技术产业，致力于谋求与世界同步发展。

陕西省的产业资源具有较强的外向性特征。传统劳动密集型行业依然需要出口导向，继续发挥传统比较优势；资本密集型重化工业面临过剩，需要在稳定境外原料供给渠道的同时，开拓"一带一路"市场消化产能；政府主导的重大装备制造业需要国际市场分摊研发成本，形成规模优势；新兴行业需要从外部汲取养分，在国际竞争中寻找方向，逐步发展壮大。发展外向型经济是陕西省实现"追赶超越"的重要路径之一，目前陕西省主要发展以自贸区和国家级经开区为中心的外向型经济，但它的实现，要求有利的国际环境和区内有一定的经济基础及其资源优势，以增加在国际市场上适销对路的商品推广，逐步完成向外向型经济的转变。陕西省部分经开区企业已经在尝试多维度、多层次的对外开放，并逐渐影响到区域内的相关产业如金融、文化教育、绿色产业等，带动陕西省经济获得更大的提升，彰显出陕西省对外开放的新活力。

在互联网时代，陕西省具备外向型经济发展条件最优的自贸区和拥有最优组合的经开区，需进一步激活外向型经济活力，加入到国际化竞争的大潮中。

6.3 建设思路及具体方案

6.3.1 建设思路

经开区对陕西省成为"一带一路"重要节点意义重大，天然开放的自贸区是陕西省成为"一带一路"重要节点的新领域。陕西省开放度数据表明，企业和金融服务开放度差距平均差 30 倍，商品生产和服务业开放度平均差 60%；外部投资比重细分表明，经开区利用外资占全省的 57%，出口占全省的 75%；商品贸易比重细分表明，机电行业（分布于经开区）、高技术企业（分布于经开区、高新区）和外商投资（分布于经开区）贸易效果突出；人员交流度趋势表明，"一带一路"来陕交流人员数量及速度双升，重要节点地位已经体现；服务贸易比重细分表明，以专利授权代表的陕西省服务贸易增速逐年下降，2015 年仅 2.1%。依据中心边沿和集聚发展理论，陕西省需抓住外向型经济的核心，多层次、大范围逐步构建"一带一路"重要节点，以自贸区和经开区为发展重点，双头牵引，多点发力，带动陕西省经济发展。

双头牵引：陕西省国家级经开区完成全省利用外资的 57%、出口的 75%，是陕西省外向型经济发展的"一头"；自贸试验区成立半年在利用外资规模和数量上，占到全省的一成和两成，是陕西省外向型经济发展的新动力，也是"一头"。抓住自贸区、经开区这"双头"，发展商品和服务贸易，带动陕西省外向型经济发展。

多点发力：商品贸易领域，在机电行业（分布于经开区及城市周边地区）、高技术行业（主要分布于省级以上经开区、高新区），利用外商投资（主要分布于国家级经开区、自贸区）发展对外贸易；通过服务加工贸易（每年平均创造 100 亿元的净收益）提升地域辐射能力，在文化教育行业（"一带一路"来陕交流人员数量及速度双升）实现科技化。对"一带一路"国家在商贸、服务和文化领域全维度开放，构建"一带一路"重要节点。

总之，陕西省外向型经济仍处于起步阶段，国家级经开区和自贸区发展相对滞后。所以大力发展外向型经济，建设好国家级经开区和自贸区这个关键，对陕西省成为"一带一路"的重要节点意义重大。

6.3.2 具体方案

经开区为陕西省外向型经济发展提供基础，自贸区为陕西省外向型经济发展提供平台，两者协同发力，带动陕西省全域外向型经济发展。

6.3.2.1 双头牵引

自贸区、经开区是促进区域经济发展的典型模式，经开区与自贸区的融合成为陕西省追赶超越、实现发展突破的一个新方向。经开区、自贸区的发展实践证明，发展外向型经济，既可以扩大本地区的对外贸易，增强创汇能力和扩大产品外销，又有利于引进先进技术、设备和管理经验，培养人才，获得国际市场信息，并辐射转移先进技术和科学管理方法。

（1）自贸区引领。自贸区引领主要通过内陆自贸港的贸易复合机制，吸引大量跨国公司事业部入驻，带动陕西省高技术装备出口跨越式增长。

1）创新复合贸易机制，带动周边产业集聚发展。创新自贸区在国际贸易中的引领作用，帮助机电产品和高技术产品生产模块化，推动陕西省机电、高技术设备制造业"走出去"；营造自贸区产业融合优势，架设陕西省对"一带一路"国家文化服务业与高技术装备制造业融合的产业转移通道；创新自贸区辅助市场功能，以"一带一路"国家基础设施建设为先导，促进陕西省道路建设和航空装备行业产能国际合作。发挥自贸区贸易便利化优势，主动把握"一带一路"国家市场需求，突出外贸企业在自贸区的合作，协调各方利益，有计划、有步骤地开拓"一带一路"沿线发展中国家市场。整合自贸区对外开放的复合优势，吸引跨国公司事业部来陕布局，带动陕西省周边行业发展。促进陕西省建立"一带一路"旅游行业标准"走出去"。陕西省自贸区依靠自身的资源禀赋优势，进行合理的产业分工，并通过自由贸易区使贸易参与方甚至全世界的经济都受益，进而带动陕西省经济发展。推动陕西省的国际价值链体系构建是当前外向型经济发展的重要目标，尽管陕西省在"一带一路"相关国家和地区已经初步形成了利益环流，但是距离打造重要节点的国际价值链体系仍存在较大差距。总之，推动"一带一路"战略的实施，需要灵活处理各种关系，推动贸易机制创新，带动周边产业集聚发展。

以模块化为基础推动制造业"走出去"。为突出核心优势、降低成本，结合比较优势，可以将一些相对附加值较低、非核心的制造业生产模块外包给"一带一路"沿线的国家，充分利用沿线国家的劳动力优势和市场潜力，提高生产效率，促进产业结构优化升级；通过模块分解，陕西省制造业致力于开发核心技术模块，增加核心模块的附加值，不断强化和巩固核心模块的控制地位，占据价值链的高端环节，形成陕西省"智"造优势。同时，陕西省可以在充分了解沿线各国资源优势、生产制造能力的基础上，协调价值链成员国共同提供更加丰富的产品服务组合，集合所有成员国的力量吸引更多的全球客户，增加每个经济体的业务量，促进其形成规模经济，推动工业化进程，实现互利共赢。最终通过区域价值链的紧密分工合作，深化陕西省和"一带一路"沿线国家间的经济关系，进而形成利益共同体。

促进对"一带一路"国家产业转移中的服务业与制造业融合。以发展的眼光看待新全球化发现，当前产业边界日趋模糊，服务业逐步渗透并融入制造业，融合服务业和制造业特征的产业新业态已经成为产业经济发展的新形势。打造以陕西省为核心的"一带一路"价值链，需要在向沿线国家制造业转移的同时，注重对能够为制造业提供支持的各类服务业的产业转移，根据价值链中职能等级的差异，从生产制造扩展到产品定位、设计开发、技术服务等生产性服务环节，持续进行跨国配置，形成遍布"一带一路"乃至全球的生产服务网络。当前应注重对有条件的"一带一路"国家（如金融体系相对稳定、陕西省基础设施投入较多、人员素质较好的国家地区）加大金融、物流、科技服务、商贸服务等行业的投资。

促进陕西省标准"走出去"。尽管相较于发达国家，陕西省标准仍处在较低的水平。但对于工业化水平较低的"一带一路"沿线的许多不发达国家，陕西省标准仍然是较为先进的标准，陕西省工业化发展的模式和经验也是这些国家学习的榜样。尤其是陕西省若加大对这些国家的投资和辅助力度，更是可以在推广陕西省标准方面形成一定的话语权。因此，要全面深化与"一带一路"沿线国家和地区在标准化方面的合作和互联互通，积极推进标准互认，重点推广铁路、电力、钢铁、有色、建材、轻纺以及工程建设等领域的标准"走出去"，从而更好地支撑我国产业、产品、技术、工程等"走出去"，服务于陕西省的价值链打造。

以"一带一路"国家基础设施建设为先导促进国际产能合作。为适应发展中国家需要，陕西省要加大对"一带一路"国家基础设施投资参与的力度，尤其是采用 PPP 模式和 BOT 模式，这对规避对外投资政治风险，带动陕西省出口贸易和产业升级，提升陕西省经济发展质量和国际影响力十分有益。增大对"一带一路"沿线发展中国家区域基础设施的投资和援助力度，促进陕西省装备制造业和钢铁、建材等相关产业产品的出口，消化过剩产能，进而扩大相关行业的海外投资布局，多方位打造境外经贸合作区、境外开发园区等，为产业链条的集群式转移和打造以陕西省为核心的"一带一路"价值链提供良好环境。

突出企业合作，协调各方利益，有计划、有步骤地开拓"一带一路"沿线市场。当前，"一带一路"区域许多发展中国家运用政策、法律等手段逐渐强化国内企业对资源的控制力，实行国内企业联手国外企业合作开发资源的模式。陕西省也应注意到这一点，突出陕西省企业与东道国企业的合作举措，坚持"资源增量共享"和"淡化政治"原则，尽可能地利用东道国本地公司的优势。由于"一带一路"沿线许多国家曾是发达国家的殖民地，尽管它们已经取得独立，但发达国家仍对其具有影响力和较强的控制力，陕西省公司在进入这些国家市场的初始阶段不可避免会受到发达国家的阻碍。由于金融危机的影响仍未完全消除，发达国家在发展中国家市场上扩展往往缺乏资金，处于有心无力的状态，但又不甘心丧失自身的传统地位，面对外部资本的进入，如果不能参与，往往会发动自身控制的社会和政治力量制造麻烦。因此，在开发"一带一路"相关国家市场时，陕西省企业可以考虑与当地企业和发达国家企业建立利益共同体，构建陕西省商品与资本、东道国资源与劳动力、发达国家技术与管理的协调发展机制，探索与发达国家尤其是"一带一路"涉及的发达国家在开拓市场中的合作模式，这样不仅能保护自身合法权益，降低投资风险，而且能有效回避发达国家在东道国设置的发展阻碍，及由于东道国政局动荡带来的消极影响，从而保障陕西省"一带一路"价值链的顺利打造。

总之，"一带一路"是陕西省在全球价值链中构建以陕西省为主导的国际价值链体系的重要平台。在此平台上，陕西省将与"一带一路"沿线国家进行产业链合作，打造以陕西省为核心的新价值链，这不是简单的转移内部产能，而是基于当前世界经济和全球治理格局进行的全球和谐发展战略。一方面，帮助"一带一路"国家提高自主发展能力，开展与陕西省的产能合作，促进其工业化发展；另一方面，推动陕西省的自主创新，通过"一带一路"价值链的打造，平衡国际市场和社会治理，从而促进产业结构升级，实现国际互利共赢。同时，围绕"一带一路"打造以陕西省为核心的区域价值链绝不是一种短期行为，而是一项长期性、全局性的战略规划，陕西省借此机会实现产业结构的转型升级，跻身发达地区行列，也将向"一带一路"国家转移部分产业，培植国际价值链和价值网络，拓展全球市场，形成与"一带一路"区域协同发展的新地缘经济态势。

2）自贸区提供便利条件，利用陕西省优势资源发展。首先，自贸区带动陕西省发展外向型经济过程中，结合中外合资经营、中外合作经营、外商独资经营、补偿贸易、来料加工、来样加工、来件装配等外向型经济形式，坚持全方位、多层次扩大对外开放，发展外向型经济。但要注意外向型经济建立在内在能力（国际交往和国际竞争）基础上。其次，本地区具有与国外进行双向交流（国际经济大循环）的比较完善的经济结构和经济运行体系。最后，在参与国际经济大循环中具有选择能力和管理控制机制。由此，结合陕西省要素禀赋提出具体发展路径：

以峰会拉动发展。借助西洽会、亚欧论坛等重要经贸文体交流平台，促进陕西省外向型经济发展。自贸区充分发挥其政策优势，借鉴吸收国内外自贸区、保税仓库、港务区的运营机制和先进管理经验，构建保税物流中心、电子口岸等国际贸易平台，吸引外部资本来陕投资；抓住"一带一路"历史机遇，推动陕西省不断加大开放。

合理规划矿产出口。陕西省矿产资源种类繁多，蕴藏量丰富，矿产资源储量及其应用价值在全国具有突出优势，是我国实现资源战略转移和战略储备的重要支撑。但在国际贸易过程中，陕西省占比较大的初级资源出口的外汇创造能力差，且经济发展不具有可持续性。建议在市场紧缺资源领域（如钛、钼），联合全国相关企业，控制矿产资源出口份额，提高国际市场资源价格，利用节省的企业资源提升产品的技术含量，逐步恢复市场供给，实现能源深加工产业链的升级和陕西省在国际产业链分工的地位提升。

集聚"一带一路"科技、文化资源。利用人才政策、金融政策等制度，吸引符合关中功能定位的国际高端创新机构、跨国公司研发中心、国际科技组织落户自贸区，鼓励国内企业与国际知名科研机构联合组建国际科技中心，努力使关中成为国际科技组织总部聚集中心。面向"一带一路"建设，引进世界级顶尖人才和团队来关中发展，吸引"一带一路"高端科技成果落地，形成面向"一带一路"的技术转移集聚区。打造农业领域国际合作交流创新平台。积极推进国际旱作农业交流与合作，组建面向"一带一路"沿线国家的高端农业合作联盟和全球农业智库联盟，拓展在农业新技术、新品种、新业态以及节水农业、设施农业、农业装备制造等领域的国际合作。创立国家（杨凌）农业技术标准创新基地，承担农业技术标准的制定工作，提升"杨凌农科"品牌标准的国际化水平。加强自贸区内重点产业知识产权海外布局和风险防控。通过自贸区高端产业集聚，促进西部地区优化现代服务业、先进制造业和战略性新兴产业布局，创新区域经济合作模式。以产业链为纽带，促进西部地区在研发设计、生产销售和物流配送等环节的协同配合，支持西部地区企业通过跨区域兼并重组实现产业转型升级。

自由贸易区制度创新。在研发合作、技术标准、知识产权、跨国并购等方面为企业搭建服务平台，鼓励企业建立国际化创新网络。构筑"一带一路"互动的技术转移网络，加快亚欧创新中心、技术转移中心、文化合作创新中心等国际知识技术转移中心建设，推动跨国技术转移。推进海外人才离岸创新创业基地建设，为海外人才创新创业提供便利和服务，尤其是国内企业在"一带一路"设立研发机构，加快海外知识产权布局，参与国际标准研究和制定，抢占国际产业竞争高地。鼓励国内企业通过对"一带一路"直接投资、进行技术转让与许可等方式实施外向型技术转移。鼓励拥有自主知识产权和品牌的企业开拓国际市场，培育以技术、标准、品牌、质量、服务为核心的外向型竞争优势，提高关中产业在"一带一路"价值链中的地位。促进服务创新国际化，深化关中服务业扩大开放综合试点，加快推进服务标准、市场规则、法律法规等制度规范与国际接轨。鼓励企业统筹开展国际国内贸易，实现内外贸一体化发展，支持进口先进技术和资源类商品，扶持和培育外贸综合服务企业，为中小企业提供通关、融资、退税、保险等服务。

建立以政府部门"负面清单"制度为核心的贸易服务体系。建立一批具有项目对接、海外市场拓展、技术共享等功能的服务贸易公共服务平台。大力发展生产性服务贸易，引导出口企业从生产型企业向生产服务型企业转变，推动金融、保险、物流、信息、研发设计等资本和技术密集型服务出口。推进企业依托海关特殊监管区域开展面向国内外市场的高技术、高附加值的检测维修等保税服务业务。巩固提高旅游、航空运输等传统服务业竞争力，大力促进文化艺术、数字出版、动漫游戏开发、软件开发测试、中医药、技术等服务贸易发展。打造服务外包产业集聚区，培育一批领头企业和国际品牌，提高服务外包产业国际竞争力。支持知识产权服务业集聚发展，完善挂牌竞价、交易、信息检索、政策咨询、价值评估等功能，推动知识产权跨境交易便利化。

探索自贸区各科研院所与西部地区各类企业合作新思路。吸取全面创新改革及知识产权保护的经验，推动有条件的地区建设具有强大带动力的创新型城市和区域创新中心，培育一批知识产权试点示范城市和知识产权强市、强县。创新军民融合发展机制，建立军民成果双向转化"人才池"和"专利池"。建立重点产业专利导航工作机制，建设国家知识产权服务业聚集区。积极推动国家军民融合知识产权运营工作，依托国家知识产权运营军民融合特色试点平台，探索国防专利横向流通转化、国防专利解密与普通专利跟进保护有机衔接、普通专利参与军品研发生产等机制，促进军民科技成果共享共用。推动西部地区军民技术相互有效利用，开展军民两用技术联合攻关，推动产业化发展。

（2）经开区支撑。经开区依托人口红利、土地红利、政策红利等传统优势，从产业集聚区向创新集聚区转型，以科技创新为引领，集聚核心企业产业链，布局民营企业，绿色发展，支撑陕西省发展外向型经济。

1）科技创新引领，集聚核心企业带动全产业链发展。依托陕西省丰富的科技资源，经开区在创新驱动方面的发展理应走在全国前列，成为全国创新的引领区和示范区。作为创新发展的引领区，经开区的转型发展不能脱离现处的全球分工体系，而是要改变核心竞争力的要素来源，即从以往依托通用生产要素（人力、自然资源等），转向依托高端和专用性的创新要素参与国际分工，逐步实现向创新集聚区转型的目标，具体手段如下：

协调先进制造业和现代服务业引领。陕西省经开区主要围绕航空航天、高新技术展开，但由于其独特的市场需求、技术需求和资本需求特征，使得经开区对陕西省相关制造业的发展形成鸿沟。制造业的发展不能停留在产业链和价值链的中高端环节和阶段，而是要依托创新要素的集聚，推动制造业不断发展。需要强调的是，陕西省实现经开区制造业向先进制造业方向转型升级，绝不是制造业自身的"单兵突进"，还需要实现与服务业特别是生产性服务业的协调发展。目前，陕西省经开区服务业发展相对滞后的产业格局尚未出现根本性转变。依托创新要素的集聚，将经开区打造成为先进制造业和现代服务业的集聚区，是经开区转型发展的目标之一。

创新驱动和绿色集约。陕西省经开区投资规模大，单体规模效益高，但产业链中下游技术、经济效益差，影响经开区的快速发展。陕西省经开区自诞生之日起，不仅担负国际战略任务，更担负着先试先行带动周边产业发展的重要职责。将开发区打造成为创新驱动和绿色集约发展的示范区，使高科技企业能够吸收、接纳陕西省产业链中的产品和服务，加快高新技术产业和新兴产业的有效融合，进而加快陕西省经济发展方式转变。

打造新动能。陕西省经开区内的高科技企业向全产业链扩张的发展模式，需要在体制机制上进行创新，发挥高科技企业的技术优势，使技术民营化，形成陕西省产业经济发展的新动能。与一般生产要素作用相比，技术应用创新的作用发挥，需要更加完善的体制机制以及适宜的创新环境和制度保障。这就需要将经开区打造成为开放型经济体制机制创新和新动能强化的引领区。

2）重点布局民营企业，辐射带动城乡一体化发展。加快推进经开区对陕西省的辐射作用，要把"一带一路"建设与之相结合，把陕西省自由贸易试验区和国家级经开区建设相结合，形成两者相呼应的"双轮架构"开放体制，形成以开放促改革、促发展的新局面。激发民营制造业的活力，是弥补"陕西省制造"的

"体制短板"、提升创新能力的快捷途径。

集群发展民营企业。从陕西省的产业结构不难看出,轻工业比重偏低,2017年上半年轻工业总产值增速为-7%。从全国范围看,轻工业产品多由民营企业生产,陕西省的轻工业不发达,反映出民营经济的不发达,经济的活跃度不高,2017年上半年陕西省小型工业企业工业总产值增速为-4.1%。反观制造业最为活跃繁荣的广东、浙江、福建等省,其主体力量都是以民营企业为主的消费品生产业态,形成以五金、家电、陶瓷、小商品、服装、精密零件加工等在全国具有重要影响力的产业集群。消费品制造业生产的产品虽小,可一旦形成集群规模,对提升"陕西省制造"的市场占有率和品牌影响力的作用将不亚于装备制造业。激发民营制造的活力,是弥补"陕西省制造"的"体制短板"、提升创新能力的快捷途径。

产业互补发展。从陕西省经开区的产品技术含量不难看出,陕西省经开区科技水平、工业化水平较高,2017年集中了全省工业固定资产投资和出口的七成。全国主要城市中没有具有如此特征的地区。反映出陕西省产业两极分化严重,高科技企业与一般工业企业之间存在巨大的产业鸿沟。将科技进步的成果推广到所有经济活动中,要集中力量培育部分优势产业在民生方面的创新,引导和促进区内企业逐渐向专业化、差异化方向发展。同时,通过对边缘企业提供针对性、专业化的技术辅导、服务帮扶,推动民生企业提升技术含量,双向发力,提高整个产业链的技术含量。

产城融合发展。经开区对其所在城市的经济贡献巨大,其中,2017年上半年,几乎占西安市经济的五成,占汉中和榆林经济的近七成。经开区的扩张带来更多的就业、房地产建设和社会服务,对于日益兴盛的城市化建设的作用和贡献越来越大,同时也造成园区生产性投入过高而对生活性投入过低的问题。因此,经开区必须从产业园区向城市综合功能区转变,使园区内的先进制造业和现代服务业实现集群、协同发展,把经开区建设成为引领新型工业化和城市化高端智能的集聚区,进而实现经开区与城市的协同发展。

6.3.2.2 多点发力

"双头"内部行业与区外行业间的共生和"双头"所在地区之间的协同发展,是陕西省以点带面"多点发力"的重要领域。

(1)行业交叉创新。在国内成本攀升、国际金融危机和后续欧债危机引发外需下滑的双重压力下,陕西省工业品出口增速明显回落,行业交叉创新迫在眉睫。国际环境恶化,对陕西省出口型产业的经济增长和就业稳定造成较大冲击,外贸企业转型升级的意愿明显增强；综合成本上升以及汇率变动，以"制造成本"优势为核心的陕西省传统行业比较优势进一步弱化，迫切需要在巩固传统优势的基础上，打造新的竞争优势，并取得了一定的进展。高科技行业与现代农业交叉创新智慧农业设施、产品出口；文化产业与对外贸易交叉创新知识贸易和文化设备行业贸易；工业生产与现代服务业交叉创新现代生产服务业。

行业交叉需要抓住市场要素对不同地区出口优势提升的正向作用和组织要素的负向作用。从改善市场秩序和交易环境角度出发，转变外贸发展方式、形成新的出口优势要求提高市场要素投入数量（提高市场交易效率）和改善组织要素投入质量（提高企业并购效益）。应着重加强各地区市场要素的供给，提高企业间契约的执行效率，理顺上下游企业的协作关系，打破地区分割和行业垄断，并通过加强非正式契约载体建设，避免由资产专用性带来的中间品交易效率损耗。由于市场要素对经济发达地区的出口优势贡献率偏低，应进一步重视优化关中的市场交易环境，创新行政服务方式，切实为外贸企业减负。另外，应激发组织要素对各地市出口优势的积极效应，对企业并购等资产交易实行有效监管，降低外贸企业垂直一体化的风险，增强其国际竞争力。在此基础上，配合关中国家级西部创新中心自主创新、布局优化，营造市场要素和组织要素有机结合、良性互动的制度环境，释放微观主体转型升级的活力，从而充分挖掘各地市、不同行业的出口潜能。

尤其对污染密集型行业、利润率较高的资本密集型交叉行业和经济水平较高的关中地区，加大环境规制的强度和广度，提高企业清洁生产的能力和意愿，对于促进陕西省外向型经济转变外贸发展方式、提高工业品国际竞争力具有重要意义。关中地区的环境规制强度越高，其制造业企业交叉发展的水平就越高，污染物治理能力和综合利用率就越高，进而生产技术、产品和生产过程革新改进的速率就越快，且产品出口到国际市场上所面临的技术性壁垒就越少，出口贸易就越具有优势。鉴于不同地区和行业对环境规制的反应不尽相同，必须有区别、有针对性地推进产业转型，重点抓两方面：①应重点加强污染密集型和资本密集型交叉行业的节能减排，促进企业淘汰落后产能，开展循环经济，加快清洁生产技术市场以及污染物和碳排放权交易市场建设，同时要控制劳动密集型行业在产业升级过程中的污染性投资，防止其成为新的污染密集型行业。②在保证关中工业品出口竞争力和环境污染程度"一升一降"的同时，还要重点加大生态相对脆弱的陕北地区的环保力度，避免产业梯度转移中的污染转移，按照主体功能区规划合理安排产业布局。陕西省行业交叉创新如图6-4所示。

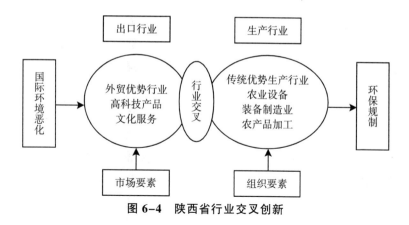

图6-4 陕西省行业交叉创新

（2）产城融合发展。"产"与"城"的互动与融合，是连接"一带一路"重要节点研究宏观与微观视角间沟壑的桥梁。显然，这不仅是解决陕西省农民进城问题的需要，也是推进以人为本的新型城镇化的趋势使然。那么，产城融合水平是怎样影响城镇化路径的？以行政手段推动城镇化是否有效？产业离散地分布于城市，关键在于采取"一园多区""一区多园""多区多园"的制度创新，打破园区、城区的空间限制，降低地区间管理成本，形成产城一体化优势。

产城融合是一个涉及面广且复杂的系统工程。产城融合分为"产"和"城"两个方面，产融于城、城包容产，二者的融合既要实现产业空间布局与城市空间规划的契合，实现人口在产业、城市的均衡分布，同时更重要的是要实现城市功能与产业定位之间的有效匹配。产城融合由产业、城镇、人、土地、就业、居住等实体要素和思想、观念、政策理念、制度、社会环境等非实体要素构成。二者在融合过程中相互影响、相互促进，两个系统通过实体要素和非实体要素之间的交叉渗透形成了多个子系统，通过子系统之间的相互作用、产业组织结构和制度安排，在发展过程中形成其变体以及更高层次的复合系统。在政府推动力、市场需求拉动力、技术驱动力、资源环境约束力等综合作用下，使人口、土地、技术等生产要素双向循环流动，推动产业与城市在功能效用、结构匹配层面上实现融合协调发展。

城镇化思路由"引凤筑巢"向"筑巢引凤"转变，提高城镇的产城融合水平。从城镇化路径来看，优化区位条件的"筑巢引凤"模式，更能提升全社会整体福利水平。并且，相较于补贴资本"引凤筑巢"模式，优化区位条件更能均衡资本所有者和劳动力之间的收入水平。关键在于产业政策在空间如何实现平衡，以消除政策"高地"与政策"洼地"带来的资源配置扭曲。地方政府应以更好的公共服务水平、便捷的交通基础设施以及人性化的政策审批程序，吸引资本入驻，鼓励企业在市场化条件中"用脚投票"，在新型城镇化过程中实现"蒂伯特选择"。

城市间从要素竞争转化为环境对接，以"飞地经济"推动城镇化联动。对于欠发达的城市来说，通过以"城"带"产"，主动在基础设施等硬件条件与制度、管理模式等软件条件方面，与发达城市进行对接，复制和推广发达城市"环境+服务+制度"的一揽子发展经验，从而承接产业转移，实现"飞地经济"。通过产业双迁以及城市之间在价值链、商品链、人才链、就业链、创新链方面的多链共生和共荣，将产业链融入城市群整体发展之中，实现城镇化的区域联动。

产业的引入与扩张，需充分遵循城市土地集约、高效的使用原则。由于地方政府对以往"先产后城"的城镇化路径形成依赖，导致产业投资往往向粗放式、同质化方向演进，特别是在禀赋较为落后的城市，土地低效率开发、破坏性使用的现象屡见不鲜。尤其是一些企业利用信息不对称取得地方政府补贴的土地，仅为了获取土地升值的溢价而非发展产业，制约了城市存量土地再利用。为此，地方政府应将产业集约规划到一些集聚区，并制定合理的土地优惠与回收政策，提高单位土地的产出效率。陕西省产城融合发展方案如图6-5所示。

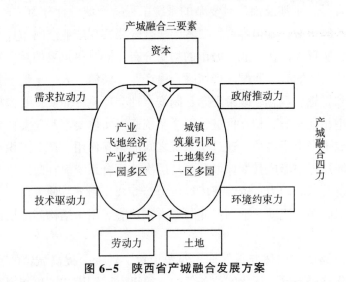

图6-5　陕西省产城融合发展方案

（3）南北交叉创新。促进陕北能源、矿产行业与陕南医药、军民融合交叉，通过政府桥梁作用，催生现代能源化工业、矿物医药业、民用能源军工业、民用军工矿物加工业等具有局部优势行业交叉特性的新行业。

创新由多方主体构成的体制，构建陕南陕北军民融合型国家科技创新体系。在构建军民融合型国家科技创新系统过程中所倡导的"军转民""民参军"或"军民两用技术开发"等理念与做法是对现有体系及功能的延伸，但还需在军民融合型科技创新体系的整体认知和系统构建方面加大创新力度，主要从三个方面着手：①健全主体、完善体系，关键是要使构成军民融合型国家科技创新体系的各个主体成为创新主体，激发他们的创新热情和创新活力；②理顺各个主体间的关系，建立既有分工又有合作的协同关系；③打通阻碍军民融合创新的关键环节和瓶颈制约，减少或消除军民融合及技术"双向溢出"的障碍。

尽最大努力优化陕西省能源结构，推行陕南陕北节能减排同步发展。能源是陕西省国民经济的基础，能源的生产加工和消费方式一旦清洁化，经济各产业的发展结构将随之改变，不同人群的收益和不同公司的经营状况也将随之改变，财富的分配和政府工作的方式都会发生变化，这些变化将使陕西省经济转至以科技为核心的发展模式。陕西省级层面的政策导向要清晰，要有一种无论宏观经济、国际政治环境如何变化都不为所动的坚持，坚定不移地支持清洁能源的发展，以参与相关国际合作来反推陕西省整体的发展。

逐步构建陕西省内部的资源合作框架，争取在"一带一路"清洁能源领域的国际主导权。南北资源合作政策如何适应陕西省经济形势，如何运用市场来引导，甚至主导对经济发展有利的资源秩序、生产消费格局的形成和制定？需要在人才储备、政策准备、制度设计、市场能力建设的四个基础方面积极准备。具体措施主要包括：建立陕西省碳排放市场，广泛推行清洁发展机制；鼓励清洁能源技术创新，提高能源利用效率；保障稳定的资源供需，保持低耗能资源价格的稳定；吸引国际相关能源、资源科技机构和组织落户陕西省，政府要始终对这些国际组织给予稳定的支持，包括合作发展所需的经费支持，利用这些国际机构的影响力、辐射力、创造力推动陕西省利用国际人才和国际舞台；设立资源教育的国际奖学金，培养和吸引全世界最优秀的资源管理、能源金融、资源贸易人才来陕、为陕工作；陕南陕北轮流举办国际、国内科技节和科技展览，尤其是与陕西省优势资源科技史相关的活动，构建强调科学普世性和共同文化利益的有效平台。陕西省南北交叉创新方案如图 6-6 所示。

（4）东西融合发展。以大西安为中心，发挥各关中经济带的资源禀赋优势，向西与宝鸡融合发展现代林业、畜牧业，向东与渭南、华阴融合发展现代文化旅游业和高等教育业，关键是创造以关中为核心的文化与科技融合发展模式。

文化与科技融合创新的复杂性与多样性，与陕西省各地的文化、科技、产业

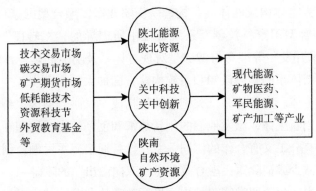

图6-6 陕西省南北交叉创新方案

和政治语境息息相关，更受到个体创新、技术革命、市场变迁、政策环境等因素的深刻影响，可概括为文化科技融合创新的三大模式。

新兴产业推动的"东西业态新创"模式。"东西业态新创"模式，是指在新技术、新产业的推动下，文化与科技在新兴业态中以关中为枢纽融合东西部地区发展优势，而形成的一种创新模式。主要表现为市场主体以新科技、新农业的经营方式、技术来运作传统或新创的文化内容，由此创造出文化、农产品的新形式、新风格或新产品组合的新式产业形态。

产业融合实践下的"产业跨界融合"模式。打破传统工业时代文化、科技产业边界固定、行业分立的局面，"产业跨界融合"是趋势。"跨界融合"模式是在陕西省的优势文化产业和科技产业实践过程中，与其他产业及二者之间不断跨界的过程，实现文化与科技要素通过互动聚合，带动宝鸡、渭南等城市对原有产业形成转型或升级的一种融合模式。

多元主体参与下的"企业协同创新"模式。"协同创新"模式，是在省政府、地市企业、高校、科研机构等多主体的协同下，使关中的文化资源与科技资源与宝鸡、渭南等城市有效互动和溢出，突破创新主体间的壁垒，充分释放宝鸡、渭南等城市的创意、技术等创新要素，实现关中城市经济带深度合作的一种模式。

文化与科技的融合，带来的是陕西省文化与科技产业链的重构。在重构进程中，文化与科技两大要素可互为主次，从而形成不同的产品群。陕西省东部地区发展以文化为主的产业链，科技助力文化腾飞；陕西省西部地区发展以科技为主的产业链，文化为科技注入内核，提升科技品位。文化与科技融合创新的最终归属应是文化层面上的提升和对精神消费的满足，但科技发展的更新速度远远快于文化的更新速度，文化与科技间的鸿沟越来越大，如何实现跨越？"科技引领""内容为王"是提升文化科技融合品质的必由之路。陕西省东西融合发展方案如图 6-7 所示。

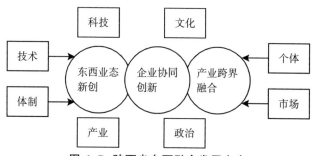

图 6-7　陕西省东西融合发展方案

6.3.3　预期进程与方案重点

6.3.3.1　预期进程

（1）陕西省发展外向型经济成为"一带一路"重要节点的目标分解。商品贸易需要在传统资源行业和高新技术产品领域开展，高效利用国外特别是"一带一路"国家的资金、技术、人才和管理经验，以经开区为突破点，延长经开区内企业所在产业链的长度，提升出产商品的技术含量，实现商品贸易规模的跨越式增长。服务贸易依托陕西省深厚的文化底蕴和教育、科技优势，以自贸区为支点，与"一带一路"国家开展教育输出、服务外包等形式的人文交流，实现服务贸易上台阶。

1）商品贸易跨越式增长。陕西省结合"一带一路"倡议和西部大开发战略，提出通过外向型经济，发展与"一带一路"国家的经济合作，发挥陕西省的科技、教育和工业优势，实现合作共赢。本章根据中国商务部和陕西省商务厅公布的 2017 年上半年统计数据转化为 2017 年末预期数据，及国家对未来经济发展中速的预期拟定 6%，以及陕西省建设"一带一路"重要节点的判断依据，整理得到陕西省外向型经济的外贸进出口目标情况，如表 6-10 所示。

从表 6-10 中可以发现，2017 年陕西省对"一带一路"国家的进出口总值不足全国的 1%，出口比重略高于 1%，但均不足全国平均水平的 1/3，陕西省与"一带一路"国家间的贸易联系较弱。但在出口增长带动下陕西与"一带一路"国家的进出口却具有两位数的增长率，未来的陕西省与"一带一路"国家的贸易

表 6-10 陕西省外向型经济的外贸进出口目标

指标名称	2017 年末预期			2020 年	2025 年	2030 年
	进出口	出口	进口	进出口	进出口	进出口
陕西省对"一带一路"国家的进出口绝对值（亿美元）	266.32	206.78	59.54	7574.88	16894.83	45218.19
全国货物进出口绝对值（亿美元）	197706.3	108844.9	88861.38	252496	337896.6	452181.9
陕西省对"一带一路"国家的进出口的同比增长率（%）	13.80	15.63	7.87	—	—	—
占全省外贸比重（%）	11.08	15.06	5.77	20.00	30.00	40.00
占全国货物进出口比重（%）	0.81	1.14	0.40	3.00	5.00	10.00

联系将达到可观规模，支撑陕西省成为"一带一路"的重要节点。

2）服务贸易与人才流通稳步增长。陕西省外向型经济的发展对"一带一路"国家，不仅会产生外贸经济的作用，同时会带来技术外溢和社会交流。陕西省吸引"一带一路"国家人员的能力较强，超过全国的平均水平近一倍，达到重要节点的标准。陕西省在吸引"一带一路"人员交流过程中起着重要作用。据此，在不考虑意外情况下，以五年的平均增长率为全国和陕西省未来的人员交流水平，预期未来陕西省人员交流的目标如图 6-8 所示。

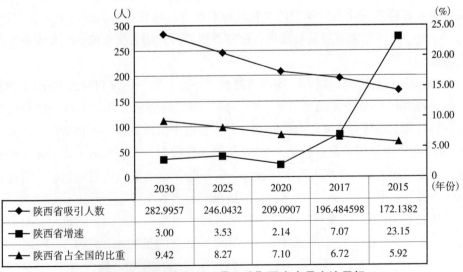

图 6-8 陕西省与"一带一路"国家人员交流目标

进一步分析陕西省人员交流重要地位的获得来源，主要包括两个方面：①陕西省浓厚的文化底蕴。古丝绸之路起点和十三朝古都的积淀，使陕西省对外包容度很高，不同民族和文化都能在陕西省汲取其发展所需的营养，使得 "一带一路" 国家来陕交流的人员日益增加。②陕西省强大的科技、教育优势。由于陕西省的教育特别是高等教育集聚在西安周边，使得科研成果集聚在一起。外部企业可以在西安低成本地获得相关技术，并通过高校的孵化、推送，尽快实现成果的市场价值。

3）民营企业带动市场开放。上榜中国企业 500 强、中国民营企业 500 强数量，反映地方经济发展的活力和竞争力，陕西省外向型经济的发展需要强有力的企业支撑，并重点发展 3~5 个企业成为世界 500 强。2017 年陕西省共有 6 家企业上榜，其中延长石油集团以 2352.92 亿元的营业收入位居全国 500 强榜单第 64 位，陕西省企业排名第一。陕西省煤业化工集团 2016 年营业收入为 2120.95 亿元，全国排名第 74 位，地区排名第二。陕西省有色金属控股集团营业收入 1241.21 亿元，全国排名第 128 位，地区排名第三。东岭集团股份有限公司以营业收入 964.06 亿元，西安迈科金属国际集团有限公司以 791.71 亿元，陕西省汽车控股集团有限公司以营业收入 368.12 亿元，分别在全国排名第 161、第 192、第 387 位。相比 2016 年上榜企业数量减少一家，从整体分布来看，除去西安迈科金属集团，其余 5 家企业都是陕西省连续七年入围中国企业 500 强的大型骨干企业集团，但与经济发达省市差距较大，在全国处于中等偏后位置，在西部地区亦次于四川、重庆。

陕西省经济要实现 "追赶超越"，外向型经济的实践需要大量优秀的企业微观实施，中国企业 500 强数量和民营企业 500 强数量目标，可以有效支撑外向型经济的发展。具体发展目标如表 6-11 所示。

表 6-11 陕西省民营企业发展预期

单位：家

年份	2016	2017	2020	2025	2030
陕西省中国 500 强企业数量	7	6	9	11	14
四川省中国 500 强企业数量	14	15			
陕西省中国民营企业 500 强数量	4	4	6	10	14
四川省中国民营企业 500 强数量	13	10			

注：根据全国工商联发布的中国民营企业 500 强名录，以及中国企业联合会和中国企业家协会发布的中国 500 强企业名录统计。

以国家级品牌为统筹，大力推进创新要素合理布局。一是构筑区域性综合型创新园区。抢抓关中国家级创新中心建设重大机遇，围绕金融、文化和高端装备制造产业，规划建设国资主导载体创新园，形成包含软件园、科技园、国际总部研发园、使馆区等在内的多功能、多元化的企业创新载体体系。二是以龙头企业构筑专业化旗舰型创新基地。携手西安交通大学和人工智能企业构建"硬科技"产业园，形成陕西省相关高技术产业集聚的特色区，预期产值破万亿元。联合陕西省院士组成专家委员会，带领陕西省高校的科技智囊团队，成为中国对"一带一路"国家基础设施建设、经济发展和文化推广的重要智库。三是鼓励企业科研投入，构筑全球化顶尖聚才平台。坚持企业和人才融合、产业和企业相互促进的策略，大力构建创新创业生态体系。以创新园为基石，以龙头企业为平台，以人才激励政策为保障，吸引诺贝尔奖得主50人，两院院士100人，国家"千人""万人"专家500人，入驻陕西省，人才集聚规模和质量位居全国前列，催生一个科技产业的连锁效应。

4）创新金融合作新高地。加强融资合作，对于大型的资本、技术密集型项目积极探索BT、BOT、PPP等合作投资运作模式，走政府引导、企业化运作、基础设施建设产业化的道路。

建立投融资交易平台、股权交易中心等资本要素市场，打造"一带一路"金融开放合作新高地。目的是支持陕西省加快建设成为面向"一带一路"开放的重要节点，深化与丝绸之路经济带的开放合作，探索跨境金融改革创新，推动陕西省地区经济金融和谐发展。通过设立投资公司、金融担保公司等政策性金融机构，小额再贷款公司、创投股权投资基金等金融企业，为陕西省自贸区、经开区提供全面金融服务。通过创业担保贷款、求职创业补贴，对符合二次扶持贷款条件的个人、股份制企业、劳动密集型企业放宽额度，带动陕西省经济全面发展。依据国家2016年的资本流动增长率，结合陕西省追赶超越目标，定年均增长率为20%，计算得到具体资本流动目标如表6-12所示。

表6-12　创新资本流动目标

	2017年	2020年	2025年	2030年
资本总规模（亿元）	22177	35483.2	70966.4	141932.8
实际引进外资（亿美元）	92.44	147.904	295.808	591.616
引进内资（亿元）	1935.93	3097.488	6194.976	12389.952
对"一带一路"投资（亿美元）	6.76	10.816	21.632	43.264

支持以项目建设带动科技创新、以科技创新促进项目融资开发。推动企业以科技创新引领绿色发展、低碳发展，坚持实施创新扶持政策，鼓励企业加大研发投入，提升科技成果转化能力；鼓励企业进行高新技术企业认定，支持创建企业创新平台，并加强对上争取，大力支持企业承担各级科技项目，支持企业加强知识产权运用，培育一批创新能力强的企业主体。围绕废弃资源（废水、物流包装、废旧衣物、废旧电池、废旧金属等）的再循环利用，真正地做到对环境的保护和可持续发展，整体技术水平国际领先。

（2）陕西省发展外向型经济成为 "一带一路" 重要节点的预期。从重要节点的最终状态出发，假设陕西省实现跨越式发展（发展存在差距的指标年增长率50%，满足指标6%增长），估计达到当前重要节点水平所需时间，并区分指标间存在替代效应与否。由于表格限制仅展示2020年、2025年、2030年、2035年、2050年，如表6-13所示。

为实现重要节点的目标，陕西省实施追赶超越战略，发展过程中存在差距的指标将实现年均50%的增长，优势指标正常增长，某指标的重要节点目标实现后，将进入一般增长6%的过程，以此为依据对当前各指标做未来预期。各指标与重要节点目标值的比值，为当期该指标的达成度，各项指标的累计为整体的达成度。为考虑部分优势指标对劣势指标的替代效应，将五项指标统一转化为经济收益后计算各指标权重，结合权重测算重要节点达成度。

结果表明：①重要节点的实现，一般出现在2025年之后，陕西省跨越式发展需要经历近10年时间。其中对外开放度（2027年）、商品贸易比重（2028年）、服务贸易比重（2029年）实现重要节点目标，整体2027年达到重要节点水平。②考虑替代效应，陕西省优势指标所带来的经济转移效果较小。对外开放度（2022年）、商品贸易比重（2028年）、服务贸易比重（2028年）实现重要节点目标，整体2033年达到重要节点水平。

总之，陕西省外部投资和人员交流的节点优势指标，对陕西省发展的经济贡献较小，商品贸易、服务贸易和对外开放对陕西省发展成为重要节点的经济贡献较大，是建设的重点。

6.3.3.2 方案实施重点

陕西省外向型经济发展需要注意：①全面贯彻省委省政府做出的决定，鼓励自贸区、经开区在新的经济环境下发展新动力、上新台阶、创造新成效；②促进自贸区管理体制的创新，推广 "托管模式"，降低现有体制弊端对新一阶段发展的影响；③加强经开区产业的统一规划和协调，解决目前产业布局混乱的问题，

表 6-13　陕西省发展外向型经济，成为"一带一路"重要节点进程表

	指标自然增长				考虑指标间替代效应				
	2020 年	2025 年	2030 年	2035 年	2050 年	2020 年	2025 年	2030 年	2035 年	2050 年
对外开放度	0.0729	0.5536	1.4835 (2027 年)	1.9853	2.1044	0.0313	0.0838 (2022 年)	0.1122	0.1501	0.3597
外部投资比重	0.0269	0.0359	0.0481	0.0644	0.0682	0.0085	0.0114	0.0153	0.0205	0.0490
商品贸易比重	0.0921	0.6997	2.6532 (2028 年)	3.5506	3.7637	0.0500	0.3793	1.4384 (2028 年)	1.9249	4.6131
"一带一路"人员交流度	0.5403	0.7231	0.9677	1.2950	1.3727	0.0743	0.0994	0.1330	0.1780	0.4266
服务贸易比重	0.0003	0.0026	0.0136 (2029 年)	0.0182	0.0193	7.2447E-07	5.5014E-06	2.086E-05 (2028 年)	2.7918E-05	6.6908E-05
重要节点达成度 (%)	20.53	56.48	144.8	193.8	205.4	9.56	33.44	98.98	132.4	317.4

提升行政效能。具体要做好以下重点工作：

（1）建立全产业链，形成千亿级产业群。利用国际港务区的优势，充分利用"一带一路"的战略机遇，建立以贸易为核心的世界级的大数据与期货交易中心及网络贸易中心，打造一个具有国际标准的产业集散基地，突出西安在世界贸易中的经济地位。扶持陕西省装备、飞机、军工、汽车制造业的核心技术优势，对接资本市场、对接国家战略、对接国际市场，形成以核心技术为基础的产业集群。充分发挥西安产业的科研、人才优势，创造千亿级的产业。

（2）选择性引资，服务出口型企业。建议各区县与开发区在招商引资中注重区域支柱产业的优势，充分发挥产业链的合作招商功能，对境内的企业给予务实的关注与扶持。

（3）培育特色企业出口，突破商品贸易发展。避免西安的企业墙内开花墙外香，地方政府注意扶持特色出口企业。

（4）以服务留项目，突破外向型经济。政府的贴心服务直接关系到项目的落地与投资的实现，需要秉承"重商、亲商、安商、扶商"的理念，落实到政府的各个岗位，切实优化西安软环境。

（5）科技计划吸引人才，构筑人才引进机制。找准抓手，稳步提升发明专利质量。落实已有的政策措施的全面引导和推动，有效激发创新主体的积极性，梳理创新优势，发现科技亮点，制定专利推进计划，以科技金融合作为试点，使全市科技企业核心竞争力实现快速提升，走出一条具有西安特色的知识产权道路，建立良好的创新创业人才引进机制。

（6）应用硬科技创新，完善科技转化。陕西省特别是西安需要运用掌握的自主知识产权和核心技术，加强与国际经济组织的合作，参与经济全球化，发挥其竞争优势。完善科技成果转化运行机制，建立完善科技成果信息发布和共享平台，重点扶持科技领先的创新项目落地西安。在科技小巨人项目评审中，需要充分调研论证，扶持科研领先的项目落地西安。

第 7 章　加速关中融合发展，促进实现省内全面小康战略方案

7.1　全面小康内涵与衡量指标

7.1.1　全面小康内涵

20 世纪 90 年代之前，小康社会多为描述性分析，1991 年国家统计局首次制定出小康社会的基本标准，1995 年在之前基础上加入卫生保健、森林覆盖率等指标后，量化的概念才取得了共识。此后，小康社会的测量指标不断深化，从"三位一体"到"四位一体"再到"五位一体"。2012 年胡锦涛总书记首次提出全面建成小康社会，正式将"建设"升格为"建成"，对经济、政治、文化、社会和生态文明等方面提出了更高的要求。李欣广（2011）认为，小康社会需要从经济、社会、生态三个维度系统综合考虑。洪虎（2013）提出，促进人的全面发展与全面建成小康社会的目标相一致。李君如（2013）认为，从"三位一体"的目标到"五位一体"的目标说明了小康社会重点已经从经济发展转到人民物质财富与精神财富的提高。2020 年前实现 GDP 和人均收入"翻一番"，胡鞍钢（2003）认为，翻一番不是简单地乘以二，而应该扣除通货膨胀因素的影响，即城镇居民人均收入和农村居民人均收入要超出 38218 元和 11838 元。中国共产党第十八次全国代表大会之后，许谨（2012）进一步提出，应加入廉政指数与新型城镇化率的指标衡量小康社会的全面性。截至目前，理论界对小康社会的内涵和指标评价已基本取得共识。

7.1.1.1　小康的内涵

小康是一个生活水平的概念，可以从微观个体层面与宏观群体层面考察，前

者针对的是个体的生活水平，一个家庭的生活达到衣食无忧的状态，就可被视为小康之家，而后者针对的是群体的生活水平，它所强调的是作为一个整体的社会所达到的生活水平。

1990 年 12 月，党的十三届七中全会审议并通过的《中共中央关于制定国民经济和社会发展十年规划和"八五"计划的建议》对小康的内涵作了详细的描述："所谓小康水平，是指在温饱的基础上，生活质量进一步提高，达到丰衣足食……"因此，小康是中国人用来衡量生活水平和生活质量的一个概念，是生活水平介于温饱和富裕之间的生活状态。

7.1.1.2 总体小康和全面小康的内涵

总体小康与全面小康是宏观层面上的两个概念，是微观家庭层面上的"小康之家"在宏观层面上的拓展。总体小康指社会平均生活水平已经越过温饱阶段，跨入小康生活的门槛。但由于平均数掩盖下的贫困现象，这时可能只有一部分人跨入小康生活的门槛，另一部分人仍处在温饱甚至绝对贫困阶段。因此，党的十六大报告中指出：中国实现的总体小康是低水平的、发展不平衡的、不全面的小康。

贫富差距只能缩小，不能消除，任何社会都会有穷人与富人，让所有社会成员都能过上小康生活是不太现实的。因此，全面小康绝不意味着所有的社会成员都能过上小康水准的生活，而是指绝大部分家庭与个人都达到小康生活水平。

从总体小康到全面小康的发展演变过程，是一个努力消除贫困，使得达到小康生活水准的人数增多、比例提高的过程。总体小康与全面小康的区别不在于收入或消费量上的差别，而在于小康人口覆盖面的差别。总体小康指社会平均生活水平已经越过温饱阶段，跨入小康生活水平的门槛。社会平均生活水平的最大局限在于会掩盖其中个体间的差异，尤其当个体间差别较大、贫富悬殊时，更是如此（凌昌玉，2003；陈友华，2017）。当家庭间生活水平差异较大时，存在着平均数掩盖下的贫困现象。因此，总体小康并不意味着绝大部分家庭的生活都达到了小康生活水准。而全面小康指绝大部分家庭与个人都达到小康生活水平，未能过上小康生活的家庭与人口占绝对少数。

7.1.2 全面小康衡量指标

小康社会的测量指标主要从经济、政治、文化、社会、生态五个维度刻画，课题组参考国家 2008 年制定的《中国全面建设小康社会统计监测指标体系》，选取部分指标进行分析。

全面小康部分指标如表 7-1 所示。

表 7-1 全面小康部分指标

类别	标准
人均 GDP	超过 57000 元
第三产业增加值占 GDP 比重	超过 50%
居民人均可支配收入	超过 15000 元
恩格尔系数	低于 0.4
城镇人均住房建筑面积	30 平方米
城乡居民收入比	小于等于 2.80
城镇化率	超过 60%
每千人医生数	2.8 人
单位 GDP 能耗	小于等于 0.84 吨标准煤/万元

7.2 实现省内全面小康的现实基础与制约因素

7.2.1 现实基础

（1）综合实力显著提升。2012~2016 年陕西省生产总值年均增长 9.8%，产业转型升级步伐稳健，能源化工、装备制造等优势产业加快迈向高端化，战略性新兴产业占比达到 10.7%，服务业占比提高 7.4 个百分点。粮食总产实现"十三连丰"，苹果种植面积和产量保持全国第一。全省城镇化率已达到 55.34%。

（2）人民福祉明显增进。2012~2016 年陕西省民生领域财政投入累计达到 16031 亿元，城乡居民收入达到 28440 元和 9396 元。陕西省新增就业岗位 218 万个，已经实施 13 年免学费教育，公共卫生服务体系更加健全，城乡低保标准大幅提高，共计 565 万贫困群众实现脱贫。城镇保障性安居工程使 454 万群众住进新居，扶贫避灾生态移民搬迁让 148 万群众过上了安居乐业的新生活。

（3）生态环境持续改善。柔性治水有序实施，河长制全面推行，引汉济渭等重大水利工程加快建设，河流综合整治成效明显，国家湿地公园数量位居全国前列，昆明池、渼陂湖、卤阳湖恢复建设和生态恢复"八水绕长安"初见成效。绿色版图不断扩大，森林覆盖率达到 43%。"铁腕治霾·保卫蓝天"行动强力推进，节能减排和环境综合治理取得积极进展，主要污染物总量减排完成国家任务。

（4）文化建设成果丰硕。社会主义核心价值观深入人心，"厚德陕西"实践活动扎实开展。丝绸之路跨国联合申遗成功，"一带一路"系列节影响力将不断扩大，第 11 届中国艺术节成功举办，讲好陕西故事成为共识并取得显著成效，一批文艺精品产生重大影响。文化惠民工程深入实施，文化产业增加值保持两位数增长。

7.2.2 制约因素

全面建成小康社会，应该覆盖全体人民，只要有一个指标体系没有达到，就没有达到全面小康。全面建成小康社会的重点应该在于薄弱领域、薄弱地区和弱势群体，如何实现这些方面的改变，实现这些人群的小康，才是实现全面小康问题的关键所在。学术界普遍认为全面建成小康社会最大的难点在"农村"和"贫困地区"。全面建成小康社会，最艰巨最繁重的任务在农村，特别是在贫困地区，没有农村和贫困地区的小康，就没有全面建成小康社会。刘勇（2008）提出陕西作为西部地区的代表，小康实现程度在全国处于中下游，尤其是陕南部分贫困地区是发展的短板，陕西目前仍需通过工业化与城市化加速建成小康社会。王义杰（2014）对比了中国小康和陕西小康的差距，提出了陕西全面建成小康的路径选择，要进一步利用改革红利，加快转变发展方式，充分利用陕西劳动力廉价和科技教育资源丰富的优势，吸引国家和东中部的投资尽快与国际最新科技接轨。杨天祥（2013）认为陕西小康水平落后主要表现在经济发展水平落后与产业结构不合理两个方面。杨永善（2013）提出陕西全面建成小康的主要难点在于陕北、陕南部分地区的农村居民人口素质与精神文明远不达标。

（1）农村发展滞后，农民收入低。小康社会的测量指标主要从经济、政治、文化、社会、生态五个维度刻画，课题组参考国家 2008 年制定的《中国全面建设小康社会统计监测指标体系》，将陕西省 2016 年的实际情况与相关指标对比（见表 7-2），发现农村发展滞后、农民收入低是阻碍陕西全面小康实现的重要因素。

表 7-2 全面小康部分指标与陕西发展实际

类别	标准	陕西 2016 年数据
人均 GDP	超过 57000 元	50399 元
第三产业增加值占 GDP 比重	超过 50%	42.2%
居民人均可支配收入	超过 15000 元	18874 元（城镇居民 28440 元，农村

类别	标准	陕西 2016 年数据
恩格尔系数	低于 0.4	0.2736（城镇），0.2912（农村）
城镇人均住房建筑面积	30 平方米	32.6 平方米
城乡居民收入比	小于等于 2.80	3.03
城镇化率	超过 60%	55.34%
每千人医生数	2.8 人	2.25 人
单位 GDP 能耗	小于等于 0.84 吨标准煤/万元	0.75 吨标准煤/万元

（2）城乡差距大，三大区域间差距在缩小，但是关中内部区域间差距大。城乡收入差距大也不利于实现省内全面小康。三大区域城镇居民收入全部高于农村居民收入，但关中城乡收入绝对差距最大，陕南最小；同时，关中地区各市之间收入差异也较大，陕北、陕南各市收入水平相对较为均衡，如表7-3所示。

表7-3　2016 年陕西省各区域城镇居民人均可支配收入与农村居民人均纯收入

单位：元

区域	城镇居民人均可支配收入	农村居民人均纯收入
关中	31602	11369
陕北	30237	10575
陕南	25675	8723
西安	35630	15191
铜川	27594	9478
宝鸡	31730	10287
咸阳	31662	10481
渭南	27485	9415
杨凌	35510	14959
延安	30693	10568
榆林	29781	10582
汉中	25595	8855
安康	25962	8590
商洛	25468	8358

　　从地区看，关中收入最高。目前，陕西省三大区域居民收入水平的格局与经济水平一样，关中最高，陕北次之，陕南最低。2016 年，关中地区城镇居民人均可支配收入为 31602 元，陕北为 30237 元，陕南为 25675 元；农村居民人均可支配收入关中、陕北、陕南分别为 11369 元、10575 元和 8723 元。

　　从城乡看，城镇收入高。三大区域城乡居民收入呈现的共同特点是城镇收入高于农村。从差距来看，经济越发达的地方，城乡居民收入差距越大。2016 年，关中地区各市（区）城镇居民收入平均值较农村居民平均收入高 20233 元；陕北地区高 19662 元；陕南地区高 16953 元。

　　从地区内部看，陕北、陕南较为均衡。从三大区域内各市的平均收入看，经济水平较低地区的各市（区）之间收入水平较为接近。2016 年，陕南三市城镇居民收入的标准差为 256.53，在三大区域中最小；陕北为 644.88，居中；关中为 3592.52，关中各市（区）间城镇收入水平差距最大。农民收入标准差，陕北最小，2016 年延安和榆林两地农民收入几乎相同，仅差 14 元；其次为陕南，标准差为 248.68；关中为 2699.04。总体来看，各市间农村居民收入水平差异程度要小于城镇，陕南、陕北差异要小于关中。

　　另外，使用泰尔指数考察区域间的收入差距，泰尔指数的计算公式：

$$T = \sum (g_i/G) \times \log[g_i/G/\log(P_i/P)] \tag{7.1}$$

　　式中，T 为 Theil 指数，代表区域总体差异；g_i 表示第 i 个子地区的经济产出量（本书采用区域 GDP）；G 表示整个区域的经济产出量；P_i 表示第 i 个子区域的人口总量；P 表示整个区域的人口总量。泰尔指数越大，表示区域差异越大；泰尔指数越小，表示区域差异越小。

　　课题组利用 2000~2016 年陕西三大区域的相关数据测算出三大区域的泰尔指数，结果显示（见图 7-1）：2000~2008 年，陕西三大区域泰尔指数逐年下降，由 0.180 逐年下降至 2008 年的 0.086；2009 年受国际金融危机影响，陕北和关中经济出现较大幅度回落，泰尔指数略有回升，2010 年开始泰尔指数又逐年下降；直至 2013 年全国经济进入新常态，关中、陕北板块经济增速回落较大，泰尔指数又开始逐年提高，2016 年为 0.119，但与 2010 年相比，泰尔指数有较大幅度的下降，说明整体来看，陕西省三大区域的经济差异缩小。

　　进一步利用变异系数计算陕西省内部城市间区域差距，2000 年陕西省人均 GDP 才 4549 元（全国省域排第 28 名），至 2016 年人均 GDP 已达到 50528 元（全国省域排第 13 名，西部地区排第 3 名）。但是内部城市间经济发展不平衡，通过调整后的人口加权变异系数（CV_w）计算相对差异：

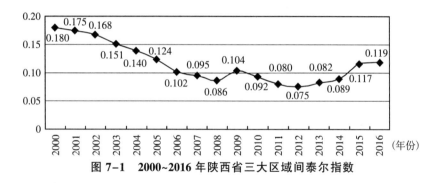

图 7-1 2000~2016 年陕西省三大区域间泰尔指数

$$CV_w = \frac{1}{|\mu|} \times \sqrt{\sum_{i=1}^{N}(Q_i - \mu)^2 \cdot P_i \bigg/ \sum_{i=1}^{N} P_i} \tag{7.2}$$

式中，μ 为陕西省内部各城市人均 GDP 的平均值，P_i 为城市 i 的人口占陕西省总人口 P 的比重，Q_i 为城市 i 的人均 GDP 数值。利用 2016 年数据代入计算得到变异系数为 2.359，说明陕西省内部经济发展水平不平衡程度较大。

根据前述分析，陕西的落后主要存在以下两个方面：

第一，区域间经济发展水平不平衡，特别是关中地区内部区域差距最大。

第二，城乡居民收入差距大。2016 年全省城乡居民收入比为 3.03 : 1，但仍然大于全国 2.8 的要求，差距比较大。

7.3 加速关中融合发展，促进实现省内全面小康的思路及具体方案

7.3.1 建设思路

7.3.1.1 加快城市化进程，促进省内全面小康的实现

（1）城市化促进区域经济增长并提高居民收入。城市化作为结构变化重要载体的非积累性因素，对经济增长具有直接与间接两种作用机制。一方面，伴随着人口大量地由农业向非农转变，迁移群体的生产率将不断提高，从而创造了更多的社会财富，促进了经济增长；另一方面，城市化利用物质资本、人力资本与研发资本传递渠道，通过城市规模的扩张带动了更多的投资、提供了更好的受教育场所与信息交流的网络场地，加速了以上要素的积累，促进了经济增长。课题组

采用如下计量方程估计陕西省 107 个区县 2000~2016 年城市化率提升对经济增长的总效应（见表 7-4），发现陕西省城镇化确实促进了经济增长，进而提高了居民收入。

$$lnY = \beta_0 + \beta_1 lnURB + \varepsilon, \quad \varepsilon = \lambda W\varepsilon + \mu$$

表 7-4   区县人口城市化对区域经济增长的总效应

变量	人均 GDP		
	2000~2007 年	2008~2016 年	2000~2016 年
CONSTANT	8.925*** (84.53)	9.988*** (58.21)	9.848*** (136.08)
城市化率（URB）	0.517*** (8.04)	0.839*** (7.09)	0.884*** (21.06)
R-sq.	0.878	0.592	0.604

注：模型中（　）内的值为 t 值，*** 表示在 1%的水平上显著。

（2）城市化缩小城乡差距，提高农民收入、改善生活条件。陕西省内部城乡间发展差距大是制约陕西全面实现小康的主要问题，没有农村和贫困地区的小康，就没有全面小康。由图 7-2 可以看到，伴随着陕西省城市化进程不断深入，陕西省城乡差距逐渐缩小。

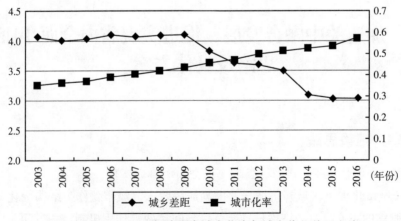

图 7-2   2003~2016 年陕西省城市化率与城乡收入差距之比

由图 7-2 可以看到，陕西省农村城镇化与陕西省城乡差距呈现反方向变动。

7.3.1.2　加快城市化进程的关键是关中五市一区融合发展及全省农村城镇化

（1）关中五市一区融合发展。关中总人口占全省的62.8%，关中城镇间差距、城乡间差距都最大。关中五市一区融合发展有利于缩小关中内部区域差距和城乡差距，还可以优化以五市一区为主要节点的城镇体系，整体推进陕西城市化。

（2）以城市网络为骨架推进农村城镇化。以城市体系核心节点带动推进农村城镇化，可以积极吸纳陕南、陕北贫困人口，提高农民收入、改善生活条件，加速实现小康。在关中地区与陕南陕北区域经济发展现实比较的基础上，限于陕南和陕北区域的资源环境承载力约束，课题组认为陕南和陕北区域贫困人口实现小康的一个重要途径是向关中地区或者就近城镇转移。

7.3.2　关中五市一区融合发展具体方案

7.3.2.1　关中五市一区融合发展的目标

根据区域融合发展的前期研究，课题组将关中地区融合发展的目标界定为：关中地区内部城市间打破行政区划壁垒，减少恶性竞争与重复建设，立足于科学的分工与协作，着眼于城市群体间的共同利益，在社会、经济、文化、生态等各方面实现良性互动的可持续发展。

7.3.2.2　关中五市一区融合发展的基础与制约

（1）基础条件。

1）战略区位重要，是"一带一路"建设的重要节点，是全国交通、信息大通道的重要枢纽和西部地区连通东中部地区的重要门户。

2）科教、人才资源富集，基础设施比较完善，要素成本优势明显，有利于承接产业转移。

3）工业基础良好，高技术产业快速发展，具有成为创新型发展区域的有利条件。

4）基础设施融合机制不断完善，户籍制度改革稳步推进。

5）以西安为中心，以城际公交、城际轻轨、城际铁路、高速铁路、航空等为主通道，一小时经济圈基本形成，区域内城镇化进程不断加快。

（2）制约因素。

1）乡村发展主体地位滞后。关中地区是陕西省经济相对发达、城市化水平较高的核心区，但是城镇空间分布不均衡，主要沿渭河谷地及主要交通干线呈串珠状分布。关中地区的城乡居民点主要分布在以长武县—彬县—旬邑县—淳化县—泾阳—西安为中轴，以陇县—宝鸡市区—杨凌示范区—武功县—兴平县—西安市区—渭南市区—大荔县—合阳县—韩城市为抛物线的城乡发展带上,在西咸大都市区域内形成人口及城乡空间分布最为集中的顶点。

第一,第一产业固定资产投资不足,阻碍了乡村发展主体的形成与壮大。

产业投资结构对产业结构的影响巨大,它不仅通过消耗各产业部门的产品影响其产出,而且直接决定了各产业部门的未来供给能力,从而影响社会经济的发展速度。以作为产业投资主要形式的固定资产投资为例,2016 年,关中地区直接用于第一产业的固定资产投资为 818.72 亿元,占关中地区固定资产投资总额的 5.60%,占社会固定资产总投资额的 5.49%(见表 7-5),使农业发展的支撑不足,速度缓慢。同时,关中地区工业部门发展所吸收的农村剩余劳动力主要集中在劳动密集型行业,这种在农业发展尚不发达背景下转移出的廉价剩余劳动力虽然降低了工业部门的生产成本,形成了产业发展的低成本竞争优势,但同时也消解了工业部门技术创新、产品创新的主观能动性,减少了农业剩余劳动力成长为乡村发展主体的机会,进而使城乡发展主体双向受损。发达的农业造就高素质的农民,高素质的农民推动工业的优质现代化。关中地区城乡工业部门的快速发展并没有与农业的高度繁荣相一致,从长远来看,低成本、低素质的农村剩余劳动力并不能保证关中地区工业化和现代化的持续稳定发展。显然,关中地区过低的农业投入,不利于农业生产率的提升,无法保证农业的现代化发展,无法持续促进第一产业的绝对增长,其结果必将导致农业支撑工业、工业反哺农业发展效率的低下,制约区域工业化及现代化的良性发展,以及产业结构的优化升级,也将不利于关中地区五市一区融合发展和全面小康的实现。

表 7-5　2016 年按三次产业分关中地区各地市全社会固定资产投资概况

单位:亿元

	第一产业投资额	第二产业投资额	第三产业投资额	固定资产投资总额	全社会固定资产投资
西安市	89.70	963.80	4043.50	5097.00	5191.36
铜川市	20.81	136.49	252.57	409.86	423.23
宝鸡市	271.72	996.90	1847.56	3116.18	3199.84
咸阳市	166.43	1062.75	2355.49	3584.67	3643.74
渭南市	262.18	456.37	1515.00	2233.56	2289.51
杨凌示范区	7.88	61.76	105.14	174.78	178.97
关中地区	818.72	3678.07	10119.26	14616.05	14926.65

资料来源:各地市的 2016 年国民经济和社会发展统计公报。

第二，城镇功能单一，聚集效益差。在小城镇的发展过程中，乡镇企业不断向小城镇集中，利于人口、设施、资金、土地等生产要素的聚集，进而产生聚集效益，发挥规模优势，带动小城镇第二产业的发展，吸纳农村富余劳动力进城从事非农产业活动。但目前关中地区的小城镇中占大多数的是依靠物资流通、商品经济发展的商贸型和以农业服务为主的基础农业型，虽然以乡镇企业发展带动的乡镇企业型小城镇数量达到一定的规模，但受布局分散及社区环境不良等因素影响，尚未形成气候，从镇域财政收入和人均纯收入等指标上看，远远低于东部地区小城镇发展的平均水平。当然关中也有一些因中华人民共和国成立后国家大中型企业的分布而兴起的工业城镇，其中有些小城镇的工业职能与周围农村地区和其他城镇有较好的联系，或占有优越的地理位置而发展迅速，并超过了所在县城关镇的规模和发展水平。

总体来看，由于镇区基础设施条件较差，劳动力素质不高及其他因素的影响，目前大部分小城镇既吸引不来现代高新技术产业，也缺乏农产品深加工和为农业产业化服务的龙头企业及其他第三产业，大部分小城镇产业以粗放型的小微企业和家庭作坊为主，在培育产业方面缺乏有效的措施方法。而目前过于分散的乡镇企业布局一方面给小城镇的基础设施建设带来困难，不能带动小城镇第三产业的发展，也影响了农村剩余劳动力向第二、第三产业的转移还严重制约了乡镇企业产业结构的优化。同时，镇级政府资源配置能力十分有限，镇集体企业和乡镇企业效益较差。小城镇的非农产业主要是为小城镇本身及周围居民提供商品交易、文化、医疗卫生、教育科研和行政服务的第三产业部门，能够为农村富余劳动力提供就业岗位的推动型工业部门尚未形成。这就是说，关中建制镇还处于最基本的集市贸易职能上，很难发挥带动区域内经济发展的辐射功能，经济规模小，职能单一，难以形成聚集效应，小城镇本身也难以得到较快发展，其对地方经济发展带动作用很小。

第三，农业产业化水平低，城镇化成为带动农民增收的主导因素。随着城市化进程的加快和大量的劳务输出，关中地区的农业劳动力高龄化、农业家庭经营粗放化、农业经营规模细碎化、农业资源要素短缺化、农业装备设施老旧化、农业技术提高缓慢化、农业发展资金短缺化、农业经济合作组织滞后化、农产品产销无序化等问题十分突出，极大地限制了农业发展的效益。此外，城镇化发展所带动的农民经营性非农收入及其增长速度已超过农业收入及其增长速度。其中，西安市、咸阳市、杨凌示范区、宝鸡市城镇化水平较高，资金、技术和人才等要素优势明显，地区农业发展和城镇化成为农民收入增长和乡村经济发展的双推动因素；铜川市作为关中地区中农业发展最弱和农民收入最低的一个地区，仍然以传统农业为主，地方农业自身的发展对于农民增收及乡村经济的贡献更低；渭南市作为关中农业发展水平较高的地区，以特色农业、生态农业等现代农业发展模式来带动农民增收的效用比较明显。

2）城乡关联互动作用较弱。

第一，城市化需求、工业化供给与区域产业发展实际偏差较大，不利于城乡差距缩小。首先，关中地区电子工业、生物医药、运输设备制造占据了主导地位，这些产业与全国普遍快速发展的形势相比，总体显得缓慢；与长三角和珠三角等先发地区完备的产业链体系相比，这些产业的前后向及区域关联性较差，产业链迂回程度低，产品结构单一，而且断裂现象十分突出。其次，从关中各城市看，西安与其他城市由于经济落差大，很难形成平稳衔接的产业链；且西安和咸阳由于时空距离较近，支柱产业同质化竞争现象明显，尚未形成合理充分的迂回产业链条；其他各城市大而全的发展思路，也缺乏合作的动机，企业缺乏相互之间的分工协作，核心城市的辐射带动作用十分有限。最后，由于关中地区的主体需求市场在区外，城市中的产业、企业发展主题等与外部市场的联系成为市场发展的主导，与区内城乡之间的联系与合作薄弱，其增长与发展难以形成带动当地经济发展的乘数效应。由此，关中地区工业化创造的供给、城市化创造的需求与区域发展的实际联系不能有效协调统一，从而不利于城乡二元经济社会结构的破解。

第二，经济与人口密度均较高的区域，城乡要素流联系较紧密。首先，就关中地区内部经济密度与人口密度的空间相关性而言，关中地区具有较高经济密度和人口密度的区域在空间上同步出现在西安市区、泾阳县、咸阳市、兴平市等区域，这同时也说明经济越发达、密度越大的地方对人口具有越强的吸引力，城乡之间的各种"流要素"比较密集，城乡之间的关联度较强。相反，在经济密度和人口密度均较小的区域，城乡之间的关联性相对较弱，且随着密度的降低，城乡关联的紧密性也逐步降低。其次，通过对关中城镇化水平及城镇人口布局空间进行分析可知，关中地区城镇人口空间分布围绕西安、宝鸡、渭南等集簇核心向外围逐渐降低，且关中地区非农业人口全局关联性亦较弱，无明显集聚性，这也造成城乡空间的关联性较差。

第三，核心城市建成区经济社会集聚能力强，周边区域发展基础薄弱，核心城市的扩散带动效应较差。宝鸡、西安及周围城市为关中地区经济密度和地区生产总值较高、城镇人口与城镇化水平较高的区域，在这两者之间，沿陇海铁路的礼泉、扶风、眉县、杨凌示范区和周至等区域的经济密度和地区生产总值相对比较薄弱。关中地区这种生产总值中间低、两头高的哑铃型结构不利于西安和宝鸡两大核心城市经济、技术、知识、产业、优质劳动力的辐射外溢及地区整体发展实力的提升，这种核心城市与邻近城市之间的规模等级结构断裂，发展差异过大的城乡结构体系严重限制了核心城市扩散效应的形成与发挥。对于关中地区内部城镇化水平和城镇人口规模较低的区域而言，由于受城市产业能级、资金实力、劳动力素质及技术实力、市场规模、城市规模等级以及区位条件等多元因素的限制，内生发展力量薄弱，很难主动承接大城市的产业转移和经济外溢，从而造成局域发展的集聚效应比较弱，速度及效率与核心城市差距甚大，区域发展不平衡的症结也将越来越严重。

第四，城镇规模偏小，发展滞后，带动乡镇经济发展的集聚辐射力量不足。首先，关中城市群规模偏小，经济总量较小，对外开放程度不足，吸引外资强度较小，利用外资的增长速度较低，辐射范围有限。其次，关中地区大量的建制镇和乡中还有很多未逾越传统生产生活方式的束缚，非农产业基础薄弱，发展缓慢，无法持续高效地吸纳农村剩余劳动力，对区域的集聚带动作用不强，无法形成城乡一体化增长中心体系，无法为关中地区五市一区融合发展打下坚实的基础。

截至 2016 年，关中地区建制镇及县城共 417 个，其密度为 7.5 个/千平方公里，小城镇密度已经较大，是陕南的 1.6 倍、陕北的 3 倍。关中建制镇的镇域平均人口规模在波折中上升，如表 7-6 所示。

表 7-6 关中地区建制镇及人口发展

年份 \ 指标	县辖镇数（个）	县辖镇人口数（人）	镇均人口规模（人/镇）
1982	40	811408	20285
1990	165	4495726	27247
1997	303	7263911	23973
2007	348	10225163	29383
2016	417	10773837	25836

资料来源：根据《陕西省志·人口志》第三次人口普查统计资料、《陕西人口统计资料汇编》《陕西统计年鉴》《陕西乡情》等统计资料整理。

导致镇平均人口波折发展的主要原因是建制镇数量增加过快。随着建制镇数量的增加，建制镇总人口数不断增加，就具体的某个建制镇而言，其规模在不断扩大，但同时全部建制镇的平均人口规模却在缩小。根据有关研究，小城镇镇区人口只有超过 3 万人时，小城镇的基础设施和服务体系才可能被有效利用。关中地区小城镇规模较小，仍要建设一整套基础设施，投资大、利用率低，并且要占用大量土地，这给原本土地、资源、资金就有限的关中经济带来沉重压力。

因特殊的地理区位和大城市的辐射作用，西安市、宝鸡市等城市周边的小城镇人口较多，除此之外，关中地区的大部分小城镇的人口规模都较小，除政府及其内设机构和县市的派出机构如农机、畜牧、粮管、文化、地税、工商、邮电、金融、供电等站所及祖籍在镇区的农民以外，一些小城镇几乎常年没有进镇落户的外籍人口，小城镇依然表现为"一条街道，几个门店"的景象。除了定期集市时人流较多外，这类小城镇在其余时间和农村并无较大区别。

第五，产业发展的市场机制及条件不成熟，市场经济活力不足。关中地区市场体系发育不完善，资本、劳动力、知识产权等要素市场没有建立或有名无实，多元混合化市场主体成长缓慢，特别是能提供较多就业岗位，吸收较多农村剩余劳动力，对区域城乡一体化发展具有巨大支撑及带动效应的民营企业力量薄弱。如 2017 年，关中地区仅有 4 家民营企业进入全国 500 强。

第六，城乡产业良性互动差，一体化发展艰难。城市经济追求效率至上，凝聚了大量的市场要素，农村市场要素不健全，加之重城轻农的历史思想桎梏、人为设置的制度藩篱，阻碍了城乡资源的有效互动流通。由于关中地区整体的工业化和现代化程度较低，农业产业化发展相对滞后，乡村大多还是难以和城市知识密集型、资金密集型的产业之间形成产业链，形成有效衔接的传统劳动密集型产业，致使城乡产业内生依存关系薄弱，进而无法形成城乡产业共同体集群，规模经济、范围经济、集聚经济，集聚效应、扩散效应等也就无从谈起。加之多年来形成的思维定式和政策惯性，认为城市就是要走高精尖路线，发展现代化工业和服务业；农村就是要加快农业产业化，对农业结构进行调整。这种具有负外部效应的片面发展思维和政策弱化了城乡产业的关联性，导致城乡产业良性互动差，一体化发展艰难。同时，关中地区各城市之间经济联系松散，产业结构趋同化明显，产业之间的上下游关系弱，互补性差，配套率很低，难以有效融合，即使是关联企业的地理分布也比较分散。最后，关中地区的军工企业与民品企业、中央企业与地方企业、高等院校之间的脱节现象比较严重，且产学研方面沟通效率低下，未能将关中地区优势的科技资源有效地转化为区域城乡发展的高新生产力。中央企业、军工企业的"嵌入型"与"特殊化"特征，使之与当地经济的市场化连接机制不完善，产业链条短直，对地方经济的带动和联动缺少纽带，对当地经济发展的贡献不显著。

第七，城乡纵向行政性联系较多，功能性联系较弱，发展缺乏统筹协调。城乡之间的联系强度取决于城乡的等级和规模、交通通信状况、商品经济发达程度、专业化特点和产业结构特征等。虽然关中地区具有相对比较完善的道路交通网络体系，但由于城乡之间的规模等级、职能结构的畸形发展，城乡在资金、产业链、信息、技术、文化、人才等软体方面联系不足，城乡未能形成完整的产业链条，城乡之间独立发展，各自为政；再加上关中地区城乡发展的单核结构，使得各城镇与区域中心城市之间的相互作用频繁，而各城镇之间的横向联系却很有限，且政治联系多于功能联系，城乡二元结构明显。最后，各城镇间在规划布局、基础设施建设等方面缺乏统筹和协调，存在无序建设和过度开发现象。如秦岭北麓地区是关中城镇群的生态屏障和水源涵养地，近年来受利益驱动，各种建设开发活动频繁，盲目开发、无序建设对城镇赖以生存的生态环境造成了较大的破坏。这些影响关中地区小城镇持续发展的重大问题协调难度特别大。随着城镇化进程加快，关中城市群的逐渐形成，小城镇之间的协调发展问题将更加突出和迫切。这种格局最终将不利于紧密协作的合理化的城乡空间网络的形成，不利于五市一区融合发展，不利于全面小康的实现。

3）空间层级结构断裂。

第一，单核心集聚发展，中等城市少，不利于城市涓滴效应的发挥，小生产与大市场联系不畅。关中地区城镇密度远高于全国平均水平，已经初步形成以五市一区为核心，沿陇海铁路带状发展的关中城镇密集区。课题组使用三个指标测度关中地区城镇空间结构：

一是城市基尼系数：

$$G_i = T_i/2S_i(n-1) \tag{7.3}$$

式中，n 表示关中地区内城市数量，S 表示城市群总人口，T 表示关中地区各城市人口数之差的绝对值加总求和，G_i 表示关中地区城市基尼系数，表征第 i 个城市群中人口的集聚状况。城市基尼系数在 0~1，基尼系数越接近 0，表示关中地区人口分布越分散；城市基尼系数越接近 1，表示关中地区人口分布越集中。结果如图 7-3 所示。

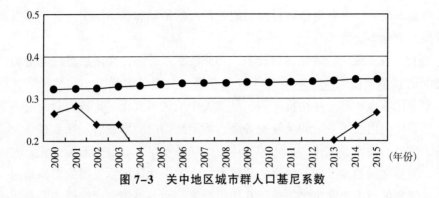

图 7-3　关中地区城市群人口基尼系数

二是首位城市集聚度：参考李佳洺（2014）的研究，以首位城市在整个关中地区中的比重表征，用首位城市人口与关中地区总人口之比表示。

城市基尼系数表征的是关中地区人口整体的集聚程度，首位城市集聚度表征的是关中地区内部结构特征。如果同一个区域两者都高，意味着该区域是一种单中心的人口集聚空间结构，区域人口主要集聚在首位城市；如果一个区域城市基尼系数高而首位城市集聚度低，意味着该区域是一种双中心或多中心的人口集聚空间结构，区域人口集中分布在两个或多个城市中。结果如图 7-4 所示。

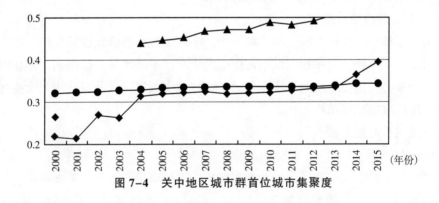

图 7-4　关中地区城市群首位城市集聚度

三是分形维数（zipf 维数），计算公式如下：

$$P_i = P_0 \cdot (i)^{-q} \tag{7.4}$$

式中，P_i 是关中地区中第 i 个城市的非农业人口数，P_0 表示关中地区首位城市的非农业人口数，i 表示关中地区城市非农业人口数排名（$i = 1，2，3，\cdots，$ n，n 为关中地区内部城市个数），q 为 zipf 维数，当 $q = 1$ 时，关中地区内部城市人口规模呈位序—规模分布，当 $q > 1$ 时，关中地区内部城市人口分布差异较大，首位城市的分布人口多，当 q < 1 时，关中地区内部城市里面中间位序的城市较多，首位城市的中心性不强，人口多分布在中间位序城市中，结果见图 7-5。

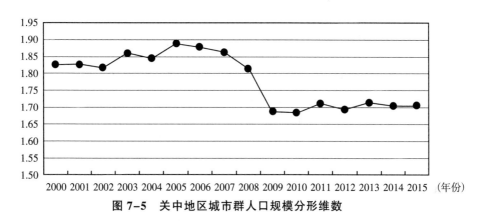

图 7-5　关中地区城市群人口规模分形维数

关中城市基尼系数在 2000~2015 年呈现逐渐升高的趋势，由 2000 年的 0.32 上升到 2015 年的 0.35，表明关中地区人口集聚度随着时间推移上升，并且集中程度呈现逐渐提高态势，人口空间结构集聚度逐渐升高。从首位城市集聚度结果可以看出，其变化趋势与城市基尼系数变化趋势一致，随着时间推移呈现出逐渐提高的趋势，首位城市集聚度由 2000 年的 0.32 上升到 2015 年的 0.34，说明较大比例人口集中到中心城市西安，而且西安市吸纳人口呈现逐年升高趋势。分形维数测度结果也表明中心城市西安的人口集聚度高。结合三类计算结果可知关中地区人口呈现为集聚分布局面，而且其集聚程度逐年提高，但是这种西安特大城市的绝对集聚与广大腹地区域的过度分散，很难把区域分散的小生产和大市场有机联系起来，不能促进覆盖区域内生产、流通、服务、科技、文化等各个方面的区域经济网络的形成。

第二，大小城镇两极导向下的城镇化发展道路，城市产业结构类似，聚合外溢不足。

首先计算五个主要城市的产业结构相似系数，计算基本步骤如下（王发曾、刘静玉，2007）：

第一步，首先定义 j 地区 i 产业的总从业人员比例 y_{ij}。计算公式为：

$$y_{ij} = Y_{ij}/F_j \tag{7.5}$$

式中，i = 1，2，3，…，n；j = 1，2，3，…，k；i 表示产业部门数目；j 表示城市数目；y_{ij} 表示 j 城市 i 产业部门的从业人员比例；Y_{ij} 表示 j 城市 i 产业部门的从业人员数；F_j 表示 j 城市 n 个产业部门的从业人员总数。

第二步，计算第 i 产业部门 k 个城市的平均构成 $\bar{y}_i$。计算公式为：

$$\bar{y}_i = \frac{Y_i}{Y} = \frac{\sum\limits_{j=1}^{k} Y_{ij}}{\sum\limits_{j=1}^{k} F_j} \tag{7.6}$$

式中，Y_i 表示 k 个城市第 i 个产业部门的从业人员总数，Y_{ij} 表示 j 城市 i 产业部门的从业人员数，Y 表示 k 个城市所有从业人员总数。

第三步，计算第 i 个产业部门的标准差 σ_i。计算公式为：

$$\sigma_i = \sqrt{\frac{\sum\limits_{j=1}^{k} (y_{ij} - \bar{y}_i)^2 F_j}{\sum\limits_{j=1}^{k} F_j}} \tag{7.7}$$

第四步，计算第 i 个产业部门从业人员比例的最大期方差 $\bar{\sigma}_i^2$。计算公式为：

$$\bar{\sigma}_i^2 = \left[1 - \frac{\sum\limits_{j=1}^{k} F_j^2}{\left(\sum\limits_{j=1}^{k} F_j \right)^2} \right] \bar{y}_i^2 + \left[\sum\limits_{j=1}^{k} (y_{ij} - \bar{y}_j)^2 \frac{F_j^2}{\left(\sum\limits_{j=1}^{k} F_j \right)^2} \right] \tag{7.8}$$

第五步，计算第 i 个产业部门的相似系数 ρ_i。计算公式为：

$$\rho_i = 1 - \frac{\sigma_i}{\sqrt{\bar{\sigma}_i^2}} \tag{7.9}$$

式中，ρ_i 的含义是：当 ρ_i 趋于 1 时表示第 i 个产业部门的分布趋于相同；当 ρ_i 等于 1 时表示第 i 个产业部门的分布完全相同；当 ρ_i 趋于 0 时表示第 i 个产业部门的分布趋于不相同；当 ρ_i 等于 0 时表示第 i 个产业部门的分布完全不相同。

以西安、宝鸡、咸阳、铜川、渭南 5 个地级市作为计算的基本地域单元，参照各地市的统计年鉴和国研网区域经济数据库，选取 2016 年的各地市分行业从业人员数，计算关中地区不同城市之间产业结构的相似系数，如表 7-7 所示。

表 7-7　2016 年关中地区城市间产业结构的相似系数

行业	相似系数	行业	相似系数
农林牧渔业	0.4261	金融业	0.5843
制造业	0.6945	房地产业	0.5255
电力煤气及水生产供应业	0.6128	教育业	0.8550

续表

行业	相似系数	行业	相似系数
建筑业	0.8195	信息传输、计算机服务和软件业	0.5965
科研、技术服务和地质勘查业	0.3375	水利、环境和公共设施管理业	0.8316
交通运输、仓储及邮政业	0.4558	居民服务和其他服务业	0.6712
批发和零售业	0.7842	卫生、社会保险和社会福利业	0.7769
租赁和商业服务业	0.7459	文化、体育和娱乐业	0.5974
住宿、餐饮业	0.7854	公共管理和社会组织	0.5916

关中城市群 18 个细分行业中，相似系数大于 0.5 以上的行业占总数的 83.3%。分析发现，关中城市群产业结构趋同较严重，没有形成具有层次结构的高效产业集聚。比如高新技术产业和服务业在西安为优势产业，而在咸阳、宝鸡、渭南、铜川和杨凌等城市发展规模相对狭小，难以与西安对接，也难以实现向周边小城市和城镇辐射的功能。出现上述产业结构类似的原因可能是：长期以行政区划为单元，各自发展，企业规模偏小，主导产业优势没有充分发挥，存在类同和重复建设弊端，聚合外溢不足。

在整个关中地区，城镇体系职能分工不合理，大城市经济发展职能突出、综合性强、首位度较高；中等城镇经济职能相对较弱；小城镇的行政职能普遍较强，功能雷同，职能结构单一，中心辐射能力弱。西安是西陇海—兰新经济带上经济实力最强、城市综合竞争力也最强的城市，而处于第二位置的宝鸡只属于中等城市。西安与宝鸡间缺少大城市，关中地区仍然表现为单核结构特征，城乡居民点在等级结构上出现了断层，未能形成一个完整的量级递减、功能互补的不同规模、性质、类型有序的紧密城镇体系，尤其是起承上启下作用的中等城市的严重缺失，使中小城市直接受特大城市辐射，接受大城市的产品、技术转移的中坚力量比较薄弱，不利于形成关中地区内众多的经济增长点，也阻碍了关中五市一区融合发展。

7.3.2.3　促进关中五市一区融合发展的具体方案实施途径

（1）科学设置功能区域规划和总体规划，促进规划融合。一定的国土空间可以具有多种功能，但必须有一种主体功能。如果次要功能发挥过度，就会损害主体功能产品的生产能力。因此，关中地区必须依据资源环境承载能力、开发强度和发展潜力，区分关中地区不同国土空间的主体功能，确定开发的主体内容和主要任务。要明确在资源环境承载力较好、区位条件较优的地区，加大开发力度，提高开发效率，集聚更多的人口和产业。反之，则要控制经济活动，适度迁移人口，更多地承载生态保护功能，从而实现空间结构上的优化和空间利用效率的提高，这也是吸纳陕南陕北贫困人口、加速实现陕西省全面小康的重要手段。

关中地区由秦岭北麓、渭河平原和渭北旱塬构成，东部被黄河北干流割断，土地肥沃，物产丰富，城镇化水平较高，其面积仅占陕西省面积的19%，但工农业产出均占陕西省60%以上。但针对如此宝贵的土地资源，哪些区域应禁止开发、加以保护，哪些区域需要限制开发，哪些区域可以充分开发，截至目前还没有严格的区划和立法。如果按照中央新的发展理念，关中目前有不少地方需要整治。未来，关中经济必然迎来新的发展，所以制定科学的功能区划十分必要，需要远近结合，科学设置，一张蓝图绘到底。

参考《国务院关于编制全国主体功能区规划的意见》（国发〔2007〕21号）、《全国主体功能区规划》和陕西省人民政府《关于编制全省主体功能区规划的实施意见》（陕政发〔2007〕72号），根据2013年印发的《陕西省主体功能区规划》，将关中地区分为重点开发区域、限制开发区域和禁止开发区域三类。

1）重点开发区域。重点开发区域是指经济基础较强，具有一定的科技创新能力和较好的发展潜力，城镇体系初步形成，中心城市有一定辐射带动能力，重点进行工业化城镇化开发的城市化地区。

重点开发区域的功能定位是：支撑陕西省乃至全国经济发展的重要增长极，提升综合实力和产业竞争力的核心区，引领科技创新和推动经济发展方式转变的示范区，陕西省重要的人口和经济密集区。

其发展方向和开发原则是：第一，完善提升城镇功能。有序扩大城市规模，增强城市金融、信息、研发等服务功能，尽快形成辐射带动力强的中心城市，发展壮大县域中心城镇，构建城乡一体化服务网络，推动形成分工协作、优势互补、集约高效的城镇群。第二，统筹规划发展空间。适度扩大先进制造业、资源深加工业、现代服务业、城市居住和交通建设空间，有序减少农村生活空间，扩大绿色生态空间，实现土地科学、高效的动态管理和供给。第三，促进人口合理集聚。适度预留吸纳外来人口空间，完善城市基础设施和公共服务，进一步提高城市的人口承载能力。通过就业带动、宅基地置换城镇住房、公平享受公共服务等多种途径引导辖区内人口向中心城区和重点镇集聚。第四，形成现代产业体系。强化主导和支柱产业的主体地位，大力发展战略性新兴产业，运用高新技术改造传统产业；积极发展现代农业，加强优质农产品基地建设；大力发展高端生产性服务业，提升对国民经济的支撑作用；合理开发能源和矿产资源，将资源优势转化为经济优势。第五，提高发展质量。优化空间结构，提高土地特别是工业用地的产出水平；开发区和工业园区建设应遵循循环经济的发展理念，大力发展清洁生产，降低资源消耗和污染物排放强度，确保发展的质量和效益。第六，完善基础设施。统筹规划建设交通、能源、水利、通信、环保、防灾等基础设施，构建完善、高效、区域一体、城乡一体的基础设施网络。做好生态环境、基本农田等保护规划，减少工业化城镇化对生态环境的影响。

关中地区的重点开发区域包括：西安市：新城区、碑林区、莲湖区、灞桥区、未央区、雁塔区、长安区、阎良区、临潼区、高陵；铜川市：王益区、印台区、耀州区；宝鸡市：渭滨区、金台区、陈仓区；咸阳市：秦都区、渭城区、兴平市、长武县、彬县、旬邑县；渭南市：临渭区、韩城市、华阴市、华县、潼关县；杨凌示范区。

2）限制开发区域（农产品主产区）。限制开发的农产品主产区是指具备较好的农业生产条件，以提供农产品为主体功能，以提供生态产品、服务产品和工业品为其他功能，需要在国土空间开发中限制进行大规模高强度工业化城镇化开发，以保持并提高农产品生产能力的区域。

关中地区限制开发的农产品主产区包括：渭河平原小麦主产区以及渭北东部粮果区、渭北西部农牧区。

一是渭河平原小麦主产区。该区包括西安市的蓝田县和户县，宝鸡市的凤翔县、岐山县、扶风县和眉县，咸阳市的武功县、三原县、泾阳县、礼泉县和乾县，渭南市的富平县、蒲城县、大荔县、合阳县、澄城县16个县。

其功能定位是：国家汾渭平原农产品主产区的重要组成部分，重点建设国家级优质专用小麦产业基地和玉米生产基地，保障国家粮食安全。其发展方向是：第一，加大技术投入，促进机械化种植和采收，鼓励制种，推广普及优良品种，发展优质强筋、中筋小麦和高蛋白、高淀粉、高赖氨酸的专用玉米，提高粮食品质和商品率。第二，优化农业生产布局，着力发展特色农业，建设"秦川牛"养殖基地、生猪产业基地、设施蔬菜生产基地和猕猴桃、苹果、樱桃等特色经济林果生产基地。在大中城市周边积极发展以花卉、园艺、休闲体验等为主的都市农业。第三，优化开发方式，发展循环农业，搞好现代农业示范园区建设，实现农业生产的无害化和农业资源利用的综合化。

二是渭北东部粮果区。该区包括渭南市白水县。其功能定位是：全国优质苹果产区、西部农业综合发展示范区。其发展方向是：第一，大力发展优质苹果，提高生产关键技术，加快主要环节生产机械化技术推广，推行标准化管理，建设绿色果品出口示范基地,加强"陕西苹果"地理标志产品保护。第二,积极发展蔬菜、养殖等特色优势农业,提高集约化和专业化水平,推进农业发展方式转变。第三,因地制宜发展机械制造、石油加工,加强蒲白等煤炭开采区环境综合整治,积极发展食品加工业、红色旅游业和休闲农业。

三是渭北西部农牧区。该区包括宝鸡市陇县、千阳县、麟游县,咸阳市永寿县、淳化县 5 县。其功能定位是:优质奶畜产品生产基地、优质小麦生产基地、优质苹果和鲜杂果生产基地、中药材生产基地。其发展方向是:第一,重点发展奶牛、奶山羊等特色畜牧养殖业,积极发展苹果、小麦、玉米、小杂粮等特色优势农业,加快农业科技推广和农业机械化发展,提升产业化水平。第二,适度开发煤炭、石灰石等资源,科学规划和建设生态型工业园区,有序发展建材、陶瓷、缫丝、中药材等产业,鼓励发展特色手工艺品和以乳制品、肉制品、果蔬制品、粮油加工为重点的食品工业等。第三,加强县城和重点镇道路、供排水、污水垃圾处理等基础设施建设,提高综合承载能力,引导农村人口向城镇转移。

四是基本农田保护。基本农田是指按照一定时期人口和经济社会发展对农产品的需求,依据土地利用总体规划确定的不得占用的耕地。要依据《土地管理法》《农业法》和《基本农田保护条例》和本规划的要求进行严格管理,确保面积不减少,用途不改变,质量不降低。

具体来说:第一,坚持最严格的耕地保护制度,对耕地按照限制开发区域的要求进行管理,对基本农田按照禁止开发区域的要求进行管理。第二,严格实施土地利用总体规划,切实保护耕地,特别是基本农田。基本农田一经划定,原则,上不得调整,严格控制各类非农建设占用基本农田。第三,省级以上重大建设项目和保障人民群众生命安全的建设项目选址确实无法避开基本农田,经合法审批占用的,须补充划入数量和质量相当的基本农田。

3) 限制开发区域 (重点生态功能区)。限制开发的重点生态功能区是指生态脆弱、生态功能重要,关系到全省乃至国家生态安全,以提供生态产品为主,不宜进行大规模高强度工业化城镇化开发的区域。

关中地区的限制开发的重点生态功能区包括:

一是秦巴生物多样性生态功能区。包括西安市周至县,宝鸡市凤县、太白县。该区的主体功能是维护生物多样性、水源涵养、水土保持,提供生态产品。

二是子午岭森林生态片区 (部分)。该区在关中主要是宜君县,以天然次生林为主,是黄土高原地区动植物种类繁多、森林生态系统保存完好的典型地区,具有水源涵养和维护生物多样性的重要功能。其保护和发展方向是：大力实施天然林保护、退耕还林工程，扩大林地面积。加强自然保护区和森林公园建设，大力发展文化旅游、生态旅游和特色农业，适度发展设施养殖业。加强煤炭资源开发监管，加大矿山环境整治和生态修复力度。

三是其他区域。主要包括关中北部旬邑县和耀州区个别乡镇。其保护和发展方向是：加强退耕还林，防止水土流失，扩大绿色生态空间。

4）禁止开发区域。禁止开发区域是具有代表性的自然生态系统、珍稀濒危野生动植物物种天然集中分布地、有特殊价值的自然遗迹所在地和文化遗址等，需要在国土空间开发中禁止进行工业化城镇化开发的重点生态功能区。主要包括各级自然保护区、水产种质资源保护区、森林公园、风景名胜区、地质公园、自然文化遗产、重要湿地（湿地公园）、重要水源地。

禁止开发区域的功能定位是：保护自然文化资源的重要区域，珍稀动植物基因资源保护地。关中地区的禁止开发区域具体见《陕西省主体功能区规划》。其中，自然保护区有 23 个，森林公园有 38 个，风景名胜区有 18 个，地质公园有 3 个，文化自然遗产有 44 个，水产种质资源保护区有 9 个，国家湿地公园有 11 个，重要水源地有 38 个。

（2）构建产业融合发展的产业链、价值链、创新链，促进产业融合。重视发挥五市一区各自优势，根据产业基础合理分析和组合，明确各城市产业选择与布局，调动一切积极因素，全力发展关中，这也是吸纳陕南陕北贫困人口、加速实现陕西省全面小康的重要手段。

1）关中主要城镇职能定位。未来的发展中关中各城市要避免各自为政和重复建设，因此课题组对主要城镇的职能定位加以廓清。根据经济全球化和"一带一路"发展背景下城市职能的发展趋势，结合关中现阶段城镇发展内外环境及其区域发展目标，课题组认为关中城镇职能的定位应考虑下列因素：第一，遵循城市经济结构及产业内部结构的变化趋势，在国际和国内发展体系中根据城镇的比较优势确定城镇在一个可以持久的、有吸引力和发展前景的环境中有利可图的准确定位；第二，根据各个城市的社会经济直接影响力的强弱，区分不同层次的城市职能作用的空间范围，确定不同的职能类型。关中的核心城市要注意扩大城市职能的外向度，其他经济相对较差的城镇要注重发挥其集散功能，打破长期存在的"城乡二元"结构；第三，关中悠久的历史文化传统和特殊的地域环境，在城市职能定位过程中应注重城市职能特殊化发展的要求，并不断提高城市文化品质。鉴于此，关中一些城镇的主要职能及层级如表 7-8 所示。

表 7-8　关中城镇职能及层级一览表

城镇名称	职能及层级
西安—咸阳中心主城	世界闻名的历史文化名城，我国重要的科研、高校、国防工业及高新技术产业基地，第三产业高度发达的特大型城市，中西部地区、陇海线及"一带一路"的中心城市之一，属于第一层级
宝鸡市	西部地区交通枢纽、拥有高新技术产业及其他多种工业、第三产业较发达的特大城市，属于第二层级
渭南市	关中东部重要大城市，以重化工业及农产品加工业为主的综合产业城市，属于第二层级
铜川市	以建材、能源为主的多种工业城市，属于第二层级的大城市
杨凌示范区	以高新农业、农副产品加工、科技教育、旅游为主的全国示范性城市，属于第二层级的中等城市
华阴市	以旅游和加工业为主的小城市，属于第三层级
韩城市	以重化工、商贸、旅游为主要职能的中等城市，属于第三层级
兴平市	以化工工业和装备工业为主的综合工业城市，属于第三层级的中等城市

2）关中城镇产业选择与布局。城镇发展的基础是城镇经济的发展。城镇经济发展必须发挥城镇优势，确定与其相适宜的产业，优化城镇产业结构。根据关中各城镇职能定位分析结果，课题组认为关中城镇适宜的产业发展方向如下：

西安、咸阳市增强西咸都市圈的聚合功能，发挥特大型经济中心城市的综合功能，成为区域发展要素配置中心、产业扩散中心、技术创新中心和信息流转中心，优化西安、咸阳、西咸新区之间的城市功能，加快推进规划建设、行政管理和产业布局一体化发展。建议进行如下设计：

第一，①西咸都市圈应该尽快成为关中产业结构优化升级的重要引擎，应依托既有的产业、基础设施、智力资源和旅游资源等方面的优势，成为我国西部创新中心。依托高新区、大专院校和大中型企业建设一批企业孵化器，培育孵化科技型企业和项目；同时，采用政府规划和市场驱动相结合的机制，引导科技创新和产业发展资源向主导产业聚集，引导生产要素向优势企业集中，开发一批有自主知识产权或引进、消化、吸收、创新的龙头产品，培育一批大型高科技企业和企业集团。②成为我国高新技术产业改造传统产业的示范基地。按照市场需求和产业基础，重点加强机械、电子、纺织等传统产业的技术改造，加速信息技术、先进制造技术向传统产业的渗透。支持高新技术企业与加工制造企业合作，通过嫁接改造和兼并、联合、重组等形式，形成一批主业突出、核心竞争能力强的大公司；大力发展市场前景好的劳动密集型产业，尤其是从东部地区转移进来、能够明显促进中下游产品开发、有利于调整全省经济结构的产业。在都市圈内构建知识密集型产业与劳动密集型产业协调共进的格局。③成为我国旅游产业和旅游产品的富集地。

第二，西咸都市圈应该建成承东启西和关中综合交通网络的主枢纽，同时随着西北地区向西开放，势必与中亚、中东等国家建立长久的经贸关系，而这些国家尤其是中东国家多数是以重工业为主的资源输出国，农业发展条件差、轻工业产品短缺，因此，关中可借在农业、轻工业和地缘上的优势，以"一带一路"建设为契机，打通向中亚、西亚及欧洲的出口。

第三，西咸都市圈应该成为关中经济一体化的综合服务（融资、现代物流、信息）中心和西部中介组织机构最完善、服务功能最齐全、经营管理最规范的区域之一。

宝鸡市作为关中西部中心城市，应该继续通过对现有的大型工业企业的技术改造和新产品开发，重点发展新材料（特别是钛材）、先进制造及机电一体化等高新技术产业，提升电子、机械、食品加工等支柱产业，以及强化第三产业的发展和交通设施的建设，使其成为高新技术产业、加工业、商贸服务业、交通并重的大型生态城市。

渭南作为关中东部的中心城市，应该依托经济技术开发区，重点发展化工、有色金属（特别是钼工业）、食品加工业和现代农业的综合产业城市。

铜川作为关中北部中心城市，随着城市规模的逐渐扩大以及城市行政中心的南迁，以加强新区建设为契机，推进其产业结构由重工业为主向以建材、冶金（铝业）、电力、旅游、食品为主转变，促进资源型城市转型。

陇海沿线地区的客流量、开放先导区和吸收利用外资等方面的空间分布特征都反映出咸阳以西到宝鸡以东之间为关中城镇带断裂处和薄弱区，这与课题组对关中城镇实力圈范围测定结果一致，因此通过各种政策措施刺激这一区段的迅速发展是促使关中城市群融合发展的突破口。当前特别是要充分利用杨凌现有的基础设施和国际化品牌，尽快进行撤区设市，建成以高新农业、农副产品加工、农业科技教育、旅游、生物工程和无公害农用生产资料、节水灌溉等为主要职能的关中核心城市。同时利用其在农业高新技术方面的优势，聚集涉农加工和出口龙头企业，以"企业+基地""企业+专家+农户""企业+农户"等多种产业化形式，加强与周边地区的合作，形成以农业示范、技术扩散和为农业、农村发展提供全程服务的核心基地。

对于县城及重点小城镇，应以发展县域经济为突破口，加快其主导产业的形成和发展。为此应把握好以下几个原则：一是突出特色的原则。各县（市）必须依据各自的区位、自然和资源禀赋，因地制宜，分类指导，确定主导产业，实行重点开发，打造特色产业和名牌产品。二是市场导向原则。各县（市）要按照市场需求调结构、定项目、建基地，充分发挥市场机制在资源配置中的基础性作用。三是开放带动原则。扩大对内对外开放，加大招商引资力度。通过鼓励农民进城，聚集到小城镇，进行有导向性的劳务输出等多种形式，带动本地经济发展。四是城乡统筹原则。制定科学合理的县域经济发展规划，不断加大对县域经济的投入，促进城乡共同繁荣。五是可持续发展的原则。必须坚持保护环境、保护资源的基本国策，谋求长远发展。同时，在加快制度创新的基础上，实现财力分配适当向县（市）倾斜，调整和完善现行县乡财税体制，做到公平和效率相结合。

（3）推进公共事业一体化，促进交通通信等基础设施融合。关中五市一区之间推进电信、金融、交通、生态等公共事业一体化，会改变现有的市场竞争格局，培育新的企业竞争优势，培育新的消费市场，提高公众的社会福利。

要进一步加强区域航空港、公路港、快速铁路网、高等级公路网"两港两网"建设，形成大物流格局。发达的物流能够借助其快速、安全的位移为产业发展创造空间价值和增值服务。

同时推进电信、金融一体化，降低产业跨城市集聚的金融、信息服务成本，以提高集聚发展效率。

7.3.2.4 促进关中五市一区融合发展的具体方案保障措施

课题组参考京津冀协同发展的经验，从动力生成、组织协调、信息传导、利益保障等方面提出促进关中城市群五市一区融合发展的保障措施。

珠江三角洲、长江三角洲的良性发展充分证明了区域经济的重要性，大城市要带动中小城市发展，形成城市群的总体效率。近期习总书记亲自抓京津冀协调发展，这不仅是为了疏解北京首都功能，更重要的是发挥北京、天津优势，带动河北发展，建设渤海湾经济带，实现经济发展和生态环境改善共赢。截至目前京津冀协同发展取得了非常明显的成效，在交通一体化、生态环境保护、产业升级转型等方面，已经取得了明显的突破。关中地区拥有门类齐全的工业基础，特别是大专院校、科研院所云集，高端人才实力雄厚。关中城市群内部五市一区各自特色鲜明，优势明显，如果能实现深度融合发展，就是实现习总书记要求陕西追赶超越的希望所在。因此参考京津冀协同发展的经验，从动力生成、组织协调、信息传导、利益保障等方面提出促进关中五市一区融合发展的保障措施。

（1）加强融合发展的动力生成。

1）改革现行财税体制。

第一，通过财政补贴政策和税收政策的调整，推动产业转移升级。依据要素禀赋不同和发展现状，在《关中—天水经济区发展规划》和《陕西省国民经济和社会发展第十三个五年规划纲要》的指导下，利用财政补贴和税收优惠政策引导产业转移升级，实现区域内产业的合理布局，产业的合理布局有利于调整就业结构，促进劳动力合理流动。如西安市政府一方面可以通过对主动搬迁的企业给予财政补贴的方式降低搬迁成本，另一方面可以通过调高该类产业的征税指标，增加企业的生产成本，促使产业进行转移。对部分需升级的产业，政府也可以通过加大财政补贴和制定税收优惠标准等措施，如享受技术改造国产设备投资抵免企业所得税的优惠政策等。

第二，征收大气污染税和机动车污染税，促进环境改善和绿色消费。关中地区环境污染现象严重，特别是大气污染，政府可以依照一定的环境质量标准向可能造成污染的企业发放排污许可证，企业则根据排污许可证在特定的时间向特定的地点排放特定数量的污染物。并且政府应对大气污染物排放超标的企业征收高额的大气污染税，促进其技术进步，降低其污染物的排放总量和排放强度。机动车尾气排放也是造成雾霾的重要原因之一，相关部门可以考虑征收拥堵税或者机动车污染税，加大机动车的运行成本，有利于降低机动车尾气排放总量，不仅能够减少大气污染，还有利于缓解路面交通拥堵现象。

2）健全社会设施的建设及共享机制。

第一，完善社会设施的建设机制。由于经济发展水平、地方政府财政收支等方面的差异，导致关中地区的教育、医疗、文化、体育等方面的基础设施配置不均衡现象严重。针对基础设施配置不均现象，一方面，关中地区政府应在学校、医院等基础设施、社会事业等方面加大对贫困地区的支持力度，加大对农村水利、垃圾处理等公益性项目建设的支持力度；另一方面，政府可以通过与社会慈善机构大力合作，充分利用社会资源实现贫困区域的脱贫帮扶。同时，各级政府也可以通过积极引导和鼓励有实力的企业对贫困地区基础设施配置进行支持和援助，如政府可以引导生产体育设备的企业对贫困学校捐献体育设施，医疗设备的生产厂家对贫困地区基层医疗卫生机构提供医疗设备的支持。

第二，健全社会设施的共享机制。完善公共服务共享机制应做到以下几个方面：一是建立公共服务互惠机制，推进关中区域内重大科研设施、高校优质教育资源特别是文献检索资源、环境监测网络等方面的相互开放和共建共享，推进科研资源共享、教育资源合作、区域内医学检验互认、社保体系有效衔接等。二是统筹区域内教育资源的协调、均衡配置，加强欠发达地区和发达地区学校教师资源的结对交流，通过安排教师互派挂职、跟岗培训等工作，实现教育资源共享；以学校组织的"手拉手"等活动为桥梁，不同地区的学生可以结成小笔友，增加学习与生活交流。三是推动医疗卫生服务和高层次医疗人才共享，推进医疗机构合作办院、设立分院、组建医联体，通过相互带动，促进医疗水平共同提升。四是推进社会保障一体化发展。一方面，探索实现养老保险、医疗保险和失业保险关系无障碍转移；另一方面，探索区域社会保险转移接续、医疗保险异地就医结算、公积金异地互贷等制度，推进区域内基本公共服务制度规则的对接。

3）完善多元化政绩考核机制。

第一，根据不同功能分区制定相应的政绩考核标准，区域发展应因地制宜地制定其产业、财政、金融、土地、人口、资源、环境等政策，改变单纯以GDP增长等经济发展指标考核不同区域发展成效和决定官员升迁的办法。关中区域的政绩考核制度应在其主体功能区划分的基础上进行调整和完善：禁止开发区域应构建以生态、绿色为主的考核体系；限制开发区域应重点考核其产业升级和发展质量；重点开发区域应该重点考核经济发展指标，特别是经济结构优化、自主创新等方面，同时也要考核其生态环境指标。

第二，建立基于综合指标评估的政绩考核体系。为从制度上消除重复建设、产业结构雷同、地方保护主义等弊端，政绩考核指标应涉及经济发展、政治清明、文化进步、协同发展、社会和谐等各个方面，并且增加政绩考核和追责年限，使其注重近期发展与长远发展相结合，注重区域的可持续发展能力。参与政绩考核的评估主体也应该实现多元化，除上级政府外，还应积极吸纳专家智囊、企业、社会组织、民众等主体。

4）强化区域创新驱动机制。

第一，构建区域分工合理的创新发展格局，明确协同创新的重点领域。一方面，明确关中地区各城市科技创新的优势，实现合理分工和有序合作。西安作为科技创新中心，拥有大量的高校和科研机构，技术创新能力强，应重点提升原始创新和技术服务能力；宝鸡和咸阳制造业较为发达，应重点提升应用研究与工程化技术研发转化能力；渭南和铜川的科研能力较差，可以在西安科技创新资源的基础上，重点强化科技创新成果应用和示范推广能力。另一方面，五市一区要加强大气污染和水污染治理的科研创新，特别是加强绿色交通、清洁能源、资源高效利用、检测预警等领域的技术联合研发，同时加强新一代信息技术的应用研究和战略性新兴产业的技术联合攻关，支撑引领重点产业转移升级。

第二，完善科技创新投融资体系，加强技术成果转化服务体系建设。支持金融机构开展科技金融创新试点，拓展投融资渠道。完善科技成果转化平台市场化运营机制。建立科技金融合作平台，支持风险投资和互联网金融业健康发展，构建多功能、多层次科技金融服务体系。推进关中地区技术市场一体化建设，完善科技成果转化和交易信息服务平台，建立健全技术交易市场，完善信息共享、标准统一的技术交易服务体系。

第三，加强科技人才的交流培养，促进创新资源和成果的开放共享。加强区域科技人才制度衔接，搭建科技人才信息共享平台，健全跨区域人才流动机制。建立科技创新资源共享平台，推动大型科研设备、重大科技基础设施和科技信息资源共享。对于产业升级转移、污染防治等重点领域，五市一区联合开展科研攻关，并共享研发成果。

（2）促进融合发展的组织协调。

1）完善组织协调机构。课题组认为为实现关中五市一区的融合发展，应建立横向协商与纵向协调相结合的组织协调机构，从管理层面上看可分为决策层、执行层、咨询参谋层和仲裁层。一是完善执行层，在遵循自主性与权威性有机结合、公平与效率兼顾的原则下不断地完善组织协调机构，执行层可以下设经济发展、基础设施建设、公共服务提供、生态环境保护等专项委员会，明确工作细则，负责各项专门的工作。二是完善咨询参谋层，建议成立关中五市一区融合发展专家咨询委员会，未来可以在此基础上建立常设性的关中五市一区融合发展研究院，加强与高校智库的联系与合作，研究融合发展中存在的问题，提供相应的解决方案。三是设立关中五市一区融合发展仲裁庭，仲裁庭作为调节、仲裁关中五市一区发展矛盾的主体，既要有相应的权利支撑，又要保持中立。由关中地区政府组织设立，仲裁人员应由上层政府人员和社会各界专业人士组成。

2）完善组织协调政策。组织协调政策的制定，不仅包括区域发展总体规划、专项规划，还包括推动区域融合发展的各方面政策的制定。未来进一步推动有关推动产业转型升级的规划、区域生态环境规划、土地利用规划等专项规划出台，在总体规划和专项规划的基础上，要加快推动关中五市一区融合发展各项政策的出台，如推动产业转移升级的财税优惠政策，推动区域科技创新的投融资政策，推动关中五市一区公共服务共享的政策，等等。

3）建立政府间监督制度。关中地区各级地方政府间要协调顺利展开依赖于政府间监督机制的建立与完善，这需要确立一个跨越不同层级政府的独立的监督部门，其独立于各级政府部门存在，其只服从于法律，不受任何行政指令的影响，按照政府间监督制度对关中地区的地方政府、政府部门在区域融合发展过程中的行政行为进行监督，根据各项规划和政策落实的实际情况设立考核各地方政府的指标系统，设立评定等级，进行绩效测评，而且要把测评的结果与各地方政府和干部的绩效考核相结合，进而敦促区域内的各级地方政府能够恪尽职责，依法行政。另外还要对区域各级政府的领导强化教育培训，加强各级领导之间的交流学习，并及时总结经验；同时对区域政府的法定管理职责要进一步明确，对于失职渎职的政府行为，应依法追究相关责任人责任。

4）建立区域考核和人才培养制度。首先，试行区域考核评价方法。考核评价关中地区党委政府等领导人员不再进行单独考核，而要运用区域考核评价的方法，即从四个方面进行综合考核，分别是关中区域在国民经济发展中所做的贡献、区域融合发展的质量与效益、各个地区在区域融合发展过程中的努力、各个地区经济社会发展的情况。从而实现各地的工作目标从以自身发展为主，向实现关中地区融合发展进行移转，以提高整个区域的整体实力、竞争力和影响力为主，形成优势互补，有效地推动关中地区的紧密合作、互利共赢、共同发展。

其次，推动各类人员合理流转。一是完善关中地区领导干部的互相挂职、任职制度。明确关中地区区域领导干部或者高层级人才挂职、任职的指标，颁布激励和保障干部挂职、任职的政策。二是要深化科教资源的共享，构建关中地区人才需求的信息平台，共同培养人才。按照社会的需要和区域内各地区的教育特点，逐步破除招生、就业等方面的体制阻碍，冲破政策壁垒，激励和帮助关中地区共建共享优质教育资源。比如，关中地区的高级别人才能够在整个区域承办课题、共同研究，对在区域发展中做出杰出贡献的可以设立奖励。同时，支持民间交流。比如，可以推动关中地区的企事业单位、社会团体组织等共同举行工作调研、学术论坛、体育赛事、文化交流月和旅游节等活动。三是对于区域内的政府人员，为了得到更多的利益或者为了当前的利益而对长远和整体利益进行破坏的现象，要进行相应的惩罚，可以采取警告、降职、处分等方式，杜绝这种只为一己私利，而忽视全局的现象发生。

（3）提升融合发展的信息传导。

1）构建多层次、宽领域的信息平台。

第一，建立企业发展信息平台，特别是针对产业转移和企业搬迁提供服务，平台提供关中五市一区不同地区和产业园区的发展导向和落户政策以及各地政府对于各类企业、产业的税收优惠和财政补贴等支持政策，企业选址设立或转移都可以通过平台筛选信息。同时企业可以通过在信息平台上进行详细的信息注册，平台在注册信息检测无误的情况下，将与之相关的上下游企业进行关联，列举关联信息并进行及时反馈，为企业相互合作提供机会。

第二，建立统一的就业服务信息平台，通过整合现有各个层次的劳动力市场、建立高层次人才信息库、统一劳动力市场信息服务平台等手段，通过讲学、技术入股、从事咨询、兼职等人才柔性流动和人才租赁方式，实现区域人才流动和共享。推动失业登记管理、就业指导、岗位推荐、职位信息发布、政策咨询等服务对接，及时传递就业信息，对于社会需要的人才信息及时进行反馈，以促进就业。

第三，建立教育、医疗卫生等公务服务资源共享信息平台，在教育资源共享方面，可以通过开放课堂的方式，将教学质量高、师资力量雄厚学校的教学视频、音频放到共享信息平台上去，供别的学校学习借鉴；在医疗卫生资源共享方面，一方面，可以通过在信息平台跨区域挂号，方便跨区域就诊，另一方面，可以通过网络信息实现专家视频会诊、远程医疗等，促进资源在区域内的有效流动，有利于推动区域公共服务均衡化的进程。

2）完善高效、畅通的信息传导渠道。信息传导包括信息获取、信息整合与扩散以及信息反馈三个阶段。一是在信息获取方面，要拓宽信息获取渠道。西安市拥有大量的信息数据公司，这些数据公司发展较成熟，提供的数据呈现专业化和细化的特征，信息共享平台可以通过购买相关信息增加信息的获取量，信息共享平台整合统计部门所提供的间接信息的同时，通过走访和调查问卷等形式，增加直接信息的获取。二是在信息整合与扩散方面，设立专门的信息监测与分析工作部门，聘请专业人员对信息进行有效分析、整合，剔除不利于融合发展的信息，整合有利信息，为信息传播提供素材，拓展信息扩散渠道，增加信息的利用率。三是在信息反馈方面，既要做好关中五市一区区域发展主体对信息中心的反馈工作，又要做好信息中心对政府职能部门的反馈工作，通过设立专门的信息反馈界面或跟踪调查、回访等措施获取关中五市一区区域发展主体的反馈信息。通过分析区域发展主体的反馈信息，形成反馈建议或报告，提交政府职能部门，为政府组织协调工作提供决策依据。

（4）构筑融合发展的利益保障。

1）建立区域内横向财政转移支付机制。一是应建立重点开发区域对限制开发区域和禁止开发区域的横向财政转移支付机制。在转移支付的标准上，可以用

"因素法" 取代 "基数法"，选取一些不易受到人为控制的、能反映各地收入能力和支出需要的客观性因素，如人口数量、城市化程度、人均 GDP、人口密度等，来确定各地的转移支付额。

二是按照税收与税源保持一致的原则，建立地方政府之间的税收横向分享制度。按照关中五市一区对产业的边际贡献系数比例，在区域间产业转移时，探索地区间税收分享和产值分计；对于跨市合作项目带来的新增增值税、所得税等地方留成部分，可按一定比例，在合作地区之间进行分成；对于总部经济的税收分配，应加大总部所在地对分支机构所在地的税收转移力度。

2）建立公共基础设施的成本分摊机制。当人口自由迁移时，人口流入地的教育、医疗、文化休闲等公共服务基础设施的建设是无法避免的，但仅靠接收地政府的财政投入完成大量基础设施的建设是不合理的也是无法实现的。公共服务的提供不仅需要硬件基础，配套的软件也是必不可少的，以医疗服务为例，人口流入地为保证人口的医疗服务水平，不仅要增加医疗卫生网点和医疗设备的配置，更加需要相应的医护人员配置，为吸引优秀的医护人员到人口流入地工作，需要增加工资激励和配套的福利设施，这一部分的支出，人口流入地也应进行相应的分摊。

3）创新生态多元补偿、共建共享机制。

第一，构建有重点、多层次的补偿体系，综合运用政府和市场两种手段实施生态补偿。加大对关中重点生态功能区的生态补偿，明确生态补偿重点领域和范围。关中五市一区政府应加大均衡性转移支付力度，并对环境保护政策实施所形成的增支减收给予补偿，通过直接实施生态保护和建设项目、财政转移支付、财政补贴和税收方式，实现对生态涵养区的生态补偿。市场手段如生态资源有偿使用、排放权交易、专项基金、税收奖惩、政府购买等，是实现区域生态补偿的基本方式和有效路径，应注重生态环境成本内部化（如加大资源占用和环境污染收费）和运用市场机制实施生态环境保护（如碳排放权和排污权配额交易等）。

第二，探索开发权的有偿转让和生态资源价值化机制。结合关中地区实际，探索开发权从限制和禁止开发区域向重点开发区域的有偿转让制度，逐步建立多元化的横向利益补偿机制。生态资源价值化是实现生态涵养区经济社会发展的根本出路。实现生态资源价值化，首先，要完善生态资源的价值评估标准体系，并通过先进的技术手段改善生态资产遥感测量的精度，提高生态资源价值数据来源的可靠性；其次，政府要设立专门的生态资源价值核算委员会，以确保生态资源价值的有效核算；最后，制定详细的生态资源价值化市场运行规则和市场管理办法，加强市场监督、检查。

7.3.3　推进陕西农村城镇化总体方案

7.3.3.1　推进陕西农村城镇化的重点

优化城镇体系、建设小城镇群，配合实施乡村振兴战略与精准扶贫，促进城乡融合。

（1）优化城镇布局形态。根据《陕西省新型城镇化规划（2014~2020 年)》，按照陕西省"一核两轴两带三走廊四极"城镇发展骨架（见图 7-6)，促进不同规模的城镇合理发展，最大程度地促进农村居民转移转化。

图 例
- 区域发展核心
- 区域增长极
- 区域中心城市
- 城镇发展轴
- 城镇发展带

图 7-6　陕西省"一核两轴两带三走廊四极"城镇发展骨架

"一核"即以西安咸阳为核心;"两轴"即以陇海铁路和连霍高速沿线为横轴,包茂高速沿线为纵轴;"两带"即以陕北长城沿线、陕南十天高速沿线为两带;"三走廊"即以京昆、福银、沪陕高速沿线为三条走廊;"四极"即以宝鸡、榆林、汉中、渭南为四极。

(2)加强特色小城镇建设,完善健全中小城市的公共服务体系,落实"五个一批"要求,强化问题导向,推进陕南陕北向关中地区的易地扶贫搬迁,统筹做好教育、健康扶贫及社保兜底等各项工作。

7.3.3.2 陕西农村城镇化的基础与制约

(1)基础条件。

1)城镇化率保持稳步增长。2016年底常住人口城镇化率达到55.34%,提升速度位居西部地区前列。

2)城镇人口集聚力大幅度提升。在"建设重点示范镇和旅游文化名镇""扶贫搬迁工程"等政策的推动下,城镇人口集聚力大幅度提升。

3)基础设施建设逐步完善。

4)社会事业有所改善。医疗卫生基本实现全面覆盖,文化设施建设也得到了不断加强,文盲率持续下降。

(2)制约因素。

1)中心城镇吸纳人口压力大。陕西大城市与中小城市和小城镇发展不平衡不协调,超大城市西安后面缺乏大城市,几个中等城市规模较小,小城镇虽然数量多,但建设水平较低,人口规模较小。西安作为陕西省省会城市,首位度太高,城市人口过于集中。除去超大城市西安和特大城市宝鸡以外,其他大多数城市在全国城镇体系框架中处于第三、第四层次的地位。建制镇中大镇数量少,建制镇平均人口规模为4851人,仅相当于全国平均水平的3/4。83个县城(县级市)中超过10万人口的只有19个,其余838个建制镇中,人口不到1万人的小城镇占到城镇总数的90%。

2)城镇非农产业吸纳劳动力能力差。近些年来,随着工业的发展,陕西城镇化进程也不断加快,自改革开放以来,城镇化率由1978年的16.3%增长到2016年的55.34%。但从工业化与城镇化进程的同步性看,城市化进程明显滞后于工业化进程。对照钱纳里的发展模型,一般而言,城镇化率和工业化率的合理比值范围应在1.4~2.5,而2016年陕西的比值只有1.13,城镇化远远滞后于工业化。2016年陕西人均GDP达到7587美元,非农增加值比重达到91.2%,处于工业化后期时代。一般而言,当一个地区人均GDP超过3000美元时,其城镇化率应该达到60%左右，然而陕西城镇化率为55.34%，这表明在城镇化进程中，城镇非农产业发展对劳动力的吸纳能力仍然较低，制约了农村人口的转移转化。

3）城乡发展不平衡。由于城乡二元体制障碍尚未根本消除，农村地区和农民公平分享工业化、城镇化成果的制度机制缺失。在城乡二元土地制度下，城镇土地归国家所有，农村土地归集体所有，农村土地转化为城镇土地须由国家统一征收，农村土地流转局限于农村集体内部。由于农村土地使用权市场没有开放，土地承包经营权流转市场尚未成型，进城务工农民难以通过市场化途径实现土地财产收益权的合理价值，从而无法获得市民化的发展资本。加之实行二元户籍制度，由此产生的包括二元就业制度、二元福利保障制度、二元教育制度、二元公共事业投入制度在内的一系列制度体系，使农村经济社会发展存在壁垒，长期以来发展缓慢，造成陕西城乡发展的不平衡。陕西城乡发展不平衡的现象可具体表现为：城乡居民收支、城乡固定资产投资等方面差距均逐步扩大。

4）"人口半城镇化"现象突出。"空间城市化"并不代表人的"市民化"，改变经济数字和城市面貌容易，塑造新市民难。塑造新市民是个系统性工程，需要医疗、社保、教育等制度支撑，政府要有足够的预见性和政策准备。城镇化绝不仅是转变用地性质、建房子、给补偿那么简单，它从根本上改变了一种旧的生活方式、思维方式和体制机制，通过具体工作将进城人口与城市连起来，"城市化"的关键在于"化"。但现实中，较之快速推进的空间城市化，人的城市化仍相对滞后，大量农民工及其亲属虽然被纳入城镇人口范围，但进城农民并未真正获得市民身份，在入学、就业、医疗、保险等方面未享受平等的待遇，仍然处于"人口半城镇化"状态，尚未能真正完成市民化过程。同时，陕西有些地区拆迁过后，拆迁安置的居民点也形成了城市社区的生活氛围和习惯，一些村民获得数额较大的征地补偿款，导致"暴发户"放高利贷、盲目投资甚至赌博、肆意挥霍，由此可能会引发社会不稳定，产生诸多负面问题。

7.3.3.3　推进陕西农村城镇化的具体途径

没有农村的小康，特别是没有贫困地区的小康，就没有全面小康。因此以城市群为主要模式优化城镇体系结构，加强小城镇群的建设来推进陕西农村城镇化是实现陕西省全面小康的重要抓手。随着陕西省进入工业化中后期，城镇化的速度必然加快，农业人口大量涌入城市，已经产生了大城市交通拥堵、空气污染、房价高企和资源紧张等消极后果。而且陕西省内部通过多年的基础设施建设，交通已经比较便捷，通信、广电网络基本实现了全覆盖，十分有利于星罗棋布的小城镇生长。

（1）陕西省实现"就地城镇化"的优势与条件。

"就地城镇化"概念辨析。农村"就地城镇化"，是指在区域社会经济发展到一定水平后，农村人口不是通过向城市迁移完成城镇化，而是继续留在原有的居住地，通过提高劳动生产率、增加收入，完善基础设施，发展社会事业，提高自身素质，改变生活方式实现城镇化的一种模式。

就地城镇化表现为：第一，相对于传统村庄，人口居住集聚程度较高；第二，生产方式上实现三次产业联动，并以第二、第三产业为主；第三，居民享受的公共服务已经达到或接近城镇水平。

要使就地城镇化成为可能，应当具备以下条件：第一，村庄所处地区在大城市周边，为城市腹地。农民进城相对方便快捷，城镇对农村的辐射影响巨大。第二，城市提供较多就业机会。城市可以吸收的外来务工人员众多，就为农民提供了多种就业机会。农民不需要长时间居住在城市，既节省了在城市居住所要付出的巨大开销，同时也可以照顾到家里。第三，所处地区经济发展基础好，远期具有大规模工业发展的可能。越来越多的工业选择远离城市中心的远郊地区建厂，这里土地价格低廉，劳动力众多。同时，这也为农民提供了更多的就业机会和选择，农民可以在离家很近的工厂打工，生活成本低。

需要指出的是，对于不具备以上条件的农业型村庄，原则上建议暂时保持村庄现状，等到其具备发展条件之后再推进就地城镇化建设。

而陕西省拥有如下实现"就地城镇化"的优势与条件：

城镇化对农民来说不只是一种身份的转变，更重要的是生活方式发生了翻天覆地的变化，农民与居民的区别也不局限于人为规定的户籍，更重要的是两种户籍所包含的内容（生存权与发展权）不同，即农民身份转换后，面临的是在就业、保障、教育等一系列权利层面与市民身份的对接。目前农民工的问题仍然十分突出，诸如工资偏低、劳动时间长、缺乏社会保障、公共服务不足等。

城镇化之前，农民的就业保障就是其直接耕作的土地，但在异地城镇化后，农民离开了祖祖辈辈生活的土地，迁入城市，在缺乏劳动技能、生存技能的情况下，如何以居民的身份来谋生成为农民最为关注的问题。也正是因为在就业方面的弱势，许多农民不愿意转为居民。中国人民大学课题组对广西某城中村村民的调查结果显示，该村村民中愿意转为城市居民的比例仅有8.88%，而不愿意转为城市居民的主要原因即没有就业保障。与此同时，异地城镇化形成了我国数量异常庞大的农民工队伍。大量农民工是处于长期远离家乡务工的状态，这种状况诱发了许多社会问题，主要表现在：首先是日益凸显的留守老人和留守儿童问题；其次是农民工进城无房住，没有归属感和融入感，而农村家中房子却无人居住；最后，造成了农村非常严重的空心化，大量土地资源被闲置浪费。就地城镇化强调就地就近非农就业和市民化，通过合理的土地综合整治，引导农民合理集聚，化解社会问题。

目前陕西省已经出现了群众自发地把行政村建成很具特色的小集市的现象，这无疑促进了休闲旅游业的发展，丰富了城市居民假日生活，富裕了当地农民，淡化了城乡界限。课题组深入调研后发现，陕西省大量农民并不愿意因离乡导致老少分离，通过"就地城镇化"也可以在家乡过上城市人一样的生活。

当前，全国户籍制度改革正在加速，为加速城镇化提供了前提。有条件的农民工进城入户，暂时不具备条件的农民工可以回乡创业，是未来小城镇建设的优胜力量。而陕西省经过多年撤乡建镇，为新型小城镇建设打下了基础。如围绕关中环线有近五十个乡镇，交通便利，人口相对集中，也要合理规划，适当撤并，完全有条件加快小城镇建设。使城市标准的公共设施、公共服务扩展到小城镇，实现互联互通。既可避免人口单向奔向大城市带来的诸多弊端，又能加快提高整体城市化水平，同时也减轻了农民进城的经济负担和就业压力。

（2）陕西省"就地城镇化"的可能模式。就地城镇化是一种新型城镇化路径，强调的是因势利导，因地制宜，因而存在着不同的实现模式。通过适度的合村并点后组建成具有一定规模的新型农村社区，通过发展生产和增加收入，完善基础设施，逐步改变生活方式就地城镇化的典型模式。具体有两种形式：一种形式是以现有乡镇政府所在地为依托吸纳周边村民入住的"小城镇、大社区型"；另一种形式是以经济强村为基础形成的"强村社区型"。此种模式的客观条件：一是农村面积广大，农民居住较分散，很适宜进行一定范围的相对集中居住；二是有一定的经济发展基础，但因农民收入、社会保障及文化因素影响，短时期内大量人口转移入城市安家落户困难较大；三是经过上一轮的新农村建设，原设立的乡（镇）、部分条件较好的村庄或学校的所在地已具备建立农村就地城镇化即农村新型社区的基础条件；四是当前交通的发展和通信事业的发展，已经将城市与乡村基本融入一体化，有利于农村新型社区的建设。

相对于迁并的典型模式，对于部分不适宜迁村并点的村庄，还可能出现规模较小的社区，主要有两种情况：一是村庄本身距离产业聚集区不远，有先天的就近就业优势，同时距离行政及服务中心较近，自身也具有一定规模，没必要进行合并，因此可以就地改造成规模稍小的新型农村社区；二是处于县域的边远地区，基础较弱发展较缓慢的村庄，在就地城镇化模式上可以采取以一个相对条件好的村为中心，集聚形成若干个规模小，相对分散的新型农村社区群。此种模式解决了原有村庄基础设施相对较差，村民收入不高但同时又渴望能够享受到改革成果，特别是外出打工挣了钱而又不愿离开家乡，却又要求政府改善现有居住环境和配套设施的问题。

对于就地城镇化，最重要的特点就是"就地"，即"离土不离乡"，因此，大部分农村新型社区都应是尽可能地在原地或就近选址，迁并的村庄也是相邻或者相近，亲缘、地缘关系比较密切，但是在实际发展过程中，也出现了出于文物保护和开发的需要，在某些文物遗址保护区范围内的村庄需要集体搬迁至新址，这种模式相对于经典的就地城镇化，迁址相对更远，但是不违背县域内就近的大原则，村民仍然可以在相同的地理条件和风俗习惯中生活，是就地城镇化的一种特殊模式。

由于各地的经济发展情况、人口分布情况还有村庄发展阶段都不尽相同，加之在尊重农民意愿的前提下，村民在选择时的主观意愿的影响，就地城镇化的模式应该是在相同的理念之下有着多元的表现形式，因此，这里总结的就地城镇化模式仅仅是对大部分情况的概括和总结，实践过程中，也必然会出现新的情况和新的模式有待讨论和研究。

（3）陕西省促进农村城镇化和城乡融合的方案建议。

1）合理规划小城镇建设，适度扩大小城镇规模。合理规划小城镇建设，发挥小城镇的集聚作用。首先，陕西省各城市要按照建设现代城镇的理念，做好小城镇规划，并与工业园区建设和产业集群发展规划相衔接。要以县、区为单位，对小城镇规划编制和修编工作进行认真梳理，没有规划或达不到要求的规划，必须委托具有符合资质要求的规划设计单位进行编制或重新修编。另外，需要建设层次分明，以靠近大中心城市、县城的小城镇，重点小城镇，一般小城镇三个层次结构推进发展。其次，小城镇在规划中需要合理划分生活区、工业区、供给区、休闲娱乐区，注意小城镇的排污和生活垃圾处理设施的建设位置，城镇主干道的修建位置。再次，小城镇建设中严格实行科学建设程序：公开招标，由专业设计机构设计；选取资质合格的施工单位建设；由资质齐全的监理机构监督施工全过程；国土资源部门验收，避免人为行政命令、个人意志影响小城镇建设。最后，通过合理的行政划分把建制镇周围的乡编制到建制镇，但是不盲目撤乡建镇扩大小城镇数量，并且尽量避免规模盲目扩大，侵占耕地。在前述原则指导下适度扩大小城镇的规模，远期目标是大型、重点小城镇人口达到 4 万~5 万人，一般小城镇人口达到 1.5 万~3 万人，体现规模效益。

2）扶持"龙头企业"，引导乡镇企业向小城镇集中。推进乡村振兴战略，有计划、有目的地选择一些基础好、实力强、有发展前途的乡镇企业，组织它们联合经营、规模经营，建立"龙头企业"。

首先，乡镇政府除正常的应收税、费外，不对乡镇企业乱摊派，对"龙头企业"进行政策扶持。在小城镇中划出相应地块，建立工业园区，鼓励餐饮等第三产业进驻工业园区为乡镇企业配套基本生活设施。其次，给乡镇企业职工提供社保，开辟专门的劳动力市场，为乡镇企业吸纳更多的专业劳动力。再次，推进乡镇企业股份制改革，明晰企业产权结构。建议"龙头企业"合理扩张，兼并周围乡村的同行小企业和关联企业，合并国有转、破、停企业的存量资产。又次，积极引进先进的科学技术，支持乡镇企业的创新。并加大对龙头企业的宣传力度，提升乡镇企业的影响。积极招商引资，争取更多的外部资金促进本镇乡镇企业的发展。最后，乡镇政府做好龙头企业和所辖地区农户的"纽带"。一方面帮助农户科学生产，以达到"龙头企业"的生产原料要求；另一方面监督有能力的"龙头企业"以合理的价格收购农产品并给予农户一定的利润返还，真正让农户和"龙头企业"双赢。

3）根据当地区域经济优势因地制宜建设特色小城镇。根据陕西省的地理环境和生态差异，配合乡村振兴战略，不同地区根据当地经济资源优势建设特色小城镇。陕西省星罗棋布的小城镇和大中型城市在历史文化、地理位置、生产要素联系上非常紧密，已经初步形成了工业带动型、农业产业化带动型、旅游带动型、市场带动型四种比较典型的发展模式。

针对工业带动型小城镇：第一，把发展民营经济作为工业强镇的着力点。对有一定产业规模和较强发展潜力的民营企业给予政策倾斜。第二，把加快工业园区建设作为工业强镇的有效载体。走集中连片、规模开发、建设乡镇工业园区的路子，培植支柱产业、骨干行业和重点企业，全面提高乡镇企业经济运行质量和效益，推动乡镇企业的持续、平稳、健康发展。第三，把大力发展农产品加工业作为今后乡镇工业的发展方向。乡镇工业产业尽量选择多元化，走农村工业化与农业产业化相结合道路，努力培育乡镇工业充当农业产业化体系中的龙头企业。

针对农业产业化带动型小城镇：第一，组织小城镇领导和乡镇企业业主、专业农户代表参加杨凌农业高新成果博览会等农业高新技术展会，真正让小城镇相关人员了解农业高新科技状况，发挥杨凌绿色"硅谷"的辐射作用，为他们提供多渠道的交易平台，为农业小城镇提供全方位的优质服务。第二，城镇金融信贷对龙头企业的贷款需求给予一定的优惠，对龙头企业下属的农户发放小额贷款。另外还要提倡订单生产，鼓励龙头企业和农户签订生产订单和购销合同，规范专业化生产。第三，由镇政府和龙头企业出资，科研机构选派专家，在小城镇和专业农户的田间地头兴建实验室、试验田等设施，开展"政府+专家+龙头企业+专业农户"的全新农业运作模式，尽量减少中间环节，缩短农业成果转化时间，发挥农业科教机构的技术优势。第四，完善农业小城镇的信息服务系统，以兴农网为主要载体，和 Internet 接入相配合，完善农业小城镇和周边农村的农业信息系统建设。让农业小城镇的居民和专业农户"足不出户"，通过网络就可享受到农业专家的虚拟科技指导、阅读海量的农业科技书籍、了解国内外农业市场动态，更好地指导农业小城镇的生产。

针对旅游带动型小城镇：第一，继续加强旅游服务设施建设。第二，加强从业人员培训，提高服务质量。第三，不断开发旅游产品，提高旅游产品的现代品位和文化特色。第四，进一步深化旅游体制改革。依托所在区域的旅游资源，高起点筹划，高标准建设，按照市场规律进行旅游资源的产业化开发，把生态旅游、商贸旅游和休闲旅游结合起来。

针对市场带动型小城镇：第一，争取区位及交通运输优势。第二，实行多方政策倾斜，大力发展主要产品的生产和销售。比如经济部门需要扶持产品生产所需的原料、工具零配件等供应，简化销售的办证、审核等手续；而邮电、交通部门需要在产品包裹邮寄、运输、设立零售转运等方面提供优先服务；商业、供销部门从原料购销、工具供货、产品出工等方面提供服务；广播、电视台、文化部门从产品信息、舆论宣传、经验介绍等方面提供支持。

4）加强城乡基础设施建设，加快改善农村生产生活条件。第一，加快县乡公路和乡级公路、乡村道路建设步伐，加强农村公路养护管理，加快农村公路建设的改革。积极推进城市公交向农村实现行政村通客运班车，县和重点镇的公共汽车，改善城乡交通条件。第二，加强农村水利工程建设，完善供水设施。促进城镇水源供应建设，促使城镇水厂与乡镇水厂、农村水厂相互联系，构建城乡的供水一体化。加强农业节水与城乡节水措施，促进水资源的有效利用。配合一批骨干水利工程实施，搞好农村饮水安全工程建设，在有条件的地方，积极发展集中供水，改善农村供水状况。比如：渭河流域重点治理工程、"引汉济渭"跨区域调水工程、渭洛河下游治理、三门峡库区防洪保安工程、宝鸡峡和东雷等大中灌溉区续建、大型灌排泵站改造和小型水利设施项目。第三，继续实施"万村千乡市场工程""新网工程""双百市场工程"和"农超对接"，加快完善农产品现代流通体系。第四，改善农村电力和信息化条件。依赖移动、联通、电信等通信公司，加快乡、村两级农村基础设施建设的信息化，解决"最后一公里"问题，形成完整的通信网络系统，缩小城乡之间的数字鸿沟。总结在乾县、渭南、宝鸡建设 750 千伏变电站的经验教训，实施新一轮农村电网改造工程，并推进新农村电气化县建设，因地制宜发展可再生能源，如太阳能和风能，解决行政村用电问题。第五，综合整治农村人居环境。做好村庄规划，优化居民布点，扩大农村危房改造规模。积极推进统一规划，统一建设县污水处理设施，统一管理。较大的城镇和村庄，要加快污水处理设施建设；小型乡镇应采取分散式、低成本、易管理的方法，逐步提高农村污水处理率，改善村容村貌。科学划定生活垃圾的分片收集与处置范围，积极开展农村生活垃圾资源化利用试点工作。

5）配合精准扶贫，提高小城镇集约化节约化建设水平。首先，陕西省小城镇的建设以老城区改造为主，慎重审批新城镇建设。小城镇建设用地要符合当地土地利用总体规划和城镇规划，小城镇与乡村居民点用地总规模，不得突破乡镇土地利用总体规划确定的建设用地总量，不得降低基本农田保护率。其次，要坚持集约节约用地的原则，引导企业向小城镇工业小区集中。严格限制分散零星建厂，严禁滥占耕地、浪费土地资源。要积极引导小城镇居民和有条件的村庄集中统一建设住宅，集约使用土地以提高土地利用率。配合精准扶贫，建立土地有偿流转机制，坚持平等、自愿、互利的原则，将零散山地、荒土荒坡荒山荒滩连片，统一规划，统一开发，统一标准，避免土地浪费。再次，对小城镇住宅、工业小区、市场设施和公用事业设施等进行科学规划、统筹开发，做到开发建设一片，配套完善一片。对确定的建设用地，要实行统一规划、统一征收、统一出让。建设用地除国家法律法规规定可按划拨方式供地的以外，一律实行有偿使用。最后，加快对城镇旧区、空心村的改造，对长期闲置的土地要依法收回，盘活用好存量建设用地。分配新增建设用地指标，可对省级中心镇和全国重点镇给予适当照顾。农民进镇购房或按规划集中建房节约的宅基地，可优先用于小城镇建设。中心城市基础设施要尽量向距离较近的小城镇延伸，扩大服务覆盖面，实现基础设施共建共享，避免重复建设。

7.3.3.4　促进陕西省农村城镇化与城乡融合的保障措施

（1）深化户籍制度改革，实现人的自由发展。

1）深化户籍制度改革，消除农村剩余劳动力进入小城镇和中小城市的障碍。这需要稳步推进《关于深入推进新型城镇化建设的实施意见》，全面放开建制镇和小城市落户限制，建议根据发展需要和人口流动特征放宽中等城市的落户限制，政府需要大力投入建制镇的建设和中小城市的发展，全覆盖各项社会福利和公共服务，增强建制镇和中小城市对外来人员的吸引力，从而吸引更多的外来人员入户。另外，还要严禁部门和个人征收城镇扩容费或农转非费等不合理收费。最后，坚持以人为本，尊重群众意愿。尊重城乡居民自主定居意愿，依法保障农业转移人口及其他常住人口合法权益，不强迫农业转移人口落户城镇，允许农村剩余劳动力跨地区在农村和小城镇、中小城市之间自由流动。

2）缩小城乡户籍背后的福利差异。虽然目前陕西省部分地区开始试点推行城乡统一的户籍登记，而此举仅局限于淡化同一地方城乡的户籍差别，不同区域的户口附加利益仍然存在相当大的差别，城市户口与农村户口也是如此，尤其是不同类型城市之间、建制镇以及农村的户籍差异十分显著。而在经济和社会发展不平衡的情况下，完全剥离附加在户籍制度背后的福利并不是那么容易，但是，缩小户口之间的福利差距，保障公民平等的福利应该可以做到。因此，在推进统一的城乡户籍制度的过程中，政府需要加大对中小城市、建制镇及农村的社会福利及公共服务的财力支持，不断建立和完善与户籍制度相匹配的各项社会保障制度，从而促进陕西省全面小康的实现。

3）加强政府的组织领导和财政支持。为了促进城乡融合发展，缩小城乡间基本公共服务差别，就必须要促进服务型政府的建立，加强和完善政府的职能，特别是政府的组织职能，发挥政府在公共服务中的主导作用、体现其主体地位，在将其以往的管制转变为服务的同时，继续推进政府的服务建设。为了摆脱传统的管理模式即全能型集权管理模式，陕西省各级政府必须通过改革行政管理体制，将立足点转移到社会管理、市场监管、公共服务和宏观调控上，加强政府的社会管理和公共服务的职能。在户籍改革进程中，特别应加强政府对户籍制度改革的组织领导。针对陕西省当前发展实际，政府还需合理地调整和优化政府的财政支出结构，在户籍改革方面加大政府财政的投入力度，保障重点民生项目、工程获得足够的拨款，从而完善财政的转移支出，投入更多的财政支持。

4）保障农民土地合法权益。政府必须切实维护农民在居住地所拥有的房产权、土地使用权和宅基地使用权，帮助农民清楚自身拥有的合法权益，建立包括"三权"在内的农村集体产权制度，保障农民这一重要的财产权利，在合法征收征用农民土地情况下，让农民得到合理的补偿、合理地分享土地增值收益，杜绝出现以村集体名义非法强行征用行为。与此同时，对于最终入户城镇的那部分农民，他们的"三权"依然需要得到政府有效的维护，同时建立相适应的流转市场，通过流转为农民在城市的安居乐业积累一定的资本。

（2）加强环境保护治理，保护城镇环境。

1）调整绩效考评机制，实施行政问责制度。为减少环境污染，陕西省政府可以将环境效益纳入对地方的政绩考核之中。地方政府要不断平衡经济效益与环境效益之间的关系，在保证经济增速的同时，不断修复农村和城镇的环境状态，努力实现经济可持续绿色发展。

2）完善农村的基础设施建设。加大基础设施建设的资金投入，打造以政府的财政支持作为支柱，多渠道融资竞相发展的局面，打破以往单一的融资方式。政府除了要加大财政支持力度之外还要积极动员全社会的力量进行基础设施的投资。加强对农村安全引用水工程的建设，保障农民用水安全；加强农村公路设施建设，实现村村通公路的目标，建立城乡衔接、快速便捷的交通网络；大力发展农村清洁能源，建设沼气池集中处理垃圾、粪便变废为宝，扩大农村电网的建设，保障农村用电安全和质量；积极推动农村大力发展太阳能、风能等清洁能源，减少对煤炭等矿产资源的使用量，提高能源的利用率。还要根据农村科教兴农发展绿色环保农业的要求，进一步完善对农民科技服务体系的建设，加强农业信息的宣传、农业新技术培训和宣传，同时加强农村基础网络设施建设，搭建农产品顺利流通的平台。

3）强化城市"三废"和生活垃圾的防治和处理能力。城市污染的加剧以及生态环境的破坏严重影响了人们的身体健康和生存发展，而且随着城市人口的不断增加，城镇对环境要求越来越高，为了保障城镇的环境承载力，大量的生产生活污染被迫转嫁到农村。农村在受到自身所制造的环境的危害的同时还要承担城市被迫转嫁带来的环境危害。因此解决城市环境问题，不仅有助于改善城市的生活环境，对防止城市垃圾向农村转移，探求更好的应对农村环境问题的策略也具有重要意义。同时争取对现有的垃圾处理单位实行市场化管理，用现代企业制度的标准来严格规范垃圾处理单位的运营。另外，各级政府和环保部门要加强监督，对于随意破坏环境的行为予以制止，妥善处理城市生产、生活垃圾，要充分发挥公众在收集、转运和处理过程中的积极作用。

4）加强历史文化名镇名村的管理，做好维修保护工作，切实保护好城镇历史文脉、历史遗迹、古墓葬群、自然景观和生态环境，保护好名镇名村的原生性和真实性，实现资源的永续利用。

5）提倡"生态"移民，鼓励陕南和陕北的山区居民异地搬迁至关中地区小城镇。地方政府应该将市级和县级与移民相关的国土、电力、水利和交通等部门的专项资金，提前使用到移民安置区或移民新村，同时加强系统管理。政府可根据自身情况，在有能力的条件下增加补助资金，减少移民搬迁相关费用，以此减轻移民自身的压力。政府补助一些，项目捆绑一部分，银行贷款解决一部分，市场运作解决一些，群众自筹负担一部分，共同解决移民搬迁中所需的住房资金。同时，充分展开各类技术培训工作，加强技能培训，提升生态移民的人力资本，真正让移民掌握一门技能，并鼓励他们投身于产业开发。

（3）加快农村金融体制改革，增加小城镇建设资金。

1）多渠道筹措基础建设资金。在小城镇建设资金筹措上，实行财政扶持、金融信贷和企业投资三管齐下，保证财源充足。在基础设施的建设上，放宽市场准入，制定优惠政策，鼓励和支持民营经济、民间资本的进入，建立以企业为中心的多元化投资体制，广泛吸引民间资金参与小城镇基础设施建设。学习温州、义乌、绍兴等地的先进经验，按"市场筹集为主、政府投入为辅"的市场化原则，通过政府、社会、个人、企业等多元化的筹资主体，充分利用民间的闲散资金，通过合理的渠道将它们引入到小城镇建设到中来，让小城镇建设的融资逐渐进入一个良性循环的轨道。在市场化筹资模式上，借鉴 BOT（建设、经营、移交）、BOO（建设、拥有、经营）、BOOT（建设、拥有、经营、转让）、ABS（资产收益抵押）等投资模式，采取合资、股份制、股份合作制等多种形式，筹集建设资金。同时，凡在小城镇规划区范围内收取的城市维护建设税、城市基础设施配套费、土地出让收入，均由地方财政统筹安排，在地方财政年度预算内安排一定比例资金，用于小城镇的基础设施建设。另外，在陕西省级财政已建立小城镇建设专项资金的基础上，市政府也应加大重点小城镇建设资金的划拨。

2）加强融资体系建设。由于金融机构都喜欢到大中城市对国有企业进行投资，小城镇一直处于"边缘"地带，因此要加大对小城镇的政策扶持力度，主要是要废除对小城镇有歧视色彩的信贷政策，提供制度保障和激励机制。首先，国有银行要加大对小城镇的贷款力度，可以让上级政府进行担保，在不违规违纪的情况下简化手续，加大力度。其次，引进社会资本参与小城镇建设，当地镇政府要充分利用市场机制，引导社会资金投资建设小城镇供水、排水、道路、绿化、环卫等基础设施。地方政府负责规划、管理、监督，把握大的方向，一些具体的建设、宣传、后期维护等环节都可以外包给第三方组织，减轻地方政府的压力。最后，可以拓宽融资的渠道，比如通过债券、基金、股票等载体，为小城镇建设提供必要的资金。

第8章　追赶超越的关中城市群现代交通网络战略方案

为了将关中建成国家西部创新中心和"一带一路"核心节点，迫切需要建设一个高效、快捷、环保的城际快速客运系统，对外拓展关中乃至陕西实施"一带一路"倡议中的国际联系，增强陕西外向度，对内缓解该地区交通运输紧张状况，满足区域内城镇之间旅客快速出行需要，推动关中城市化、城镇一体化进程，增强城市群的经济辐射力，促进区域内创新活力和社会经济协调发展，为实现陕西省"追赶超越"总体目标和关中建成西部创新中心打下重要基础。

8.1　关中城市群交通网现状

8.1.1　基本概况

关中城市群交通网指该区域内目前已经形成的以铁路、公路为主，兼有航空、管道的多种运输方式相互补充、相互协调的，具有一定规模的现代化、立体式、开放型的综合交通运输体系。

8.1.1.1　铁路运输

铁路是关中区域交通运输的大动脉，承担着区域主要的客货长途运输。目前全省铁路主要有郑西、西宝、大西高铁、陇海、包西、太中银、宝成、宝中、阳安、襄渝、神朔、西康、宁西、侯西等路网干线和咸铜、西户等多条支线铁路。已基本形成了以陇海、包西为东西、南北主轴，以西安为中心枢纽的"两纵五横三枢纽"骨架网，以郑西、西兰、西成、大西高铁为代表，构成的以西安为中心的高速铁路网雏形。其中"两纵"指包西—西康（宁西）、宝中—宝成线，"五横"指神朔、太中银、侯西、陇海及阳安—襄渝线，三枢纽指西安、宝鸡、安康枢纽。另外还有咸铜、西户等支线铁路。

截至 2016 年底，全省铁路网运营里程 4900 千米，居全国第 10 位。

8.1.1.2 公路运输

公路是关中区域交通运输网的主体。西安是全国公路运输主枢纽城市之一和全省干线公路的汇集点，具有东联西进、沟通南北的区位优势。目前已经形成了以西安为枢纽的国家高速公路干线网和以区域城市群各城市为次级枢纽（或节点）的次级交通网络，路网布局、层次结构、分布密度日趋合理，2016 全省公路总里程达到 17 万千米，高速公路通车总里程突破 5000 千米，路网密度达到 82.7 千米/百平方千米。

8.1.1.3 航空运输

关中区域内的西安咸阳国际机场，是我国航空干线网中具有重要地位的航空港和西北地区重要的航空枢纽基地，截至 2016 年末该机场已开辟通往国内外 171 个城市的 313 条航线，其中国际航线达到 36 条，年旅客吞吐量达到 3699.4 万人次，排名全国第 8 位，国际旅客吞吐量突破百万人次，共有国内外 62 家航空公司入场运营，货邮吞吐能力 23.3 万吨。西安已成为我国西部地区拥有国际航线最多的城市之一。

目前，关中城市群交通网与其经济的高速发展不相适应，交通运输基础设施仍存在薄弱环节。未来关中城市群客运需求还会有大幅增长，既有和规划建设的公路和铁路将无法在时间和能力上满足城际旅客出行的需要，特别是不能满足高峰时段城际客流的需要。借鉴世界大都市和大城市群发展的经验，一个国际大都市圈必须具备一个现代化、国际化的基础设施网络，而大容量、高效率、环保的城际铁路网无疑是国际大都市圈综合交通网的重要组成部分。因此，关中城市群地区迫切需要建设一个高效、快捷、环保的城际快速客运系统，以缓解该地区交通运输紧张状况，满足沿线城镇之间旅客快速出行需要，推动本地区城市化、城镇一体化进程，增强城市群的经济辐射力，促进区域内社会经济协调发展，为实现陕西省"追赶超越"总体目标和关中建成西部创新中心打下重要基础。陕西是大西北的门户，是沟通西北地区与东部地区的交通枢纽。这种独特的区位优势，使陕西成为西部大开发的桥头堡，而关中城市群是国家西部大开发战略确定的重点地区和"一带一路"的重要节点，是我国西部地区经济基础好、自然条件优越、人文历史深厚、发展潜力较大的地区，具有加快发展、突破发展、率先发展的基础和条件。

8.1.2　综合评价

对城市群现代交通网进行综合评价较为困难，因为其本身是一个多目标的复杂系统。其一，城市群现代交通网是一个城市群内外相结合的便捷的运输网络，这个网络包括城市群区域性的交通，铁路主干线、高速公路系统、公路国道系统等都在区域内通过并向区外延伸。其二，区域内交通方式上的多样性也增加了评价的复杂性。城市群现代交通网应该适应市场体制的要求，使铁路、公路、水路、空运与城市内部交通紧密结合，综合互补，协同集成，达到客运区域快速化、货运物流合理化的目的。其三，在评价内容方面，还应包括交通对区域内经济的带动发展分析、环境影响评价、交通运营效率分析等。

城市群现代交通网的综合评价是城市群交通规划过程中最后一个重要环节。现代交通网的综合评价一般可以从宏观和微观两个角度进行。宏观主要从社会、经济、环境等多方面进行综合评价，微观则是侧重道路本身通勤能力与服务水平。城市群现代交通网的综合评价与单个大城市交通网的评价有明显的不同。对单个城市交通系统的评价相对比较微观，范围也更小，更加侧重于城市道路网络的通行能力和服务水平；而城市群现代交通网的综合评价则相对比较宏观，交通方式更多，应考虑的目标更加多样化。目前，我国还没有建立成熟的评价体系与评价方法，本书对此进行了积极的探索。

系统的综合评价是一种重要的决策分析方法，早已应用于各行各业之中。系统的综合评价是基于系统分析的思想，运用各种不确定性数学方法对各种日益复杂的经济、技术和社会问题进行描述、分析和评价的技术。系统综合评价的目的在于采用合适的评价方法对备选方案进行分析和对比，为决策人员提供参考意见。其工作过程分为确立评价对象、明确评价目标、信息收集与分析、确定评价指标、设计评价方法、分析评价结果、优选方案。整个评价过程就是要处理不同的系统即目标系统、评价指标系统、评价尺度系统、评价对象系统、评价方法系统、评价主体系统，因而系统分析的思想贯穿于整个评价过程中。

城市群现代交通网的综合评价过程也是一个建立评价准则，选择和建立评价模型的过程。在建立城市群现代交通网评价模型的过程中，需要确定系统综合的理论框架及流程。评价模型包含指标体系的确定、权重的确定和评价模型的建立。根据城市群现代交通网的特点，从多学科综合的角度聚集城市群现代交通网综合评价的理论和方法，建立综合评价的理论框架。

8.1.2.1 评级指标体系的确定

本课题从建设关中国家西部创新中心、打造外向型经济和关中融合发展的具体需求出发，按照 AHP 方法，首先确定层次结构，将决策目标、考虑因素和决策对象按照相互间的关系分为目标层、准则层、指标层，建立包括四方面的关中城市群交通网评价指标体系。如表 8-1 所示。

表 8-1　关中城市群现代交通网综合评价指标体系

目标层 A	准则层 B	准则层 C	指标层 D
关中城市群现代交通网综合评价指标 A	交通网的建设水平 B1	[C1] 城市网线建设水平	[D1] 城市公交线网密度
			[D2] 城市地铁覆盖率
			[D3] 城市公交客运能力
			[D4] 城市道路万人拥有率
		[C2] 枢纽设施建设水平	[D5] 公交站点覆盖率
			[D6] 城际铁路站点覆盖率
			[D7] 百辆车停车位数
			[D8] 货运车辆的平均场站数量（个/万辆）
			[D9] 客运车辆的平均场站数量（个/万辆）
		[C3] 城际网线建设水平	[D10] 城际公路网密度
			[D11] 城际铁路网密度
			[D12] 城际公路利用饱和度
	交通网的功能水平 B2	[C4] 交通网的客运服务功能水平	[D13] 万车事故率
			[D14] 乘客出行平均里程与时耗比
			[D15] 高峰满载率
			[D16] 乘客城际出行平均换乘率
			[D17] 客运费率
		[C5] 交通网的货运服务功能水平	[D18] 货运的平均交通成本
			[D19] 货运的服务区平均数
		[C6] 交通网的综合服务功能水平	[D20] 交通指示设置的合理性
			[D21] 城际出行一卡通
	交通网的管理水平 B3	[C7] 交通网的信息化管理水平	[D22] 交通网指挥管理信息系统
			[D23] 交通物流信息系统
			[D24] 客运异地联网售票系统
		[C8] 交通网的制度化管理水平	[D25] 交通法律法规的完善率
			[D26] 交通法律法规的执行力

续表

目标层 A	准则层 B	准则层 C	指标层 D
关中城市群现代交通网综合评价指标 A	交通网的协调性水平 B4	[C9] 交通网与环境保护的协调水平	[D27] 大气影响协调系数
			[D28] 燃油消耗协调系数
			[D29] 路段空气质量超标率
			[D30] 道路交通大气污染饱和度
			[D31] 干道平均交通噪声
			[D32] 干道交通噪声超标率
			[D33] 交叉口交通噪声超标率
			[D34] 交叉口空气质量超标率
			[D35] 单位运输量燃油消耗
		[C10] 交通网与社会经济发展水平的协调	[D36] 交通投资协调系数
			[D37] 交通成本协调系数
			[D38] 交通安全协调系数

8.1.2.2　确定评价标准

由于关中城市群现代交通网是一个复杂系统，对它的评价研究中涉及内容较多，很难用一个数值对它做出客观评价，为了得到科学合理的评价结果，采用等级标准来判断城市群城际系统的发展情况。参照国内外有关研究成果，得到城市群评价等级测试范围。如表 8-2 所示。

表 8-2　评价等级的测试范围

评价等级			说明
一级	优秀	(0.9，1]	城市群交通结构十分合理。可持续发展水平极高；交通资源利用率很高；交通的发展与环境保护相互协调，与社会经济的发展水平相适应，交通管理与控制都已达到相当水平；交通设施和服务水平都达到了很高的层次
二级	良好	(0.7，0.9]	城市群交通结构比较合理。可持续发展水平较高；交通资源利用率较高；交通的发展与环境保护相互协调，与社会经济的发展水平相适应，交通管理与控制有一定水平；交通设施和服务水平都达到了较高层次
三级	一般	(0.5，0.7]	城市群交通结构基本合理。可持续发展水平属于中等水平；交通资源利用率适中；交通的发展与环境保护比较协调，与社会经济的发展水平较为适应，交通管理与控制较有水平；交通设施和服务水平达到一定层次

续表

评价等级			说明
四级	较差	(0.3, 0.5]	城市群交通结构不太合理。可持续发展属于较差水平；交通资源利用率低；交通的发展与环境保护协调性弱，与社会经济的发展水平不太相适应，交通管理与控制水平不高；交通设施和服务水平不高
五级	差	[0, 0.3)	城市群交通结构十分不合理，整个交通现状混乱。交通发展根本不可持续。交通的发展与环境保护不协调，与社会经济的发展水平不适应，交通管理与控制水平相当低；交通设施和服务水平都相当低

8.1.2.3 确定评价权重

本课题采用层次分析法来确定指标体系中各指标的权重。

经计算，关中城市群现代交通网综合评价指标体系的权重系数分布如表 8-3 所示。

表 8-3 关中城市群现代交通网综合评价指标体系权重分布表

目标层 A	准则层 B	准则层 C	指标层 D
关中城市群现代交通网综合评价指标A	交通网的建设水平 B1 (0.31)	[C1] 城市网线建设水平 (0.3)	[D1] 城市公交线网密度 (0.33)
			[D2] 城市地铁覆盖率 (0.25)
			[D3] 城市公交客运能力 (0.11)
			[D4] 城市道路万人拥有率 (0.31)
		[C2] 枢纽设施建设水平 (0.4)	[D5] 公交站点覆盖率 (0.21)
			[D6] 城际铁路站点覆盖率 (0.09)
			[D7] 百辆车停车位数 (0.17)
			[D8] 货运车辆的平均场站数量（个/万辆）(0.22)
			[D9] 客运车辆的平均场站数量（个/万辆）(0.31)
		[C3] 城际网线建设水平 (0.3)	[D10] 城际公路网密度 (0.40)
			[D11] 城际铁路网密度 (0.4)
			[D12] 城际公路利用饱和度 (0.2)
	交通网的功能水平 B2 (0.28)	[C4] 交通网的客运服务功能水平 (0.43)	[D13] 万车事故率 (0.37)
			[D14] 乘客出行平均里程与时耗比 (0.28)
			[D15] 高峰满载率 (0.23)
			[D16] 乘客城际出行平均换乘率 (0.08)
			[D17] 客运费率 (0.06)

目标层 A	准则层 B	准则层 C	指标层 D
关中城市群现代交通网综合评价指标 A	交通网的功能水平 B2 (0.28)	［C5］交通网的货运服务功能水平 (0.38)	［D18］货运的平均交通成本 (0.69)
			［D19］货运的服务区平均数 (0.31)
		［C6］交通网的综合服务功能水平 (0.19)	［D20］交通指示设置的合理性 (0.24)
			［D21］城际出行一卡通 (0.76)
	交通网的管理水平 B3 (0.11)	［C7］交通网的信息化管理水平 (0.56)	［D22］交通网指挥管理信息系统 (0.47)
			［D23］交通物流信息系统 (0.18)
			［D24］客运异地联网售票系统 (0.35)
		［C8］交通网的制度化管理水平 (0.44)	［D25］交通法律法规的完善率 (0.33)
			［D26］交通法律法规的执行力 (0.67)
	交通网的协调性水平 B4 (0.30)	［C9］交通网与环境保护的协调水平 (0.63)	［D27］大气影响协调系数 (0.07)
			［D28］燃油消耗协调系数 (0.11)
			［D29］路段空气质量超标率 (0.19)
			［D30］道路交通大气污染饱和度 (0.16)
			［D31］干道平均交通噪声 (0.11)
			［D32］干道交通噪声超标率 (0.12)
			［D33］交叉口交通噪声超标率 (0.05)
			［D34］交叉口空气质量超标率 (0.06)
			［D35］单位运输量燃油消耗 (0.13)
		［C10］交通网与社会经济发展水平的协调 (0.37)	［D36］交通投资协调系数 (0.41)
			［D37］交通成本协调系数 (0.28)
			［D38］交通安全协调系数 (0.31)

8.1.2.4　确定评价方法

由于关中城市群交通网的综合评价指标很多都是定性指标，用一般方法很难量化。同时，就模糊综合评价和其他综合评价方法比较来看，模糊综合评价法更加适合评价准则多、模糊因素多的对象系统。因此，基于关中城市群交通网综合评价的特点，使用模糊综合评价法更具有科学性和可操作性。

为了使最后的结果便于区分，要对最后的结果进行量化，根据实际情况，在关中城市群现代交通网的综合评价中，对每一个指标设定五个级别评价，课题确定 5 个评价标准，即"优秀""良好""一般""较差""差"。如表 8-4 所示。

表 8-4 关中城市群交通网综合评价集及其相应分值

评价集	优秀	良好	一般	较差	差
相应分值	90~100	70~90	50~70	30~50	0~30

8.1.2.5 综合评价结论

根据陕西省交通系统和高校专家打分，应用以上方法，计算得出：G =
67.13，表明关中城市群现代交通网的发展水平处于一般水平。根据课题组进一
步研究，归纳起来主要表现为：

（1）现代交通网构建的基础薄弱且不均衡，交通区位优势尚未发挥，与关中
建成西部创新中心和陕西省的"追赶超越"要求相比还存在很大差距。

（2）城市群内部交通发展不均衡问题依然存在，城市布局对交通网的支持力
度明显不够，小城镇数量多、规模小、布局散、水平低，县域首位镇和中心镇地
位不突出等问题的存在，成为关中融合发展的障碍。

（3）各种交通方式有机衔接程度较差，综合交通发展仍处于初级阶段，使关
中发展外向型经济的基础依旧薄弱。

8.2 关中城市群现代交通网建设具体方案

8.2.1 关中城市群现代交通网构建的目标

根据对关中区域的社会经济的分析，为实现关中国家西部创新中心建设目
标，为关中城市群的交通发展制定如下目标：

8.2.1.1 将关中城市群置于"一带一路"核心节点，打造成连通"一带一
路"的重要枢纽

关中城市群地处西部最东边，紧靠中部地区，而且对于整个西北地区来说，
关中地区的经济发展水平较高，具有较有利的地理优势和基础的经济实力。因
此，在发展关中城市群的过程中，抓住国家"一带一路"建设机遇，打造关中为
"一带一路"核心节点，将关中城市群定位为连通"一带一路"的重要枢纽，引
导"一带一路"沿线国家、省份的商品、人员双向流动，建立丰富、便利的交通
网络，将关中城市群与"一带一路"沿线城市、地区紧密连接起来。

8.2.1.2　将关中城市群打造成全国现代化城市群，构建全国先进交通网，实现关中区域内 1 小时交通圈

关中城市群的发展水平较高，其中以西安为代表的核心城市人口众多、经济水平发展较快，同时，西安等地自古以来就遍布名胜古迹，每年的游客络绎不绝。另外，关中地处东西交通的中心，来往的商流数不胜数，从而导致城市交通拥堵、城际交通不便。因此，除了连通东中西部以外，还应提高城市及区域交通水平，解决城市拥堵问题，并加强城际流动，促进旅游业的发展，建立全面发展的基础。设想以城际铁路、城际快速公路为主，建立城市群内部快速交流的 1 小时交通网。

8.2.1.3　构建城际多层次交通体系，促进关中城市群核心城市交通网建设，加速整合关中城市群人力、科技、产业等资源

在关中城市群目前的交通运输体系中，主要包括公路、铁路等综合运输通道，公路旅客运输份额最高，铁路次之，水运最低（处于萎缩状态），航空主要承担本区域对外的长途客运。交通基础设施比较薄弱，综合交通运输分布不平衡，综合运输结构也不合理。总之，城市群集约化交通运输体系尚未形成，公共交通处于弱势，且城际缺乏多层次交通体系，不适应城市群协调发展和综合交通运输一体化服务要求。加强研究现代交通网，是解决好关中城市群总体规划的基础，是关中城市群总体规划不可缺少的一部分。

城市群的核心竞争力集中在几个核心城市，只有核心城市发展程度高，才能保证城市群的发展程度高。因此，促进核心城市的交通网发展至关重要。课题设想以城市轨道交通、公共交通为主，建立核心城市高效的交通网，打造主城区半小时、内部 1 小时通勤圈。这对提高城市群交通网的社会效益、经济效益都是非常有益的。

8.2.2　快速公路网建设方案

合理的公路网布局方案，一要顾及各条线路的服务水平要求，尽可能减少里程饱和度；二要顾及全线路网的服务水平和投资要求，使最后配置情况基本符合公路网的等级优化论；三是要与经济社会发展、产业结构的调整相适应。只有根据政治、经济、地理等因素对布局方案做出定性分析修正后，才能得到较为满意的等级结构配置，最终达到干支结合、四通八达、布局合理、效益最佳的要求。根据上述思路，依据节点重要度法，参考交通区位线法，结合关中城市群的经济与地理位置、交通走廊条件，布设高速公路、干线公路与联络线相结合的关中城

市群快速公路网。

关中城市群的经济、旅游节点主要集中在渭河沿线平原地带及秦岭南麓，这些节点伴随城市化发展，经济总量将会进一步积聚，节点间直达运输需求将进一步凸显，关中城市群现已形成以西安绕城高速为主体，五条高速及国道并行线向外辐射的公路网主骨架。首先，由现状布局图可以看出，西安周边城镇之间的联系十分薄弱，仅靠绕城高速连接各国省道，造成过境交通对西安市区交通的影响较大。这就说明快速交通体系亟须建立一条外环线将西安周边的城镇及国道高速连接起来，分流西安市过境交通，服务连接西安市周边城镇居民出行。要求路网不仅有以西安为中心的放射线，还要更好地发挥关中环线及环线内部直达线布设，方便节点间不必经过中心城市西安城区的交通联系，在拉大城市化区域范围的同时，缓解西安周边交通过于聚集的拥堵现象，引导城市化地区快速发展。其次，对于不够便捷或交通饱和，不利于发挥整个城市群引领辐射作用的辐射道路，也应通过扩容、在新路径上布设，将其作为快速公路网的组成路段。最后，对于已有公路在西安周边线路重合而导致通行能力不能满足需要的，可以通过寻找新的便捷线位将重线位段分离布设，从而达到城市化区域路网密度增加和通行能力连续的效果。

根据各节点重要度，结合区域内的城镇情况，需要提升关中环线的作用，在关中环线内增加两条横向线，连接渭南市周边城镇至西咸周边城镇；增加两条纵向线，减少经关中环线的南北向过境交通的绕行距离。关中环线外增加两条横线连接渭南、铜川、咸阳、宝鸡四市境内北部区域，增加两条纵线服务渭南市及宝鸡市南北向交通。规划方案对西安周边国道原线位重合段进行了调整，新增了分流过境线位。规划方案基于关中城市群的经济与地理位置，在国家公路网及现状省道网的基础上，经优化、筛选和调研，对国省县乡道进行重组及升级改造，最终形成了"两环五辐射六纵七横"的快速公路网主骨架。"两环"为绕城高速公路及关中大环线，"五辐射"包括国家高速公路福银线 G70、银百线 G69、京昆线 G5、沪陕线 G40 以及国道 108，"六纵"包括国家高速公路包茂线 G65、本方案规划的眉县—太白的高速公路及国道 G210、G211、G242、G244，"七横"包括国家高速公路连霍线 G30、省级高速公路大凤线、太凤线、国道 G310、G312、G342、G344。各线路按高速、快速两个层次具体描述。

加快关中"两环五辐射六纵七横"的快速公路网主骨架建设，同时打通关中通往陕北和陕南的路网，使得陕北与陕南能够与关中实现快速公路交通。在陕西省已有路网规划的基础上，建议修建眉县—太白的高速公路。各线路按高速、快速两个层次具体呈现，如图 8-1 所示。

图 8-1　关中城市群高速公路和快速公路网布局

根据路网中各线路主要功能及未来交通需求分析，结合方案实施难易程度，最终确定各期路网建设规模。综合各方面因素考虑，"十三五"初期规划里程为 2800 千米，"十三五"中期规划里程为 1820 千米，"十三五"末期规划里程为 830 千米。

首先，根据路网中各线路的主要功能及交通需求分析，路网实施应首先满足主骨架大通道的交通运输需求，即高速公路、国道的建设，连接关中城市群内最主要的城市节点。其次，加强以西咸为中心对外辐射的城际快速干线的建设，带动沿线城市的建设发展，适应城市发展的需要，形成新的经济增长带。最后，修建其余城际快速干线，完善补充相应线路，形成快速公路网，提高网络系统整体效益。根据路网中各线路主要功能及未来交通需求分析，结合实施难易程度，本课题建议进度如表 8-5 所示。

表 8-5　关中城市群快速公路网建设方案

序号	路线名称	路段起讫点	建设标准	规划总里程（千米）	规划实施
1	省级高速	眉县—太白	高速	60	"十三五"初期
2	关中大环线		高速	416	"十三五"初期
3	国道108	韩城—周至	一级	445	"十三五"初期
4	国道210	黄陵—西安	一级	315	"十三五"初期
5	国道211	旬邑—柞水	一级	336	"十三五"初期
6	国道242	黄龙—大荔	一级、二级	123	"十三五"中期
7	国道244	天堂—王家垎	一级、二级	189	"十三五"中期
8	国道310	长武—蓝田	一级	375	"十三五"初期
9	国道312	潼关—宝鸡	一级	414	"十三五"初期
10	国道342	合阳—凤县	一级、二级	626	"十三五"中期
11	国道344	蓝田—陇县	一级	437	"十三五"初期
12	城际快速干线1	西安—渭南（黄河畔）	一级、二级	100	"十三五"中期
13	城际快速干线2	西安—旬邑（马栏）	一级、二级	135	"十三五"中期
14	城际快速干线3	西安—千阳	一级、二级	253	"十三五"中期
15	城际快速干线4	西安—宝鸡	一级、二级	240	"十三五"中期
16	城际快速干线5	西安—汉中	一级、二级	100	"十三五"中期
17	城际快速干线6	西安—秦岭	一级、二级	51	"十三五"中期
18	城际快速干线7	永寿—周至	一级、二级	116	"十三五"末期

序号	路线名称	路段起讫点	建设标准	规划总里程（千米）	规划实施
19	城际快速干线 8	淳化—兴平阜寨	一级、二级	91	"十三五"末期
20	城际快速干线 9	铜川红土—临潼坡张	一级、二级	67	"十三五"末期
21	城际快速干线 10	澄城冯原—渭南	一级、二级	115	"十三五"末期
22	城际快速干线 11	兴平—扶风杏林	一级	48	"十三五"末期
23	城际快速干线 12	渭南—三原	一级、二级	129	"十三五"末期
24	城际快速干线 13	大荔—淳化	一级、二级	155	"十三五"末期
25	城际快速干线 14	华县 G30 交叉—狄寨	二级	110	"十三五"末期

8.2.3　民航布局建设方案

8.2.3.1　加快民航机场建设

按照打造关中"一带一路"重要节点要求，努力提升西安咸阳国际机场定位，加快东航站楼工程建设，新增两条高标准飞行跑道，完善配套服务设施，主动引入公路、高铁、城铁、地铁等交通方式，强化枢纽机场保障和服务能力，增强交通枢纽功能；完成榆林机场改扩建及安康、延安机场迁建，推动府谷、宝鸡、定边等支线机场建设，构建完善的机场服务体系；推进华山、商洛等支线机场前期工作，争取尽早开工建设。到 2020 年形成"干支结合"的机场体系，全省航空旅客吞吐量突破 5300 万人次，其中，西安咸阳国际机场旅客吞吐量突破 5000 万人次，排名进入全球前 40 位。

8.2.3.2　扩大航线覆盖范围

按照"丝路连通、欧亚加密、美澳直航、货运突破"的思路，突破中亚、西亚地区航线，增开和加密欧洲、北美、澳大利亚以及东南亚、日韩地区的直飞航线，加快构建"空中丝绸之路"，实现丝绸之路沿线主要城市的全覆盖。加密完善西安至东北、华北、西南等地区的国内航线网络布局，加快省内支线机场航线、航点开拓，推动枢纽机场与支线机场的协同发展。大力发展航空物流，开通西安至广州等一批货运航线。加大扶持力度，积极培育省属基地航空公司，扩大机队规模，完善网络结构，提高民航发展质量。

8.2.4　城际铁路线网建设方案

8.2.4.1　城市群空间结构和交通走廊分布特征

（1）主要节点的划分。《关中—天水经济区发展规划》提出了建设五级城镇体系规划，通过加快推进核心城市西咸一体化建设，着力打造西安国际化大都市；以宝鸡、铜川、渭南、杨凌等次核心城市为节点，加快人口聚集、产业聚集，构筑较大规模的城市群；加强三级城市韩城、彬县、蒲城、华阴、礼泉、蔡家坡、洛南、柞水、凤翔等中小城市的城市基础设施建设，改善产业发展基础和条件，促进企业集中布局和配套生产，提高经济发展的集约化水平，大量吸纳周边农村富余人口，打造一批特色鲜明、功能完善、产业配套的中小城市；全面提升和优化重点镇和一般镇的产业发展，促进城镇发展。通过加强核心城市建设，充分发挥区域性中心、地区性中心和地方性中心的辐射带动作用，引领周边地区协调发展，逐步形成以大中城市为骨干、以小城市和小城镇为依托、体系完备、分工合理、特色鲜明、组合有序的网络型城市体系，促进城市群向更高发展阶段演化。

规划的西安主城区作为区域性主中心，是在关中城市群以及更大区域内发挥辐射带动作用的中心城市，应以其为规划线网最主要的支撑点，构成关中城市群城际铁路整个线网的一级节点。

宝鸡、铜川、渭南、杨凌等地级市的主城区作为地区性主中心，阎良、韩城、机场、法门寺、华阴等作为地区性副中心，是带动市域以及周边地区整体发展的次中心城市，构成关中城市群城际铁路线网的二级节点。

在关中城市群内，分析出线网的一级、二级节点后，考虑线网的完整及合理性、覆盖率、人员的出行方便及引导城市发展方向，其他带动本县（市、区）城乡统筹发展的中心城镇等地方性中心构成关中城市群城际铁路线网的三级节点。三级节点包括现有县（市、区）主城区和一批人口、产业密集的城镇和地区。

将西安市一级节点作为规划的城际铁路线网重要枢纽，以枢纽为中心，以客流为支持，满足一级节点间有多条线路贯通。由六个地级城市构成的二级节点，应有最便捷线路与一级节点沟通，同时这些二级节点之间能够有可供选择的线路满足客流出行的需求。其他二级节点根据主要一级、二级节点间线路分布、综合分析交通运输布局，将其串联起来。三级节点是城际铁路线路在线网布局合理的情况下，以求得最大客流的支持，在保证一级、二级节点利益的基础上，考虑三级节点的位置，线路尽可能覆盖和串联该类节点。如表8-6所示。

表 8-6　主要节点

等级	中心城镇
一级节点	西安主城区
二级节点	宝鸡、铜川、渭南、商洛、杨凌、阎良、韩城、机场、法门寺、华阴等
三级节点	富平、蒲城、合阳、白水、潼关、蓝田、兴平、武功、鄠邑、周至、眉县、三原、高陵、泾阳、礼泉、乾县、扶风、岐山、凤翔、永寿、彬县等

（2）主要节点的空间分布。根据关中城市群发展规划，西安、渭南、杨凌、宝鸡等主要城市沿陇海通道呈东西轴向分布，其他城市以西安为中心向外辐射。以西安都市圈为发展核心，统筹整合区域产业布局和功能分工，形成围绕西安逐步向外辐射的四个功能圈层：

1）以西安、咸阳、杨凌为主体的关中城市群核心圈；

2）以宝鸡、铜川、渭南等大城市为主，与核心圈形成一小时都市圈；

3）以关中城市群边缘的华阴、韩城、彬县等门户型城市发展区和增长极中心城市与核心圈层、强化圈层共同构筑 2 小时都市圈；

4）以甘肃天水，陕北延安、榆林，陕南汉中、安康、商洛，以及陇东、晋东南、豫西等受关中城市群直接影响的外围地区构成辐射圈。

从地理位置、城市布局等几个方面综合分析，西安、宝鸡、渭南、铜川四个一级、二级节点是关中城市群发展最重要的中心城市。如图 8-2 所示。

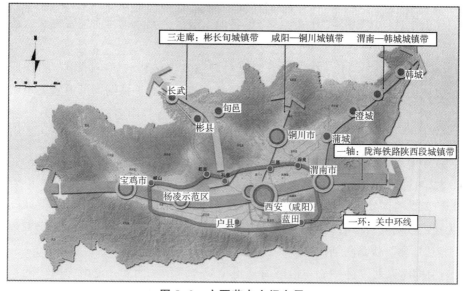

图 8-2　主要节点空间布局

（3）规划的发展轴线分布特征。关中城市群构建"一轴一环三走廊"区域城镇发展轴（带）体系。通过以上区域空间结构，把关中城市群最重要的功能区和节点进行串联、整合，构成各个方向强劲辐射的空间系统。构建的东西向主轴拓展带，依托陇海铁路和连霍高速公路，形成西部发达的城市群和产业集聚带；构建的外辐射走廊包括渭北彬长旬城镇带、西安—铜川—延安城镇带、西安—阎良—韩城城镇带，是西安都市圈和城镇带向渭北辐射的主要通道聚合向轴；构建的"一环"为关中环线城镇带沿线 14 个县区 68 个乡镇串联带，是关中城市群核心向边缘过渡和辐射的重要载体，整个关中城市群城镇发展轴带呈放射状。

（4）线网节点的紧密度分析。通过对线网节点的紧密度分析，引导规划人员选择合理的线路走向，优化线网结构。线网节点紧密度将从城市的空间结构、时空距离、经济联系、规划的城市布局等几个方面进行分析。

在关中城市群内，可分为地域空间特征差异明显的四大轴带：渭南—西安—杨凌—宝鸡东西主轴带、西安—铜川—延安城镇带、西安—阎良—韩城城镇带、渭北彬长旬城镇带。各城镇与核心城市西安市及东西主轴带节点联系紧密，各城镇带内部节点联系紧密。

各城镇带是社会经济最活跃的地区。根据关中城市群城市分布、空间结构、城市规划、经济联系，考虑西安的辐射强度，西安一级节点在城市布局、空间距离、经济联系三个方面，与各城镇带各节点联系紧密。

从节点分布上看，东西主轴发展较为成熟，陇海线以北二级城市点轴集聚现象明显，宝鸡、咸阳经济力稍强，其他各地市经济力相当，目前主要集聚点还是西安。

（5）主要节点空间分布特征。通过对城镇发展轴和城镇空间分布的特征分析，以西安为中心，以 100 千米左右为半径形成 1 小时经济圈，可覆盖关中城市群内宝鸡、杨凌、铜川、渭南、阎良、富平、法门寺等 70% 以上的一级、二级、三级节点，圈内节点与中心联系紧密。同时，向北的纵向城镇发展轴和关中环线，分布节点较多，联系也较为紧密。

8.2.4.2 城际铁路线网构成及走向

（1）线网构成。通过对线网构架方案进行分析研究，推荐关中城市群城际铁路线网：以西安为中心，以宝鸡—西安—渭南为主轴，形成覆盖整个关中城市群的"辐射+环"状路网结构。

1）构建以西安为中心，沿陇海通道宝鸡—咸阳—西安—渭南为两翼的"一字形"的东西向主轴；

2）以西安—铜川—延安、西安—阎良—韩城、西安—乾县—彬县、西安—商州、西安—安康、西安—汉中等城际线形成向周边辐射的放射型构架；

3）形成连接关中北环"人文陕西"的主要历史人文景点和关中南环"山水秦岭"北坡生态旅游环线的大西安都市核心圈。

（2）主要城际铁路线路走向：

1）西安北—机场—乾县—法门寺；

2）新西安南—鄠邑—眉县—法门寺；

3）西安北—阎良—富平—铜川—黄陵—延安；

4）西安北—咸阳—杨凌—岐山—宝鸡；

5）西安北—鄠邑—佛坪—汉中；

6）乾县—永寿—彬县—长武；

7）渭南北—阎良—泾阳—机场；

8）新西安南—柞水—镇安—安康；

9）西安北—阎良—蒲城—白水—韩城；

10）新西安南—蓝田—商州；

11）西安—临潼—渭南—华阴—潼关；

12）法门寺—岐山—凤翔—宝鸡；

13）黄陵—黄龙—澄城—大荔—华阴；

14）彬县—旬邑—铜川—白水—澄城。

推荐线网规划方案如图 8-3 所示。

8.2.4.3　城际铁路与其他运输方式衔接研究

（1）衔接原则。城际铁路与其他交通方式的衔接应体现交通系统发展的整体性、协调性、便捷性、政策性和合理性，使各种交通方式能有机结合在一起，既有分工，又有协作，充分发挥交通网络的运输能力，为城市的发展服务。因此，城际铁路与其他交通方式的衔接必须遵守以下原则：

1）交通衔接是将不同的线路连接成线网，应使各种交通方式既有分工，又有协作，形成有机、高效的交通运输网。

2）交通衔接必须体现交通的便捷性和通达性，选择合适的运营设备，尽量减少旅客出行的换乘次数，提高直达比例。

3）交通衔接应结合城市规划、城市景观，选择对城市规划影响小和环境干扰少的方案。

4）交通衔接应考虑到不同种类的线路客流性质、建设权限、运营管理体制

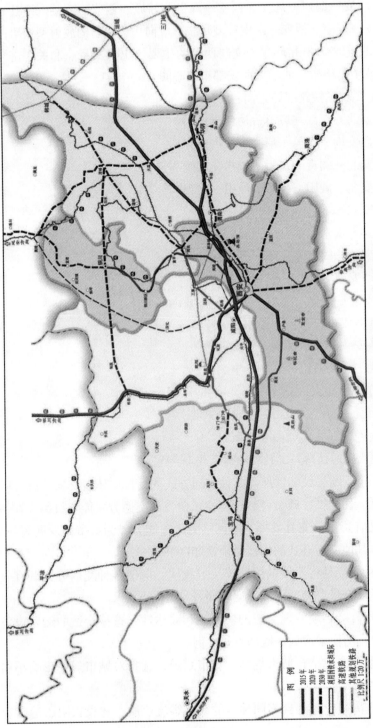

图 8-3　关中城市群城际铁路网规划

上的差异，拟定有效的运营管理措施。

5）应结合实际的工程地质条件、施工方法和各条线路的修建顺序，注意近期、远期相结合，选择易于实施、经济可行的方案。

（2）城际铁路与国铁（大铁路）的衔接。

1）西安铁路枢纽内主要客运站之间的衔接。新西安南站通过新建联络线可与西安北和西安站连通；铜川与韩城方向城际铁路可同时引入西安站及西安北站，并能通过新建的联络线与新西安南站连通；宝鸡至西安至潼关的城际铁路也可与新西安南站连通。

2）西安铁路枢纽交通衔接规划。

一是西安铁路枢纽规划。2008 年 10 月 31 日国家发改委批复了《中长期铁路网规划（2008 年调整）》（发改基础〔2008〕2901 号），枢纽引入新线增加较多，原枢纽总图规划已不能适应路网规划调整及枢纽发展需要。根据未来社会经济发展结合枢纽新线引入对西安枢纽总图进行调整，调整后推荐的枢纽总图规划方案为：

枢纽格局：随着陇海高铁、西成、大西高铁、西平线、银西高铁以及相关线路增建二线的建成，逐步形成为衔接四条高铁、八条干线、一条支线、六条城际铁路的大型环形铁路枢纽。

客运系统：利用西安北站、新建阿房宫站，扩建西安站及纺织城站，与规划的新西安南站形成"三主两辅"客运站布局。西安、西安北、新西安南站为主要客运站，阿房宫、纺织城站为辅助客运站。

解编系统：新丰镇为路网性编组站（双向三级七场站型），在零口设直通场。西安东改建为客运机车车辆基地。

货运系统：根据西安市产业布局及物流发展规划和西安铁路枢纽总图规划，考虑西安市"北迁、东拓、西联"规划建设思路，对枢纽内铁路物流中心进行总体筹划部署和调整，形成由新筑、咸阳北（魏家泉）、西安南三处区际性铁路综合物流中心和新丰镇、窑村（东大）、阎良西（大程）、鄠邑（余下）四处区域性铁路综合物流中心构成的"三主四辅"货运系统格局。

二是城际铁路与西安铁路枢纽衔接。围绕西安铁路枢纽"三主两辅"的客运系统布局和"三主四辅"货运系统格局，以铁路、城市轨道交通、关中城际铁路、公路为依托，构建"一联、二环、三城际"的客运枢纽交通衔接主骨架。其中一类客运枢纽有咸阳国际机场、西安北站、西安站、新西安南站，二类客运枢纽铁路有阿房宫站、纺织城站 2 处，公路有纺织城客运枢纽站、城南客运枢纽站、文景路客运枢纽站、后围寨客运枢纽站、河池寨客运枢纽站、曲江客运枢纽站、郭杜大学城客运枢纽站、阎良客运枢纽站、丰庆路旅游客运枢纽站、解放门旅游客运枢纽站、临潼旅游客运枢纽站、城东客运站、城南客运站、城西客运站、城北客运站、三府湾客运站 16 处。上述规划的一类、二类客运枢纽站均有相应的公路、城市主干道和轨道交通等设施相互连接。

3）宝鸡客运枢纽交通衔接规划。

一是枢纽总体规划格局。根据《综合交通网中长期发展规划》《中长期铁路网规划（2008 年调整）》《国家高速公路网规划》《全国民用机场布局规划》《宝鸡市城市总体规划》，结合宝鸡铁路枢纽总图规划、宝鸡公路枢纽规划，以及其他各专项规划，立足长远，调整、整合既有设施，完善综合交通网络，调整交通运输结构，加强智能交通管理，建设大宝鸡综合交通体系。

二是客运枢纽布局及各交通方式衔接方案。区域性枢纽客运站主要包括铁路辅助客运站及公路客运站，服务于省内客流、宝鸡城市圈客流，兼顾省外客流。

组成要素：以铁路、长途公路等大型交通设施为主，配套设置地面公交站、社会停车场、出租车营运站等各类交通设施，共同形成区域综合客运枢纽。

铁路：宝鸡站、蔡家坡、宝鸡南站。

公路：宝鸡汽车客运中心站、宝鸡城东汽车客运站、宝鸡城南汽车客运站、宝鸡城西汽车客运站、宝鸡城北汽车客运站、宝鸡旅游客运站。

服务对象：国内、城市圈、城市旅客。

连接通道：高速公路、国道、省道。

衔接方式：以公交系统为主，包括城市主干道等。

4）其他城市客运枢纽交通衔接规划。

一是杨凌客运枢纽布局方案：

铁路（2 处）：杨凌站、杨凌南站。

公路（1 处）：杨凌区汽车站。

服务对象：国内、城市圈、城市旅客。

连接通道：高速公路、国道、省道。

衔接方式：以公交系统为主，包括城市主干道等。

二是铜川客运枢纽布局方案：

铁路（3 处）：铜川站、黄堡站、印台站。

公路（16 处）：铜川汽车站、铜川华原汽车站、铜川耀州汽车站、铜川咸丰汽车站、铜川北关汽车站、铜川瑶曲客运站、铜川金锁关客运站、铜川王家河客运站、铜川高楼河客运站、小丘汽车站、雷塬乡客运站、阿庄客运站、尧生客运站、西村客运站、宜君棋盘客运站、陈炉客运站。

服务对象：国内、城市圈、城市旅客。

连接通道：高速公路、国道、省道。

衔接方式：以公交系统为主，包括城市主干道等。

三是渭南客运枢纽布局方案：

铁路（2 处）：渭南站、渭南北站。

公路（6 处）：渭南客运站、渭运集团渭南汽车站、渭南汽车客运总站、渭南客运中心站、市客运站中线站—公交车站、长途汽车站—公交车站。

服务对象：国内、城市圈、城市旅客。

连接通道：高速公路、国道、省道。

衔接方式：以公交系统为主，包括城市主干道等。

（3）城际铁路与城市轨道交通的衔接。

西安北客站：与西安地铁 2 号线及在建的地铁 4 号线衔接，与行经机场的 12 号线的换乘距离也较短，远期规划衔接 15 号线。

西安站：与西安地铁 4 号线、7 号线衔接。

新西安南站：与西安地铁 6 号线、12 号线衔接。

（4）城际铁路与西安咸阳国际机场的衔接。

1）机场地区综合交通运输现状与规划。西安咸阳国际机场是全国十大机场之一、西北地区最重要的航空港、西安及关天城市群综合交通运输体系重要的节点之一。机场地区现状对外道路网系统主要包括机场高速公路、机场专用高速公路、机场汽车专用二级公路、咸—宋公路等。

根据规划，在既有交通设施的基础上，通过修建西安北至机场城际铁路及西安北至机场轨道交通专线和地铁 2 号线及西安北客站连通，通过机场和西安北两个重要节点的换乘，实现综合交通运输体系中各种交通运输方式间的无缝衔接，极大地方便西安主城区、关中经济圈各城市旅客进出西安咸阳航空港，通过陆、空、铁联运，打造了全球 24 小时旅客运输网络和全球 48 小时货物运输网络。旅客一日之内可从西安、咸阳到达全国及世界各地，同时也可将全国及世界各地的旅客送到西安、咸阳，将以西安为核心的关中城市群打造为"一带一路"的核心交通节点。

2）机场内交通衔接。咸阳国际机场既有场内交通以南北两侧进出场道路为主，以航站楼前引道为连接线，实现场区环状交通流线，并由东西两侧进出场道路共同承担。

在此区域有规划的地下交通（西安北至机场轨道交通专线、西安至机场至法门寺（宝鸡）城际铁路）、地面交通（机场大巴、社会车辆、出租车）、空中航线和相关的交通设施（地下二层车库、停车楼、地面停车场）。

航空客流可通过西安北至机场铁路线或通过东侧机场专用公路和西侧机场高速公路到达机场 T1、T2、T3 航站楼。

西安至机场至法门寺（宝鸡）城际铁路机场城际站设在 T3 航站楼前，并与之平行布置；西安北至机场轨道交通专线机场站设在 T2 航站楼前，两处车站分别与 T2、T3 航站楼前综合交通枢纽工程（停车楼）的地下停车库有通道连接，铁路客流可经过通道或铁路机场站设在地面的出入口进出航站楼。乘大巴客流经过交通枢纽进入航站楼或通过高架桥直接进入航站楼；社会车辆进入枢纽地下停车场后客流再经过扶梯进出航站楼。

机场、城际铁路及承担城际功能的国铁与城市轨道交通之间的衔接换乘关系如图 8-4 所示。

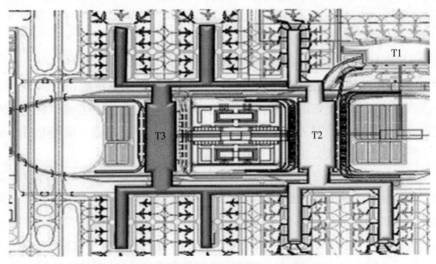

图 8-4　机场综合交通运输方式衔接关系

8.2.4.4　城际铁路引入综合交通枢纽研究

（1）城际铁路引入西安枢纽方案。在城际铁路网规划中，考虑西安至铜川、韩城、宝鸡、潼关、商洛及关中环线等城际线路引入西安铁路枢纽。为方便城际旅客换乘，并充分与城市既有和规划交通枢纽结合，本课题本着与郑西、西宝、西成、大西高铁新建西安北客站综合交通枢纽互相结合的原则，提出城际铁路引入铁路客运站布局方案。

根据近期高铁引入后西安枢纽客运系统布局和区域交通规划，本方案中城际铁路主要引入枢纽三大铁路客运站——西安北客站、西安站和新西安南站，与枢纽铁路网络进行有机的衔接。如图 8-5 所示。

（2）城际铁路引入宝鸡枢纽方案。根据宝鸡市城市总体规划，宝鸡市近期发展重点是向东拓展，因此，本课题拟将卧龙寺站改建为城际站，枢纽内宝鸡和卧龙寺车站开通城际客车，承担宝鸡地区的城际客流。

结合城市发展规划和城市交通枢纽规划，本课题规划研究的关中城际铁路由法门寺经千河东岸引入枢纽，过千河站后折向西，经卧龙寺引入宝鸡站，卧龙寺新建城际车场，宝鸡站相应改建。如图 8-6 所示。

8.2.4.5　城际铁路分期实施方案

根据对关中城市群未来交通需求预测的结果分析，预计 2020 年、2035 年全社会客运出行量将达到 16.8 亿人次和 30.8 亿人次，城际铁路所占份额分别按 20%~25% 和 25%~30% 考虑，则城际铁路年出行量为 3.36 亿人次和 7.70 亿人次，考虑换乘系数和日不均匀系数，折合日客运量为 106 万人次和 278 万人次。按照 2020 年每千米平均负荷强度 2000~3000 人次、2030 年 2500~3500 人次估算，2020 年需城际铁路线路长度为 350~550 千米，2030 年需城际铁路线路长度为 800~1400 千米。如表 8-7 所示。为此建议将关中城际铁路的远期建设实施提前至 2030 年，以更好服务于关中融合发展。线网建设规模及实施建议如表 8-8 所示。

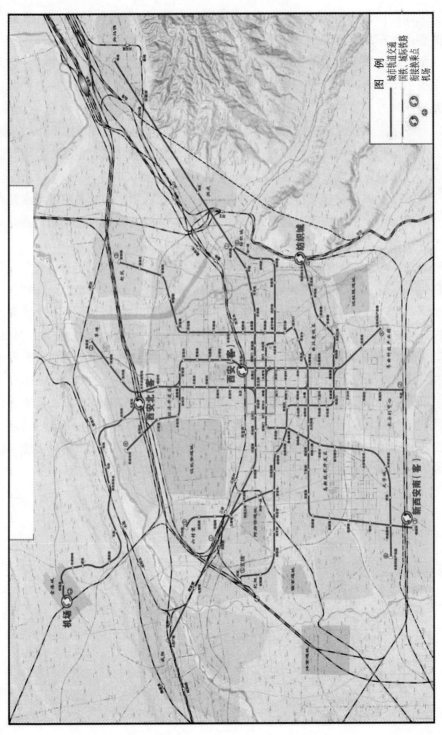

图 8-5 西安综合交通运输方式衔接关系

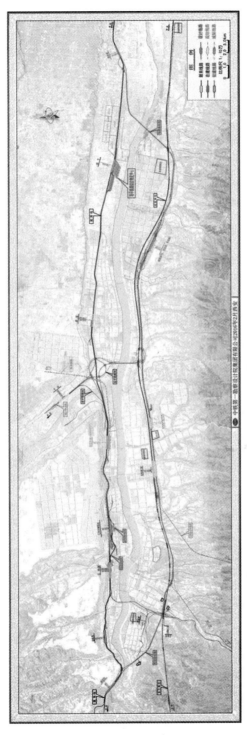

图 8-6　宝鸡铁路枢纽总平面布置

表 8-7　关中城市群城际铁路线网规模估算

指标	2020 年	2035 年
全社会客运出行总量（亿人次/年）	16.8	30.8
城际铁路所占份额（%）	20~25	25~30
城际铁路出行量（亿人次/年）	3.36	7.70
换乘系数	1.1	1.2
日不均匀系数	1.05	1.1
城际铁路全日客运量（万人次）	106	278
线路日负荷强度（人次/千米）	2000~3000	2500~3500
线路长度（千米）	350~550	800~1400

表 8-8　关中城际铁路线网规模及方案

单位：千米

城际线路	线路长度	规划实施 2020 年	2030 年	备注
西安北—阎良—富平—铜川（印台）	110	110		纳入国家铁路网
铜川（印台）—黄陵—延安	187		187	纳入国家铁路网
西安北—咸阳机场	26	26		2018 年建成
咸阳机场—法门寺	90	90		2017 年底已开工
西安—户县—周至—眉县—法门寺	150	150		2017 年底已开工
阎良—三原—泾阳—咸阳机场	60	60		2017 年底已开工
渭南北—阎良	28		28	地方城际铁路网
法门寺—宝鸡	88	88		地方城际铁路网
西安—临潼—兵马俑—渭南—华阴—潼关	110		110	地方城际铁路网
阎良—蒲城—韩城	150		150	2017 年底已开工
西安南—蓝田—商州	90		90	纳入国家铁路网
西安南—柞水—安康	220		220	纳入国家铁路网
华阴—大荔—澄城—黄龙—黄陵	175		175	地方城际铁路网
彬县—旬邑—铜川—白水—澄城	198		198	地方城际铁路网

第四篇
战略措施

第 9 章　战略措施建议

9.1　科学设置关中功能区域规划，避免重复建设

区域经济协调发展，首先要科学统筹规划。关中是陕西战略发展布局的重点区域，是推动陕西经济发展的着力点，应根据关中各地区资源环境承载力、现有开发潜力，统筹规划人口分布、经济布局和城镇化格局，协调和处理好发展中涉及的各种重大关系，消除扭曲、缩小差距、补齐短板，实现各区域持续、协调、健康发展，避免各自为政、重复建设。

然而，关中在合理设置功能区域规划方面还存在诸多问题。其一，目前关中交通、水利、电力等基础设施虽处于加快建设时期，但各区域的基础设施建设并未实现互联互通，国土空间利用的集约化水平较低；其二，产业间融合互动不足，致使"做优一产，做强二产，做大三产"这一目标的实现存在融合创新的制度性障碍；其三，城镇化建设的进程与城乡空间结构的优化进程存在脱节现象，未落实关中平原城市群对陕西经济发展的核心引领作用；其四，各区域生态环境保护缺乏统一的协调配合机制，致使生态环境保护仍面临较大压力。基于此，本节将从以下四个方面提出具体的战略措施：

9.1.1　注重关中各区域基础设施建设的协调配合，构建共享的基础设施网络

完善的基础设施作为经济社会发展的基础和必备条件，可以为发展积蓄能量、增添后劲。为了加强基础设施建设的协调配合，将关中地区建设成为"一带一路"上的重要节点，需要从以下几点做起：

（1）完善综合运输体系。促进各种运输方式加快构建与融合发展，形成以西

安为核心的面向全省、连接全国、辐射国际的综合交通体系。推进建设"米字形"高铁网，启动西安至十堰高铁建设，加快西延、西银高铁建设，推进西安至重庆高铁前期工作。实施关中高速公路网加密工程，加快宝鸡至坪坎等5条在建高速公路建设进度，抓紧陇县至陕甘界等6条高速前期工作，加快国道、县城过境公路、观光旅游公路新建改建速度，打通跨区域的"断头路"和"瓶颈路"。畅通加密关中城际铁路网。大力推进覆盖西咸新区、咸阳城区及临潼、户县等组团的大西安地铁网建设。加强交通运输信息化建设，促进区域物流运输信息共享，实现公共交通一卡通。

（2）统筹能源和水利保障设施建设。发挥陕西省煤、电、气资源优势，根据区域环境承载能力和大气污染防治要求，科学布局、统筹推进能源基地建设，完善能源供输网络，提升能源设施共建共享水平。加快"气化陕西"二期工程建设，扩大城市配网覆盖范围，落实气量，着力提高天然气供应保障能力。加快关中地区供气管网一体化建设，提高互联互通水平，实现区域内全覆盖。实施城乡电网改造升级工程，提高线路技术标准，增强供电可靠性。构建电力安全体系和应急处置体系，提高电网抗灾能力，确保电网安全运行。围绕关中工业化和城镇化建设，以渭河等主要河流为骨架，以斗门水库、东庄水库、卤阳湖等湖库为调蓄节点，推进引汉济渭、引嘉济清、渭河生态区等工程建设，促进关中主要江河湖库外部连通、内部循环、互为补充，修复水系水生态。

（3）统筹信息基础设施建设。统一规划、集约建设数字化、宽带化、智能化、综合化、一体化的信息设施，促进资源共享，加快推动落实"宽带中国"战略。大力推进关中地区电信网、广播电视网和互联网的融合发展以及业务应用融合。实施电子政务畅通工程，统筹建设电子政务信息共享平台。共建区域信息网络体系和交流平台，完善信息应用服务体系，构建"数字关中"，推进信息服务一体化。

9.1.2 促进产业间的发展融合，充分发挥关中主导产业优势

产业融合作为一种产业创新，给世界产业发展与经济增长带来了新的动力。关中国家西部创新中心的建设也需要以各产业间的深度融合发展为抓手，积极把握新产业革命发展进程，注重利用新产业革命技术成果，充分发挥关中主导产业优势的发挥。

（1）联合提升工业发展水平。合作发展装备制造业：利用西安和宝鸡现有装备制造业产业基础和配套条件，加强分工协作，引进优质资本和先进技术，加快

企业兼并重组和产品更新换代，提高基础零部件和配套产品的技术水平，重点发展精密量仪、重型载重汽车、改装汽车、汽车零部件、电子电气设备、精密铸造件、冶金重型装备和专用机械装备等产业，全面提升产业竞争力，将关中建设成中西部地区重要的装备制造业基地。共同培育战略性新兴产业，共同规划战略性新兴产业发展，推进产学研结合，提升科技创新水平，合作构建产业发展平台，坚持引进和培育相结合，大力发展煤层气开发、物联网基础件、新材料、新能源、通用航空飞机配件、精密制造、生物医药和节能环保等产业。

（2）合力发展现代服务业。共同建设旅游基础设施，合力开拓旅游市场，联手整治旅游市场秩序，建设国内外重要旅游目的地。以创建"全域旅游试点省份"为契机，推动文化旅游深度融合，加大秦始皇陵、法门寺、华山、太白山等景区综合开发力度，支持宝鸡创建全域旅游示范城市，着力构建文化旅游融合发展新格局。依托综合交通运输网络和海关监管查验场，统筹规划物流园区、物流配送中心、特色商业区和专业市场，共同打造新丝绸之路陆路口岸，建设区域性物流中心。

（3）协同发展现代农业。实施区域化布局、规模化种植、标准化生产、品牌化销售、公司化经营，培育壮大农产品加工龙头企业，鼓励和支持农民专业合作社发展，共同推进粮、果、菜、畜等优势农产品生产加工基地建设。以杨凌国家级农业高新技术产业示范区建设为契机，着力打造现代农业创新、国际科技合作、现代农业企业孵化、良种繁育、标准化生产、农产品加工、现代物流和休闲农业等示范项目，形成"核心示范—区内带动—区外辐射"的示范推广新格局。继续实施"一村一品"工程，建设集农业生产、农民生活、农村生态于一体的专业村。深入挖掘农村文化资源，不断丰富农业产品、农事景观、环保包装、乡土文化等创意和设计，着力培育一批休闲农业知名品牌，促进创意和设计产品产业化。加强地理标志产品的培育及农产品商标的注册和保护，鼓励根据产品特点设计富有特色的地理标志商标、产品包装等，提升产品附加值。

9.1.3　优化城镇化布局形态，推动关中平原城市群建设

城市群是城市化高度发展的产物，可以集聚大量人口、资本、产业、信息等优质要素，既是国家经济最重要的增长极，也是国家竞争优势的集中体现。2017年1月9日，国务院发布关于《关中平原城市群发展规划》的批复，该规划以建设具有国际影响力的国家级城市群为目标，以深度融入"一带一路"建设为统领，加快高端要素和现代产业集聚发展，提升人口和经济集聚水平，打造内陆改

革开放新高地，充分发挥关中平原城市群对西北地区发展的核心引领作用和我国向西开放的战略支撑作用。因此，要进一步优化城镇化布局形态，推动关中平原城市群的建设。

（1）注重提升西安发展的辐射带动作用。作为西北地区和陇海—兰新线最大的中心城市以及陕西省政治、经济、文化中心的西安，应当充分发挥西安这个中心城市作为发展极的先导效应，推进关中地区产业结构调整和人口的疏散，以城市经济带动整个陕西地区的经济发展。统筹人口、产业、交通、资源等要素，推进西安、咸阳、西咸新区规划建设、行政管理和产业布局一体化发展。按照研发服务在中心，制造转化在周边的思路，推进西安产业空间重组、公共服务重置、交通体系重构，增强重点板块高端产业、高端要素、高端人才聚集能力。构建"中心市区—外围组团—卫星城—重点中心城镇"梯次合理的卫星城体系，即形成以西安市区为主中心，以咸阳市区为副中心；以已形成一定规模的东郊洪庆—田王、新筑、南郊韦曲—郭杜、西郊王寺、北郊泾渭工业区和泾阳工业区为外围组团；以周边距离较近的区县中心城镇引镇、临潼、户县、蓝田、泾阳、三原、高陵为卫星城；以西安西北部规模较大、交通便捷的杨陵、兴平、礼泉和东北部的阎良、渭南市区、铜川新区为独立新城的卫星城体系的发展格局。

（2）鼓励陕西各地中小城市加快发展。加强陕西各地中小城市基础设施和公共服务设施建设，优化城市发展空间结构，提升综合承载能力，增强集聚辐射效应。支持宝鸡、渭南增强聚焦辐射功能，建成百万人口大城市，继续支持铜川资源型城市转型发展。支持经济发展较快、区位优势明显、人口规模较大的县城拉大骨架，因地制宜发展特色产业，完善综合服务功能，培育成为新生小城市。继续推动镇级小城市综合改革试验区、重点示范镇、文化旅游名镇建设，打造一批县域副中心和特色鲜明、宜居宜游的特色小镇。

9.1.4 加强各区域环境治理协调联动，促进生态环境共保共治

环境是人类生存和发展的基本前提，为我们生存和发展提供了必需的资源和条件，地区的可持续发展离不开良好的生态环境支持。目前，关中地区大气环境质量形势严峻，西安市已成为全国污染严重的省会城市之一，秦岭地区采矿采石破坏生态情况突出，渭北"旱腰带"区域生态环境脆弱，各地区环保配合程度不高。这些突出的环境问题都阻碍着关中地区的进一步发展，是关中地区全面建成小康社会中的痛点和难点。要解决生态环境问题，需要做到以下几点：

（1）建立统一的环境保护评价体系。创新环境合作保护机制，把资源消耗、

环境损害、生态效益纳入经济社会发展评价体系，建立体现生态文明要求的考核办法、责任追究机制和奖惩机制。建立关中地区环境保护联席会议制度，协调解决区域重大环境问题。联合编制环境监测网络规划，合作组建区域环境监控信息共享平台。建立区域环境监管、信息通报与应急联动机制，开展环境联合执法监督。建设一批综合性节能服务公司，加快节能新技术、新产品推广应用。推行环境污染第三方治理，探索开展排污权交易和碳排放权交易试点。

（2）推动落实生态保护项目的实施。加强生态廊道、城市绿地、水生态文明建设，推进治山、治林、治田有机结合，全面提升关中生态功能。以秦岭北麓、渭河沿线和渭北台塬为支撑，深入实施关中大地园林化工程，重点建设渭河生态防护景观林带、宝鸡至潼关高速公路景观林带，统筹推进秦岭水源涵养林区、关中田园生态景观区、渭北生态经济防护林区，提升城市绿化水平。以渭河流域沿线治理为重点，改善水域环境，强化水源涵养，加强河、湖、库、渠、湿地、蓄滞洪区互通连接，构建关中水系，建设水环水绕的宜居美丽新关中。

（3）在关中地区建立统一的生态补偿机制。设立关中地区生态补偿共同基金等，开展基于主体功能区划分的优化开发区、重点开发区，试行对限制开发地区、生态涵养地区以及下游地区对上游地区的生态补偿，建立区域生态环境的共建共享机制。在实施生态保护项目、财政补贴、财政转移支付和税收差异化等方面，对生态涵养区给予趋向性支持。发挥市场调节作用，逐步建立碳排放权、排污权的区域交易市场，使生态涵养区可以通过提供清洁水资源、涵养水源地、植树造林、湿地保护等服务来得到碳汇和生态的价值补偿，实现生态保护、地方发展和居民收入提高等多赢目标。

9.2 重视发挥"五市一区"各自优势，合理组合，调动一切积极因素发展关中

由于长期以行政区划为单元，使得关中"五市一区"忽略自身禀赋优势，同质化发展，主导产业优势发挥不充分，聚合外溢不足，这些严重制约了陕西追赶超越宏伟目标的实现。因此在经济发展过程中，关中"五市一区"应重视发挥"五市一区"各自优势、合理配置区域间资源，利用各自优势进行产业结构调整，全面实现融合式发展。这不仅是吸纳陕南陕北贫困人口、加速实现陕西省全面小

康的重要手段，也是关中国家西部创新中心建设的重要举措，更是丝绸之路重要节点建设的基础。

9.2.1 构建区域创新驱动机制，加强融合发展动力生成

在建设创新型国家战略、"一带一路"发展战略及"双创"政策的大背景下，创新驱动发展成为陕西发展的关键。城市群的创新驱动发展需要不同等级的城市依据自身的规模特征、产业特征等在城市群经济发展中承担不同职能。特大城市主要通过聚集效应和扩散效应向周围城市逐级进行辐射，大城市通过技术传播、商品贸易、服务贸易以及资本等要素流动在特大城市与中等城市之间起着承上启下的作用。

（1）建立全社会的公共研发平台和技术创新平台。提高政府对通用技术的开发投入，鼓励产业集群同大学、科研院所联姻。建立重点产业集群的技术创新基金，运用财政贴息、税收返还等政策手段，鼓励企业或企业与科研院所联合围绕特色产业集群的发展开展技术攻关，从事行业关键技术、工艺的研究开发。鼓励企业和社会主体建立高质量的产品检测中心，为企业发展提供良好的服务。建立产业信息中心，扩大国内国际业务交流，解决电子商务营销方式落后等问题。建立创业辅导中心，解决信息闭塞问题，通过成功企业家的经验和言传身教，解决企业初创者在初创阶段面临的突出困难，催生中小企业成长、壮大，拓展产业链条，提高创业成功率，促进产业集群发展。建立直通式的海关监管点、商检办事处、外汇业务代办点等机构，协助企业办理自营出口，引导企业进行国际质量认证工作，加快企业的国际化进程。建立专业技术人才培训中心，形成政府引导、社会支持和企业自主培训相结合的多层次人才培训机制，提高企业家和员工，特别是专业技术人才的素质。

（2）提升中等城市的经济承载能力。在关中城市群中的西安扮演了特大城市的角色，大城市断层，中等城市直接受特大城市西安的辐射。而作为中等城市的宝鸡、咸阳、渭南、铜川和杨凌，其自身经济实力不足，难以消化西安的产业、产品和技术的转移，同时也无法向西安市提供完善的辅助性产业和资源。这种现状一方面进一步促进西安规模的扩张、其他中等城市相对规模的缩小，另一方面也大大削弱了特大城市的辐射带动作用。因此，大西安要有大带动，宝鸡、咸阳、渭南、铜川和杨凌等城市应积极通过完善生活基础设施建设、大力发展服务、改善医疗体系、治理自然环境等手段吸纳人才，实现自身城市规模的扩大。

9.2.2　建立畅通的信息传导渠道，提升信息传导效率

信息是市场上最活跃的细胞，信息不对称会对政府间的协调与决策产生不良影响。对于关中地区来说，信息传递渠道、信息传导效率均比较薄弱，突出表现在制度缺失、传递者主观偏差和技术局限等。因此，建立畅通的信息传导渠道，提升信息传导效率对于关中地区间的关系具有重要意义。

（1）建立便捷、畅通的信息传导机制，确保信息传导渠道畅通。所谓信息传导机制即是对信息传递路径的制度安排，包括信息传递过程的路径设计和中间介质构建。关中地区信息传导机制的设计需明确信息传递的纵横向路径上各传导中介的责任、权利。

（2）努力降低信息传导成本，提高信息传导效率。信息传递始终存在积极和消极两个方面，其积极意义是提供行动参考，消极意义是信息处理需要支付成本。关中地区信息组织效率的提高，需要尽可能简捷的信息通道体系以便降低信息成本，进而提高信息传导效率。同时在传导过程中还应该保证获取信息的数量是充足的，信息的获取、传递以及信息的本身是高质量的。

9.2.3　完善协作机制建设，促进区域间组织协调

各地区由于自身的地区优势不同，在产业分工过程中将扮演不同的角色、承担不同的任务，即：在产业链构建过程中，有的城市负责技术研发，有的城市负责具体的生产制造，还有部分城市负责辅助性生产。要打造关中国家西部创新中心，就要求关中各地区高度协作，不断促进区域间组织协调。

（1）提高产业关联度，完善产业链条。陕西许多地区，虽然聚集了不少企业，但由于产业关联度低，很难形成真正意义上的产业集群，不能发挥集群的优势。因此，应通过完善上游或下游配套企业、延长产业链等方式形成产业自身发展的内在机制，并通过上、下游企业之间的互动和外溢机制来促进区内产业关联的形成与发展。

（2）通过合理分工组合实现产业链不同节点的创新。西安在高校和研究院所的带动下，主要实现航空产业的技术创新，文化旅游产业的文化产品创新、旅游服务方式创新，装备制造技术创新以及现代服务技术和手段创新等。咸阳主要实现航空物流方式、飞机维修技术创新，文化旅游产业的文化产品创新、旅游服务方式创新，装备制造技术创新等。宝鸡主要实现光纤通信系统、组合导航系统、飞行安全监测系统技术创新，装备制造技术创新，资源加工技术创新，物流园区

应用技术创新等。渭南主要实现飞行员培训手段、通用航空产业项目创新,煤炭、化肥、钼等资源的精深加工技术创新。铜川主要实现铝加工、建材、陶瓷等产业技术创新。杨凌主要依托西北农林科技大学进行农业产业化发展创新。

(3)实施大企业带动战略,促进中小企业集群的发展。学习和借鉴国内外发展产业集群的成功经验,研究不同类型产业集群的特点与发展规律,用大企业带动中小企业集群的发展。根据陕西的资源禀赋、科技优势、人才优势、区位特点、企业实力及产业布局等,确定适合陕西的产业集群发展模式。陕西省在计划经济时期留下的国有大中型企业较多,这些企业有良好的基础条件,但体制僵化,机制不灵活,对市场的适应能力不强。因此可以利用这些国有大中型企业的优良条件,采用大企业加中小企业的集群模式,用大企业带动小企业,建立以大企业为中心的中小企业集群。

9.2.4 创新共建共享机制,打造"五市一区"利益共同体

关中城市群中的"五市一区"分别具有各自的比较优势,在经济发展过程中各地区应合理配置区域间资源,利用各自优势进行产业结构调整,在产业结构合理分工基础上全面实现融合式发展。

(1)加大政府的宏观指导。在经济欠发达地区,政府对城市群发展的干预是十分必要的,政府应根据各地区发展特点制定全面的城市群培育发展战略。鼓励以西安的航空高科技优势带动阎良、蒲城、咸阳、宝鸡的航空产业发展;鼓励发挥西安、咸阳、宝鸡的装备制造业优势;鼓励发挥宝鸡、渭南、铜川、商洛的资源加工业优势;鼓励发挥西安、咸阳的文化旅游产业优势,重点建设周秦汉唐文化旅游精品区;发挥以西安为中心的现代服务业优势;等等。

(2)建立健全产业集群服务支撑体系。产业群内的企业由于地理接近和业务上的垂直联系、水平联系而形成相互的合作与竞争关系。在这种合作与竞争关系中需要政府的监管,需要中介机构的服务。政府部门通过制定一系列的法律、税收、金融等政策措施,形成一种制度环境;金融机构对企业的创建、扩大生产和销售、研究开发等进行信贷和风险投资;行业协会等相关中介机构促进企业间网络联系,使之成为官、产、学、研联系的纽带;应尽快建立不同企业的行业协会,通过行业协会这种非政府组织进行企业间的交流和沟通,使企业之间形成产业链上的联合,共同开拓新市场,共同承担科技创新的风险,共同进行信息的共享与职工的培训;建立中小企业信用担保制度,设立中小企业信用担保基金,解决中小企业融资难的问题;建立为产业集群提供服务的律师事务所、会计师事务

所、技术咨询机构、市场调查机构等，防止无序竞争和过度竞争，支持和引导集群内企业健康发展。

9.3 高等院校、科研院所与企业无缝对接，培育创新型企业

产学研合作是推动陕西省科技进步与自主创新的重要手段和必由途径，能够有效调动各种创新资源增强企业创新能力，解决研发与市场需求脱节的问题，在自主创新战略中发挥着重要的作用。西安是陕西省的核心城市，以华为为例，其西研所研发的产品占华为年销售额的30%左右，就是因为西安雄厚的科技基础和人才梯队。作为未来国家中心城市，西安需要利用自身优势，发展为硬科技之都，引领关中城市群、带动大西北。但是，根据调查，陕西省内企业在选择创新合作伙伴时，仅有28%的企业选择高等学校，17.9%的企业选择研究机构，说明企业对高校和科研院所的创新成果依赖度不高，产学研各方优势互补、互惠共赢的合作机制尚未形成。目前，陕西私营经济发展落后，劳动生产率和市场竞争力都相对较低，现有的研发能力还不能为陕西经济转型升级提供强有力的支撑。因此，为了更好地发展陕西地方特色产业，为陕北、陕南引进科技资源，就要明确高校、科研院所与企业三大创新主体的功能定位，加强关中地区创新成果的辐射强度，促进两大区域和关中地区的交流与合作，更好地激发创新活力，培育科研创新型企业，进而优化陕西未来发展的产业结构，融入到全球创新体系，创造中国西部创新节点，打造国际创新飞地。具体包括以下几个措施：

9.3.1 优化政府的资源配置职能，发挥其在协同创新中的引导作用

随着创新驱动发展战略的实施，关中成为凝聚陕西发展优势的创新中心，对于陕西来说，关中城市群用占全省23%的面积，创造了占全省65%的GDP，容纳了全省60%的人口。陕西省政府优先支持企业高新技术自主创新、集成创新和引进消化吸收再创新，鼓励企业运用高新技术改造和提升传统产业，但从实际情况来看，对于鼓励创业创新，实现高校、科研院所与企业无缝对接的政策引导相对较少，这使得合作存在一定局限性，不利于协同创新的稳健发展。因此，需要优化政府的资源配置职能，发挥政府在对接中的引导作用，消除合作障碍，约束

各方主体行为，来实现具有陕西特色的创新驱动发展道路，推动高新技术产业的发展。

（1）落实财政税收政策。陕西省政府要建立灵活多样的税收优惠和财政补贴政策，深入实施培育科技企业小巨人行动计划，打造小巨人领军企业。完善对科技型中小企业、技术转让、科技企业孵化器、大学科技园的税收优惠政策，加强对科技型中小企业的政策培训和宣传。有条件的县级人民政府应设立"绿色通道"，为返乡下乡人员创新创业提供便利服务。建立"政府—大学—产业"创新对话机制，放宽享受加计扣除政策的研发活动和费用范围。对承接高等学校、科研院所重大科技成果并在省内成功转化的企业，给予其技术合同交易额的 20%，不超过 300 万元的后期补助。

（2）实现中心城市与新区的联动发展。利用大城市的社会环境、雄厚的物质技术基础和丰富的各类资源，实现"西安"与整个关中城市群规划有机衔接，带动关中，起到引领辐射作用，让科学与产业密切联系，强化科学研究与城市发展间的相互作用。建设三个万亿级产业，一是高新技术产业，二是先进制造业，三是现代服务业。培育壮大战略新兴产业，进一步加大陕西地方财政对科技型中小企业的支持力度。逐步加大专项资金和科技成果转化引导基金支持科技创新的力度，带动中小企业发展。对于研发投入占企业总收入达到一定比例的科技型中小企业给予补贴，在其中筛选一批创新能力强、发展潜力大的企业进行重点扶持，培育形成一批具有竞争优势的创新型企业和上市后备企业。对从事基础和前沿技术研究、应用研究、成果转化等不同活动的人员建立分类评价制度，增加研究质量、原创价值、实际贡献等指标的权重。高校、科研院所、国有事业单位利用财政资金形成的职务发明成果，其企业转化所得收益可按不低于 70% 的比例划归参与研发的科技人员及其团队拥有。国有企业事业单位成果转化奖励资金，计入当年单位工资总额，但不纳入工资总额基数。

9.3.2 搭建产学研合作服务系统，为企业创新提供稳定的资源通道

创新财政科技投入方式，推进科技资源开放共享，是激发全社会创新创业活力的主要方向，陕西省出台了《科技创新券管理暂行办法》，鼓励中小微企业、创新创业团队充分利用高等院校、科研院所等创新服务机构的资源开展研发活动和科技创新。但从目前来看，三方的合作服务系统并不完善，很难有效地实现信息对接和创新要素融合。因此，需要通过线上线下相结合的方式建设公共服务平台和资源融合平台，依托互联网，使各种创新主体和要素按照规则融合互动。

（1）搭建创新创业资源对接平台和中介服务体系，不断深化协同创新模式。推介一批创新创业典型人物和案例，推动创新精神、企业家精神和工匠精神融合，进一步引导和推动各类科技人员投身创新创业大潮。完善技术中介服务体系。培育省重点中介机构，发挥资源整合优势，提升专业化服务能力，集聚科技创新资源，为技术转移和成果转化提供全过程服务。在陕西特色县域经济发展的重点区域形成一批协同生产力促进中心，重点推动高校科技成果的转化推广。针对县域丰富的各类资源，通过建立生产力促进中心，主动寻找承接各类企业委托立项，定期举办高校科技成果推介和企业科研项目招标等活动，并运用现代信息技术和远程协作，提升服务效率和扩大服务覆盖面。建设陕西高端科技智库体系，建设内容包括陕西高端科技智库建设和软科学研究基地建设。陕西高端科技智库将遴选、聘请高校、科研院所、企业在全省乃至全国具有一定影响的专业领军人物和专职研究人员进入智库；软科学研究基地建设将依托陕西高校、科研院所、民间智库以及省市党政部门的政策研究机构学科和人才优势，整合优质资源，择优支持建设 15~20 个软科学研究基地，开展面向应用的战略性、前瞻性重大公共管理问题研究，为政府及相关部门科学决策提供智力支持。

（2）实现产业的全链条业态，打造创新型企业聚集区。建立涵盖人才培训、研发试验、中试应用、技术交易、孵化办公、工业生产和创业服务的西部创新中心。有关报告指出，以 GDP、科研能力、院士数量以及创新企业数量为评价指标，对国内 100 余个大众城市"硬科技"水平进行评估，西安凭借科研院所数量、高校数量和航空航天领域的优势进入榜单第七名。因此，充分发挥产学研合作三方的优势，实现硬科技企业的不断落地，引领陕西发展，就显得尤为重要。以陕西省高校、科研院所为主体，培养企业急需的实用性技术人才，建立战略联盟，由单一项目合作转向联合培养人才，同时实现技术人员与高校教师的相互交流与角色互换，形成共同办学。高校积极参与企业的技术配调，高校为企业制定人员培训方案。开展高校与科研院所、企业建立联合培养研究生示范基地工作，由具有硕士学位授予权的高校在科研院所、企业设立研究生联合培养示范基地。合作双方整合优势，实行研究方向上的衔接与协作，开展研究生培养、科学研究工作。覆盖"创意创想—种子期—初创期—成长期—产业化"等企业发展各个阶段，打造创新型企业聚集区。发展关中现代制造业和高新技术产业，陕北高端能源化工基地和陕南富硒食品产业，在此基础上突破现有的产业基础，真正以产业集聚人才资源，以人才引领产业发展。设立产学研合作专项，建立产学研示范基地。鼓励大型企业面向高校部署科研项目；鼓励科研院所联合行业领军企业、大型企业，组建产业共性技术研发基地；鼓励企业联合高校、科研院所共建省级重点实验室、省级工程技术研究中心等研发平台。

9.3.3 健全科技人员流动机制，实现创新人才在企业的高效利用

为了提升创业服务能力，陕西省推进人才计划，建设创业导师队伍，向创业团队、初创企业、科技型中小微企业等提供导向性、专业性、操作性创业帮扶，但这种帮扶属于公益性服务，缺少一定的利益驱动机制，所以不能有效地保证高等院校、科研院所中具有科技成果转化实践能力的学科带头人、研发人员，农业技术推广人才，从事科技成果转移转化产业化的专业技术人才向企业流动。而科研作为城市未来的核心竞争力，必须将研究成果转化为相关产业能效，发挥科学城磁场效应，吸引大量人才、资金与产业并入，带动城市产业多样化发展。

（1）建立完善的知识产权保护和科研管理体制。扩大知识产权快速授权、确权、维权覆盖面，推进保护由单一产业领域向多领域扩展。搭建审查确权、行政执法、维权援助、仲裁调解、司法衔接相联动的知识产权保护中心。调整高校和科研院所科研管理体制，建立以基础研究、应用研究、技术研究和成果转化为主的评价体系，鼓励其与企业的合作研发，建立以实际贡献为评价标准的科技创新人才薪酬制度。

（2）建立合理的利益分配机制。协同创新涉及多个利益主体，理想状态是高等院校、企业、科研院所三方构建基于利益驱动的自愿协同创新模式，而合理的利益分配机制则是核心。协同创新要通过科学的利益调节机制，促进创新组织从个体、封闭方式向流动、开放的方向转变，促进创新要素从孤立、分散的状态向汇聚、融合的方向转变。第一，建立贡献和利益紧密相连的创新收益分配制度。促进高校与企业、科研院所等创新主体按照人力、物力、财力等资源贡献度和科技成果转化率，来分配利益和担负责任。第二，建立仲裁调解机制和第三方监管机制。对高校教师在企业兼职中出现的因合作契约里未明确规定的衍生成果所有权及其收益分配所引发的争执，进行第三方仲裁调解，最大限度地调和不同主体的利益差异，避免因为利益偏差而引发的信任问题。第三，构建合理的人员薪酬分配制度，探索以科技创新贡献和科研成果转化效益为主要衡量标准的收益分配改革。

（3）组建产业技术创新战略联盟。加快工研院企业化改革，支持企业、高校、科研院所联合组建产业技术创新战略联盟，支持行业骨干企业牵头组建国家级产业技术创新战略联盟，对新认定为国家级产业技术创新战略联盟的，给予牵

头单位一次性 300 万元奖励。鼓励各类社会资本参与校企创新基地、创业苗圃、创客空间、创业公寓、创业交流平台等"众创空间"孵化基地建设，对其建设成本、办公房租赁、投资通用研发设备、网络条件等给予 30 万元的补贴，并给予 20 万元的奖励，对"众创空间"孵化基地开展各类创新创业培训教育和交流活动给予一定补贴。支持企业、科研院所、高校、园区在国外设立研发中心、技术转移中心、成果转化中心等机构，建设"一带一路"科技园区联盟、大学联盟。

9.4　推动军民融合，发挥军工优势，带动地方经济发展

未来 10~30 年，以西安为核心的关中地区的前沿技术开发，离不开以"推动军民深度融合，发挥既有技术优势"为主线的战略措施。关中地区国防工业门类齐全，航天工业技术、航空工业技术、电子工业技术、兵器工业技术都名列全国前茅。近年来陕西省军工企业发展民品生产已积累了许多宝贵经验，对地方经济发展起到了十分重要的作用。但军民科技资源分布不均衡，军工科研单位科技资源高度聚集等却是不容忽视的问题。这种科技资源占有主体的独特结构，使科技资源统筹配置和开放共享相当困难，难以满足高技术产业培育发展的要求。因此，如果能在党中央提倡的军民融合发展方针指引下，进一步实现"军带民、民保军，军民融合"，不仅可对陕西追赶超越起到重要作用，而且同时可以在提高经济运行质量方面发挥引领作用，特别是在技术创新、高科技产业培育等方面对中国西部创心中建设、"一带一路"国家战略重要节点建设提供强有力的科技保障。

9.4.1　发挥政府引导作用，积极推进"民参军"

"十二五"时期，陕西省军工民品产值持续保持增长态势，生产规模不断扩大，涌现了一批有规模、有水平、有效益、有影响的军转民产品，军民融合创新型企业发展至 500 余家，这部分产品和企业成为支撑军工经济持续健康发展的重要力量。但从整体上看，陕西省目前的军民融合仍存在"层次低""范围窄""程度浅"的问题，如：政府对军民融合的支持引导作用未充分发挥、军工企业从事军转民的积极性不高、民营企业也很难获得军工领域的财政支持等。为解决上述问题，就应该充分发挥政府对军民融合的支持引导作用，积极推进

"民参军"。

（1）发挥政府对市场的引导作用。第一，采用政府购买服务的方式进行先期市场培育，将战略性新兴产业产品纳入政府优先采购清单。拓展市场空间，鼓励战略性新兴产业领域的重点产品、技术和服务开拓国内外市场，提升出口商品结构，支持具有自主知识产权的技术标准在国内外推广应用。第二，充分发挥政府的投资引导作用和资本市场的融资功能，根据项目可市场化程度，有计划地实行投资主体多元化，为军民融合发展提供可靠的资金来源。第三，鼓励民营企业参股军工企业。通过外延式并购或业务合作等多种方式，鼓励民营企业参股军工企业。民营企业参股后的军工企业可以更好地使科技资源统筹配置和开放共享，进而推动军地、军民、校企、厂所等之间的协同创新。第四，政府管理部门要消除民企进入军工领域的显性壁垒和隐性壁垒，只有这样才能有效扩大民企参与军工的领域，实现军民互动，真正做到军民融合发展。

（2）加大对军民融合产业的扶持力度。2016 年，陕西省总规模 100 亿元的军民融合产业投资基金正式挂牌，省军转民专项资金支持军民融合重点项目 20 个，带动投资 35 亿元。2017 年，陕西省应进一步加大推进军民融合发展的力度。通过扶持力度的加大，可以快速推进陕西省军民融合发展，提高技术创新速度、加速高科技产业培育。具体包括：推进国家重大项目实施，加快大型飞机、特种飞机等重大项目建设和新一代飞机研制，争取航空发动机和新材料专项项目，推进新舟 700 飞机、大推力火箭发动机、北斗卫星应用、国家民用试飞基地等项目建设等。

9.4.2　加强军民融合示范基地和平台建设，推动军民融合产业发展

目前，受保密等诸多因素限制，陕西省军民间尚未完全建立畅通的信息交互机制。信息交流平台的缺失致使军民融合深度和广度较为有限，军民难以形成良性互动，资源难以实现双向优化配置。并且，陕西省也未建设具有示范带头作用的军民融合示范基地，致使军民融合的成果难以扩大化。因此，陕西省应在原先军民融合成果的基础上，积极建设军民融合示范基地和军民融合平台，全面推动陕西省军民融合产业的发展，如建设军民融合创新示范区，打造 10 家"民参军"龙头企业，做强 20 家"民参军"骨干企业，构建功能各异、军地一体和双向联通的军工平台等。这种积极建设军民融合示范基地和平台的思路，能够不断提升非军工企业的参与度，使更多企业参与到高技术行业，进而可以为关中西部国家创新中心的建设提供高技术企业保障。

（1）重点领域、重点地区建设军民融合创新示范区。陕西省的军工产业主要集中在西安市，可以在西安市探索建立和完善一批军民融合创新示范区，把园区建设成为军工高技术产业化基地、军民两用技术研发基地。同时，对应十二个大军工集团建设好航天、兵器、航空、军工电子信息融合产业园区，积极搞好配套，充分发挥产业集群效应，不断提升陕西省高新技术产业发展的整体水平。

（2）培育军民融合骨干企业。按照政府引导、市场选择、动态管理的原则，集中资源重点培育一批自主创新能力强、掌握核心关键技术、经营状况良好、主业突出、产品市场前景好、对产业带动作用大、发展初具规模的战略性新兴产业骨干企业。通过骨干企业的带动完善军民融合主导产品产业链的建设。

（3）搭建功能各异、军地一体和双向连通的军工平台。第一，搭建信息服务交流平台。整合现有的军队、政府、行业和企业信息平台，打造军地一体、权威高效、层次分明的军民融合公共信息服务平台，分领域、分密级设置发布权限，确保各类信息发布的及时准确、真实可靠。第二，搭建军民技术双向转移平台。陕西省要开展军民科技资源开放共享，组建一批军民融合产业联盟，建设军民兼容技术支撑平台，通过需求对接、政策引导和定制服务，促进高端民用技术向军用转化。同时，加强军地科研院所、高校、企业和军队使用单位之间的密切联系，形成产学研用一体化的军民融合产业链，打破军民科技资源分割分离分散的格局，形成要素之间的有序流通和互利共享。第三，搭建产业扶持平台。陕西省要扶持一批掌握前沿技术的中小微企业，选择一批具有广泛两用前景的颠覆性技术进行孵化培育和应用推广，打造各具特色、充满活力的军民融合创新创业实践基地。

9.4.3　完善国防科技工业科技成果管理制度，促进军民技术相互支撑、有效转化

当前在陕西省，民企进入军品科研生产领域时，自身商业秘密和知识产权难以得到保护，甚至出现了知识产权竞争时被同行无偿使用，产品鉴定后被他人仿生产的情况，严重损害到企业的利益。这种现象的存在不仅大大降低了民企参与国防科技成果军转民的积极性，而且不利于陕西省相关部门对国防科技工业科技成果的管理，最终将影响军民融合在陕西省的进一步发展。为解决这个问题，陕西省就必须完善国防科技工业科技成果管理制度，促进军民技术相互支撑、有效转化。

（1）规范国防科技成果军转民的相关法律保护制度。当前，国防科技成果军

转民的相关法律保护制度主要存在三方面的问题亟待解决：一是在权益归属方面，由于各方对《国防法》的认识不统一，有关规定缺乏可操作性，导致研制单位的权益往往得不到有效保障。因此，陕西省有必要对《国防法》进行修改完善，对相关规定加以解释说明，增加其实际可操作性，明确规定权益的归属，切实保障研制单位的权益。二是在转化的收益分配方面，现行的收入分配机制的激励作用不明显。因此，陕西省要加大对国防科技成果军转民的奖励力度，不仅对知识产权创造单位给予奖励，还对做出重大贡献的人员给予奖励，进而充分调动单位和个人从事国防知识产权转化的积极性。三是缺乏可行的产权管理和流转办法。因此，陕西省要建立健全在国防知识产权保护、促进国防领域和民用领域知识产权相互转化等方面的政策，从而避免国家投入形成的国防知识产权难以被其他军工和民口单位充分利用的问题。

（2）建立军民融合创新和成果转化基金。陕西省要以政府和企业为主体，充分吸收社会资金，建立军民融合创新和成果转化基金。加速军工科技成果转化，引导和推动军民结合科技成果尽快转化为现实生产力，为新阶段陕西省军民融合发展提供强有力的科技支撑。第一，创新和成果转化资金要充分考虑军民融合科技成果转化风险大的特点，以支持有望达到批量生产的新技术、有广泛应用前景的共性技术等为重点；第二，创新和成果转化资金要优先支持落户特色军民融合产业基地和园区的科技人员和军民两用科技项目，积极鼓励产学研结合，鼓励科技成果持有单位以技术入股等多种方式参与成果转化和市场竞争。

9.4.4 完善军民融合领域的法规政策体系，保障国防科技工业军民融合深度发展

从总体看，当前陕西省军民融合的发展刚进入由初步融合向深度融合的过渡阶段，尽管已经取得丰硕成果，但仍存在顶层统筹统管体制缺乏、政策法规和运行机制欠缺等突出问题。如：在税收优惠政策方面，军品价格实行低利免税政策，而民企很少享受军品低利免税政策；在统计数据方面，陕西省尚未制定军民融合统计报表制度，致使大量涉密单位的经济活动游离于地方经济建设之外，客观上造成军民融合工作"融而不畅，合而不大"的问题；等等。这些问题的存在严重制约着陕西省军民融合的深层次发展，因而，陕西省有必要通过完善军民融合领域法规政策体系的方式，充分保障国防科技工业军民融合的深度发展。

（1）改革完善税收政策，加大税收优惠力度。第一，陕西省要建立民营企业参与国防建设，尤其是国防科技工业发展的风险补偿和扶持机制，从而实现长效

激励。第二，探索建立军民融合项目资金机制，设立军品投资风险基金，用以解决民参军产品长期售后服务难题。与此同时，制定行业规范，遏制逐利性恶性竞争等相关风险。第三，对符合国家产业政策、具有良好市场前景和效益的军民融合项目，采取转移支付、财政补贴和政府采购等优惠政策，从而调动相关主体参与国防建设的积极性。

（2）给力项目牵引+政策扶持，发挥带动效应。陕西省要以特色军民结合型基地和园区为平台，培育和发展新材料、新能源、效益型、规模型项目，突出重大项目推进。并在此基础上给予政策扶持，将军民融合发展规划列入政府长远发展战略和经济社会发展规划。同时，积极借鉴其他军工大省的成功经验，对所扶持的重点产业制定精准、定向的优惠政策。例如，紧邻陕西省的另一个军工大省——四川省，根据当地规定，"对符合条件并报经联席会议认定的军转民和军民结合重点项目，免收购置生产经营用房的交易手续费和产权登记费"等做法值得吸收和借鉴。

（3）加快建立军工企业纳入地方统计的渠道和机制，将军民融合统计纳入常规统计工作。第一，由统计主管部门、国防工业主管部门、军工科研院所上级主管部门共同构建跨部门、跨行业的高效军民融合统计机制，进而调查清楚军民融合产业的具体情况。第二，多层次分级别畅通数据来源的渠道，在省级或市级层面上，互设统计数据处理交换中心，解决军工数据加密和脱密的问题。对密级较高、无法通过常规统计报表途径获取统计数据的企业，可与国防科工办建立数据保密合作平台，直接提取所需数据。第三，创新统计制度体系，优化统计报表设计，推动统计工作主动适应军工科研院所集生产科研于一体的运营特点。第四，加快推进西安市军民融合统计报表制度及军民融合监测方案制订工作，力争年内形成规范化制度并在全省推行，全面反映全省军民融合经济发展规模和运行趋势。

9.5　利用"互联网+"的技术优势，提高经济实体的劳动生产率

现阶段我国进入到决胜全面建成小康社会进而全面建设社会主义现代化强国的新时代，随着现代化进程的推进和经济实力的增强，中国将更加融入世界，为

全球做出更大贡献。作为"一带一路"起点城市的西安，如今正在中国融入世界的过程中发挥着越来越重要的作用，所以，将以西安为中心的关中地区打造成一个具有超高劳动生产率的经济体将成为当下的一个重要任务。互联网+强大的资源配置功能、集聚外溢功能、快速响应功能以及创造性重组功能，不仅能够实现陕南陕北贫困地区经济模式的转变，加速实现省内全面小康，其全能的适用性和高效的运作模式在实体经济转型发展过程中更是不可或缺。所以，要实现陕西省的全面小康，响应党的十九大对西部经济发展的战略规划，必须更有效地将"互联网+"融入到实体经济的发展中，提高省内实体经济的劳动生产率。

《2016陕西互联网发展报告》显示，陕西"互联网+"总指数在全国排在第15位，西安"互联网+"总指数在全国城市中排名第12位。可以看出，陕西"互联网+"的发展在全国范围内处于中等水平。然而，与广东、北京、上海、浙江、江苏等互联网发达地区相比，"互联网+"领域基础设施建设不到位、技术创新储备力量欠缺、网络技术在市场管理中的应用不足以及法律保障力度较弱等问题在很大程度上制约了"互联网+"对实体经济生产效率的带动作用，要实现陕西中长期稳健发展，建成生产高效、运营高效、管理高效的西部经济体，就需要解决好陕西地区在"互联网+"领域中存在的问题，具体措施如下：

9.5.1 完善"互联网+"领域的基础设施，为实体经济的创新发展提供硬件支撑

目前，陕西地区在"互联网+"领域基础设施的建设中，陕南、陕北欠发达地区基础设施的覆盖范围不足，全省公共数据资源共享程度较弱以及各部门互联网接口差异性较大，这三个问题使得构建关中高新技术产业带的战略规划受到严重阻碍，本书提出以下措施解决相应问题：

（1）完善网络基础设施，在陕西地区加快落实"宽带中国"战略。一方面，需积极扩大宽带网络的覆盖范围，使移动宽带网络在陕西地区从关中中心城市向外围郊区及陕南、陕北的欠发达县域延伸，保障网络基础设施在陕西地区有广泛覆盖率，为县域欠发达地区物流通道的建成及农村电商的发展打下基础，进一步推进陕西省全面小康的发展进程；另一方面，宽带质量以及宽带升级更新提速等问题需要专门的部门加大研发和投资力度，进行进一步的开发和维护，并及时将最新的研究成果推向关中高新科技园，进而推向市场，更高的网速将在社会生产和人民生活的各个方面都起到积极作用。

（2）完善数据基础设施，开放公共数据资源。打造关中创新中心，建设关中

高新技术产业带离不开完备的数据库和数据开放的市场环境。数据开放利用对于培育创新经济、建设创新型经济体以及发展大数据战略性新兴产业具有重要的战略意义。一是数据开放利用是提高社会生产力的重要前提。数据开放利用程度越高，信息和知识作为生产要素的价值越高，对于解放和提高社会生产力的作用和贡献也就越大。二是数据开放利用是推动经济社会全面发展的重要途径。数据开放利用可以促进信息交流和知识共享，提高经济增长质量，推动经济社会发展转型，有效增强地区综合实力和市场竞争力。三是数据开放利用是建立数据驱动型增长新模式的重要前提。数据开放利用可以将数据作为资产直接变现，实现数据增值和收益，继而形成重要的竞争优势，直接推动区域经济实现创新型、可持续的增长和发展。目前，我国公共数据资源开放处于起步阶段，发展迅速，但目前搭建起的公共数据开放平台大多集中在东南沿海，陕西还需在数据开放领域做进一步的努力。首先，应以中心城市西安为切入点，率先开放政府数据，吸引社会力量参与数据开发利用，形成示范效应，带动西安周边城市实行数据开放；其次，陕西省内各区域的数据开放平台也需按照开放数据的基本原则和标准，开放完整的、原始的、可机读的、非专属的、结构化的、高价值的数据集，使被开放的数据能被社会方便地获取和利用，并且应建立常态化的工作机制，确保开放数据集存量动态更新，增量持续不断，历史量长期保存，避免数据开放的形式主义。

（3）完善标准接口基础设施，避免由接口差异造成的低效率。标准接口的统一可以在极大程度上提高企业管理的运行效率，从而提升整个经济体的劳动生产率。首先，统一的标准接口有利于企业会计信息系统以及管理信息系统的建设，使得财务管理和经营管理更加精确有效；其次，有利于集团公司、主管机关等上级部门对信息汇总、审查，更加高效快速地实现了信息的传递和决策的传达；最后，统一的标准接口使企业的各类文案资料（包括会计档案、生产档案、销售档案等）能够实现真正的电子化，方便了各类文件资料的审查运用。要在陕西地区做好标准接口的统一，应从以下两个方面进行完善：首先，从网络接口的开发环节着手，陕西省政府应设立专门部门，统一网络接口领域研发公司的开发标准。不同行业中的企业以及相同企业的不同管理部门之间的网络接口统一交由第三方开发公司按照统一的标准进行研发设计以及安装。其次，由关中牵头定期升级安全控件的防护力度，开发新型安全保障控件，控制接口统一所造成的网络风险敞口。

9.5.2 培养"互联网+"领域专门人才，为新型经济模式的高效发展提供保障

就目前来看，陕西省的"互联网+实体经济"还存在很大的挖掘潜力。在西部高新技术产业带的建设过程中，必然会对这一领域进行更加深入的研究和创新，要在后期对这一领域进行长期的维护和创新发展，就离不开相关领域的专业人才作为保障。关中的高等院校聚集，相较于多数省份而言，在人才培养上具有很强的优势，打造关中创新中心，必须要有专业人才作为保障。在"互联网+"急速发展的背景下，政府的相关教育体系和培养模式必须及时更新才能适应人才市场对"互联网+"领域综合型人才的需求。需从以下两个方面着手：

（1）高校、企业同时助力，重视相关人才的培养。2015 年 7 月国务院印发的《关于积极推进"互联网+"行动的指导意见》提到，面向"互联网+"融合发展需求，鼓励高校根据发展需要和学校办学能力设置相关专业，鼓励校企、院企合作办学。如今陕西的高新经济发展处于创新深化阶段，需要高校与企业共同努力，落实国家相关的指导意见。一方面，在高等院校设立"互联网"独立学科。陕西省内不乏一流院校，诸如西安交通大学、西北农林科技大学、西北大学、西安电子科技大学、长安大学等，应发挥好这些一流院校的领头作用，率先在校内设立"互联网+"相关领域的独立学科，培养专门人才。另一方面，在相关企业设立培养基地，挖掘陕西省内现有的高新技术企业的培训潜力，建设专门的"互联网+"培养基地，定期对定向人才进行深入的训练和培训。最后，不能忽视校企之间的合作和交流，以校企合作的方式培育高素质的综合应用型人才。

（2）提供多样化的交流平台，鼓励人才、技术的跨界交流。人才的交流不仅是技术的交流，也是观点的交流和思想的交流，不断地交流和学习，有利于各类人才综合素质的进一步提高和发展。所以，在省内，政府相关部门、各个高校、各类企业应适时为相关人才提供多样化的展示和交流平台，如：举办"互联网+"创新创业大赛、"互联网+"案例分析大赛等，一方面，有利于促进该领域现有人才、技术的交流、融合和创新；另一方面，有利于激发更多人参与到"互联网+"领域进行学习的兴趣，从而有利于保持"互联网+"领域综合型人才的活力。

9.5.3 加大"互联网+"在市场管理中的应用，提高企业经营管理效率

企业经营管理效率的高低直接影响该经济体内劳动生产率的高低。"互联

网+"对企业经营管理效率的影响显著，主要体现为对营销管理、供应链管理以及日常的行政管理三个方面的影响。"互联网+营销"极大降低了市场的交易成本，提高了交易效率。"互联网+供应链"优化了企业产业链的运作模式，提高了生产效率。"互联网+行政管理"节省了企业管理资源，提高了企业中大小事务的决策速度和管理效率。目前来看，在陕西地区，大多数大企业都设立了自身的网络营销平台、网络供应链管理平台以及网络行政管理平台。但相较于发达省市，陕西省的"互联网+"在市场管理中的应用还存在以下问题：首先，陕南、陕北部分欠发达县域中的企业对于"互联网+"的认知程度较弱。其次，全省范围内没有形成系统的关于各类货物及原材料的仓储、流通、交易的电子信息供应系统。最后，大多数企业对"互联网+"在企业日常管理决策方面的应用不足，容易造成管理上的冗杂无效。因此要提高陕西省内各个企业的经营管理效率，必须加大"互联网+"在市场管理中的应用，应从以下几个方面进行落实：

（1）健全欠发达县域的物流网，搭建该地区的网络交易模式。一个区域内物流网的缺失就意味着该区域内电子商务无法正常开展，这将对区域经济发展造成极其消极的影响。健全陕南陕北的物流网，一方面，可以为网上消费模式奠定基础，健全的物流网是"互联网+营销"有效地融入陕南、陕北等欠发达地区的前提；另一方面，也是进一步将"互联网+供应链"和"互联网+行政管理"的相关意识形态和运作模式融入这类地区必不可少的首要环节。这需要陕西省政府牵头，地方政府主导，给这类欠发达地区注入一定的资金、技术和人才，实现欠发达县域中企业管理与"互联网+"的融合，促进欠发达地域"互联网+"的建设是建设全面小康省份必不可少的一个步骤。

（2）建成生产供应的电子信息系统，实现信息共享和管理协同。在全省范围内建设各类货物及原材料统一的电子信息供应系统，可以极大地便利市场中各个部门的供应链管理流程，有利于提高供应链管理效率。要做好这一点，首先，需要陕西省内各个大中型企业完善自身内部与生产、运营、营销相关的电子信息系统的建设，对小微型企业形成示范效应；其次，设立专门部门对各个企业的营运信息进行定期整合、发布和维护；最终形成系统的、规范的管理信息库。这将极大地提高企业的采购生产效率和供应链管理效率，对于传统企业而言，采购效率和管理效率的提升，就意味着生产效率的全面提升，从整个市场的角度上看，即体现为实体经济劳动生产率整体的提升。

（3）建设企业网络决策系统，完善网络治理平台。在陕西，大多数企业对于企业网络决策系统和网络治理平台的运用较少，然而，网络决策平台和网络治理平台有利于降低企业的决策成本，同时有利于提高企业的外部治理效率。省内各个企业应与第三方研发机构合作，引入适用于本企业的网络决策系统，简化日常决策的流程，节省决策成本，并且搭建面向中小股东的网络治理平台，发挥小股东的外部治理功能，完善公司治理系统，进一步提升治理效率。

9.6 挖掘电子信息技术优势，加大智能经济的投入，实现智能化发展

智能经济作为一种全新的经济形态，以智能产业化和产业智能化为主要形式，将智能技术深度融入经济社会生活各领域，推动生产方式和生活方式实现智能化革新。随着电子信息技术的提高，智能化技术优势进一步显现出来，上海、浙江、江苏、天津、北京等省市都先后成立了机器人、工业 4.0 等与智能化发展相关的联盟，在降低生产成本的同时提高了实体经济的运行效率，开辟了崭新的经济增长空间。2017 年召开的中共十九大再次强调，要推动人工智能和实体经济的深度融合，培育新的经济增长点。因此，陕西要建设成为国家西部创新中心，实现经济的智能化将会为其提供有力的技术支撑。此外，目前陕西经济增长方式处于中度粗放阶段的高级阶段，高速粗放增长导致的资源环境约束以及其他负的外部性，也对陕西经济的发展向智能化转型提出了新的要求。

在经济新常态下，虽然陕西经济综合实力已迈入中等发达省份行列，但相较于京津冀地区，其智能化发展程度仍然较低，存在诸多瓶颈。①国有企业缺乏创新动力。陕西省内国有大中型企业居多，民营企业少，国有企业在市场上存在一定的垄断优势，其对创新要素的利用程度较低，对研发人员的激励强度较弱，激励机制也缺乏足够的灵活性，导致创新动力不足。②陕西 R&D 经费投入不足，且存在地区分化。2015 年陕西 R&D 经费投入强度为 2.18%，R&D 经费支出393.17 亿元，占全国的 2.77%，R&D 投入远远低于东部发达地区，且 2015 年关中地区 R&D 投入占到全省的近 90%，陕南陕北仅占 10%。③未形成产业链协同智能化。目前陕西智能化发展涉足的领域主要有航空航天、汽车、旅游、集成电路制造等，但产业之间缺乏配套协作，没有打造出一批智能化协同发展的先进产业集群，使其在国内或国际市场缺乏竞争优势。因此，要保障关中"五市一区"融合发展的智能化程度，必须挖掘电子信息技术优势，加快智能经济的投入。

9.6.1　推进传统产业转型升级，激发陕西创新活力

智能技术渗透进入经济社会的不同领域，给传统的生产生活方式带来全方位、深层次的变化，促进了传统产业智能化发展的实现。目前陕西省传统产业智能化创新动力不足，信息技术与传统产业没有深度融合，不足以成为促进传统产业智能化发展的有力支撑。相较于其他"一带一路"节点城市，宁波是全国首个"中国制造 2025"示范城市，大力发展了智能经济，促进了经济创新发展和转型升级。因此为推动关中国家西部创新中心的建设，实现陕西追赶超越，陕西省应充分发挥作为"一带一路"重要节点城市的作用，加快传统产业智能应用系统建设，推进传统产业转型升级，大力推广农业、工业、服务业等第一、第二、第三传统产业智能化发展，激发陕西创新活力。

（1）实现农业智能化。在农业方面，陕西目前已经投入使用农业智能节水灌溉工程设备以及开展了秦龙现代生态智能创意农业园区项目。但是总体来说，陕西对农业智能化的投入力度不足，技术不够成熟，农业自动化、智能化设备不够完善。应该以农业生产智能化、经营网络化、管理高效化、信息服务便捷化为目标，创建农业大数据，大力发展精准农业、智慧农业，推动信息化与农业生产经营深度融合，推广"武功电商"模式，做强农产品电子商务示范，培育品牌电商主体，助推电子商务健康发展。此外，加强大数据、云计算、人工智能等技术在种植、管理到销售各个环节的应用，创建农业大数据系统，推广农业物联网应用模式，发展农业智能化信息网络，促进农业转型升级，加快农业与信息技术全面深度融合，激活陕西农业的创新活力，加快陕西省全面小康目标的实现。

（2）实现工业智能化。2017 年 10 月 16 日，陕西省机器人产业发展推进会在宝鸡举行，旨在深入推进全省机器人产业发展，成为推动工业转型升级的重要手段。然而陕西目前在机器人及智能装备领域还不具备核心技术优势来促进陕西快速实现智能制造。陕西应充分利用在发展智能制造领域方面具备的产业优势、创新优势、人才优势，大力推进信息技术在装备制造业中的应用，打造"一带一路"协同创新特区，成为陕西省推动制造业转型升级的重要引擎，推动实现陕西"中国制造 2025"计划。第一，加快发展智能制造装备，组织研发具有深度感知、智慧决策、自动执行功能的高档数控机床、工业机器人等智能制造装备以及智能化生产线，推动智能产品的研发和产业化。第二，围绕先进制造、交通、能源、环保与资源综合利用等重点领域，实施智能装备创新发展和应用示范工程，发展智能控制系统、智能仪器仪表、精密工模具，推动制造向柔性、智能、精

细、绿色转变。第三，鼓励制造企业开展基于互联网的故障预警、远程维护、质量诊断、远程过程优化等在线增值服务，拓展产品价值空间，延伸产业链条，实现从制造向"制造+服务"的转型升级。

（3）实现服务业智能化。加快发展服务业智能化，是优化产业结构、推进发展方式转变的重要途径。西咸新区打造的"立体城市"，在城市管理中嵌入前沿智能管理系统，从而提升城市生产、管理、运行的现代化水平。陕西还应充分发挥智能信息化辐射和带动作用，以远程化、智能化提高基本公共服务的覆盖面，构筑立体化、全方位、广覆盖的智能服务体系，为城市交通、电力、建筑、安全等基础设施和医疗健康等支柱产业以及城市居民生活提供全域性智能化服务。第一，发展社区经济，在餐饮、娱乐、家政等领域培育线上线下相结合的社区服务新模式。第二，积极推广基于移动互联网入口的城市服务，开展网上社保办理、个人社保权益查询、跨地区医保结算等互联网应用，让老百姓足不出户享受便捷高效的服务。第三，规范发展网络约租车，积极推广在线租房等新业态，着力破除准入门槛高、服务规范难、个人征信缺失等瓶颈制约，发展基于互联网的文化、媒体和旅游等服务，培育形式多样的新型业态。

9.6.2 加大对陕西优势产业的 R&D 投入，为智能化发展提供技术支撑

智能经济时代催生出大量技术领域的变革式创新，带动了整个产业蓬勃发展。为高效构建智能经济发展，以及为智能化发展提供技术支撑，陕西应积极把握和布局一些重要的发展要素，加大对陕西优势产业的技术研发投入。同时关中地区在科学技术投入等方面都领先于陕西其他地区，应加强关中地区智能技术资源成果的辐射强度，增加陕北、陕南信息技术的研发投入，进而推动全省的智能经济发展，实现省内全面小康建设的目标。

（1）加大对关中制造业的 R&D 投入。关中是陕西经济的核心地区，在发展高新技术产业、装备制造业方面具有相对优势，但仍存在创新能力不强的问题，技术供给难以跟上产业技术升级加快的需要。因此，关中地区应根据国务院《关中—天水经济区发展规划》、工信部和陕西省政府签订的《共同推进关中先进制造业基地建设合作协议》，以现代装备制造业为重点，运用信息技术加强对生产装备和生产线的技术改造，推广应用先进制造技术和过程控制技术，实现生产过程和产品的信息化、自动化、智能化，为建立关中国家西部创新中心提供强有力的技术支撑。

（2）加大对陕北能源化工产业的 R&D 投入。陕北是陕西省煤炭、石油资源富集区，工业基础好。但是经济发展长期依赖于传统能源产业，工业化的信息技术总体上较为薄弱，受煤炭等能源价格下跌的影响，高度依赖资源的单一经济模式受到严重阻碍。应将煤炭、油气、盐、电力化工等行业作为陕北地区信息化改造的重点行业，逐步引导企业进行信息化改造和信息技术提升，加大智能技术研发投入，为陕北能源化工基地智能化发展注入了技术创新活力。

（3）加大对陕南绿色产业的 R&D 投入。陕南具有优越的生态环境、旅游资源，以富硒食品、安康丝绸和新型材料为主导的特色绿色工业迅速发展。但是与关中、陕北相比，陕南科技研究能力不强，缺乏完备的高新技术支撑产业的发展。陕南地区应全面利用物联网技术、智能技术和信息工程技术，推动智能产品的技术研发，加强绿色产业的技术自主研发能力，着力提高核心竞争力，大力提升陕南绿色产业的智能化水平，促进陕南经济智能化发展，加速实现省内全面小康社会。

9.6.3　构建专业智能服务平台，发展大数据产业

发挥大数据产业效应，离不开完善的发展条件和环境。建设相关服务平台，能起到事半功倍的发展"倍增器"作用。智能服务平台面向智能领域的专业人员，按照行业、企业、专业的特点来组织资源。同时，平台综合了社会资源共享、技术研发与成果转化等各方面的服务。陕西应搭建专业智能服务平台，加大对平台的投入力度，引领辐射全省智能化发展，并使之成为陕西打造"一带一路"新起点的重要支撑。

（1）建立智能园区服务平台，探索协同运作模式。借助陕西省工业机器人联盟、企业信息化协会、科学技术协会等建立专业智能园区服务平台。平台的最大好处是促使智能产业集聚、人才会聚，为智能化发展提供聚合力。通过园区开展智能制造供需对接，探索"研究院+协会+联盟+基金+公司"五位一体的协同运作模式，合理定位各园区的主导产业，引导具有智能服务的企业促进配套发展，增强平台的集聚效应。同时，借鉴西咸新区与其他节点城市智能平台的建设经验，如深圳南山机器人产业园、天津开发区智能产业区等，加强平台间的交流合作，发挥其在智能化发展中重塑网络信息生态、助力智能信息致效传播等方面的创新作用。

（2）促进平台与大数据技术的融合。数据是人工智能产业发展的核心，城市的交通、能源、供水等领域每天都产生大量数据，人工智能可以使数据在处理和

使用上更加有效。西咸新区沣西新城作为陕西省大数据产业基地，已经构建起涵盖 IT 基础层、数据资源层、运营平台层、应用服务层的产业生态体系，起到了很好的示范作用，陕西应以此为借鉴，进一步促进产业园与大数据技术的融合。第一，由省工业和信息化厅统筹规划建设大数据交换共享平台，积极引入政务云、企业云、医疗云和交通云等，各行业主管部门各自牵头推进实施行业云，促进信息共享和数据开发，为智能化发展提供技术服务渠道。第二，建设大数据综合试验区，驱动平台发展，逐渐形成"大数据+科研实力+创新创业"的叠加优势，构筑更为丰富、多元、开放的大数据生态体系，不断推进关中城市智能发展的管控效率，为西部创新中心建设营造新动能。第三，依托沣西新城、西安高新区、西安经开区，加快建设陕西省云计算、医疗健康大数据、旅游信息化等工程研究中心，提升行业大数据应用水平，充分发挥陕西省大数据与云计算产业联盟纽带作用，积极拓展大数据外包服务、基础电信、区域数据服务等。

9.6.4　开展产业链协同智能化，构筑智能产业体系

关中国家西部创新中心建设的核心在于打破产品端、产业链与产业集群集聚优势不明显的瓶颈，推动产品向消费端延伸，打造新兴的产业门类。陕西应抓住新一轮科技和产业革命的机遇期，把产业发展互补互促作为关中"五市一区"融合发展的重要内容，开展产业链协同创新和联合攻关，构建集研发设计、生产制造、应用服务于一体的完整产业链，打造形成独具陕西特色的智能产业体系。

（1）发展自主高端智能装备。智能装备是实现智能制造的重要载体，是智能经济的重要组成部分。随着国产化替代的推进，高端装备制造国内外市场需求巨大，高端装备创新发展成为未来制造业发展的主要趋势越发明显。陕西是制造业大省，具有较好的产业基础，应重点发展高档数控机床、工业机器人以及航空航天等专用智能成套装备，形成智能装备产业集群，为实现智能化发展提供技术生产保障。第一，瞄准产业发展制高点，组织实施一批重点产业化创新工程，支持关键软硬件 IP 核开发和协同研发平台建设。第二，发展低功耗轻量级底层软硬件技术、高性能智能感知技术、高精度运动与姿态控制技术等，加快低功耗广域网连接型芯片与微处理器的 SoC 开发与应用，发挥龙头企业对产业链的市场、标准和技术扩散功能，打造开放、协同的智能物联创新链条。第三，支持产业链上下游联动，建设安全可靠端云一体智能硬件服务开发框架和平台，发展从芯片到云端的全链路安全能力，发展可信身份认证、智能语音与图像识别、移动支付等端云一体化应用。

（2）发展特色优势智能终端产品。智能终端产品具备连接能力，可实现互联网服务的加载，形成"云+端"的典型架构，具备了大数据等附加价值。陕西要结合自身的产业优势和特点，大力发展智能终端产品，加快智能终端产业化，丰富智能产品的服务及形态，促进高新技术产业核心竞争力的形成。第一，支持企业面向消费者运动、娱乐、社交等需求，加快智能手表、智能手环、智能服饰、虚拟现实等穿戴设备的研发和产业化。第二，面向家庭、教育、商业、公共服务等应用场景，发展推进多模态人机交互、环境理解、自主导航、智能决策等技术开发，完善智能服务机器人编程和操作图形用户接口等通信控制、安全、设计平台等标准，提升服务机器人智能化水平。第三，发展高可靠智能工业传感器、智能工业网关、智能 PLC 等工业级智能硬件设备，提升工业级智能化系统开发、优化、综合仿真和测试验证能力。

（3）发展智能应用系统。通过税收或财政资金支持促进关中城市智能运营中心建设，加大新一代信息技术在健康养老、教育、医疗、工业等重点领域的全面深入应用，提升关中城市的智能化水平，为关中国家西部创新中心建设行稳致远提供保障。第一，鼓励智能硬件企业与健康养老机构对接，对健康数据进行整合管理，实现与相关健康养老服务平台的数据集成应用，发展运动与睡眠数据采集、体征数据实时监测、紧急救助、实时定位等智能硬件应用服务，提升健康养老服务质量和效率。第二，支持智能硬件企业面向教育需求，在远程教育、智能教室、虚拟课堂、在线学习等领域应用智能硬件技术，提升教育智能化水平。第三，鼓励医疗机构加快信息化建设进程，推动智能医疗健康设备在诊断、治疗、护理、康复等环节的应用，加强医疗数据云平台建设，推广远程诊断、远程手术、远程治疗等模式，支持医疗资源和服务数字化、定制化、远程化发展。第四，鼓励工业企业与智能硬件厂商协同联动，开展工业级智能硬件系统的集成适配，加快重点领域的智能化改造进程，提高敏捷制造、柔性制造能力。

9.7 以改革开放为动力发展外向型经济，提高经济综合素质

解决经济社会现存的问题要改革，在改革中出现新问题仍然需要通过深化改革来解决，综合改革是促进经济发展、社会进步、完善国家治理体系的动力。开

放是在改革的基础上拓展新的发展空间、增加新的经济活力。坚持开放发展，才能赢得经济发展的主动、赢得国际竞争的主动，才能更深度融入世界经济体系，这也是陕西发展外向型经济的必要环节。

陕西省是我国实施对外开放的重要省市。21 世纪以来，陕西综合实力显著提升，发展活力不断释放，举办了多次国际盛会，在改革开放的道路上取得了令人羡慕的发展成就。然而与其他东中部省市相比，陕西地处西北内陆，不沿边海，经济外向度低、发展能力不足、产业分布不均、区域发展不平衡，存在着先天的发展劣势。东中部地区基础好、步子稳，已经实现了率先发展，周边省市虽不及陕西发达，但追赶速度快、势头猛，正在快速崛起，陕西省的发展压力在无形中不断增大。在如此紧急形势下，陕西必须加快挖掘和释放所拥有的发展优势，变优势为胜势，加快追赶超越步伐，抓住"一带一路"大机遇，深层次推进改革，全方位扩大开放，通过技术和资本在西部甚至全球重新配置经济发展空间。

9.7.1 加强与兄弟省市的交流与合作，提升内资利用效率

陕西在实现创新发展时，引进内资往往比引进外资更为实际。陕西地处内陆，仅凭一己之力难以将丰富的化工、科技、文化、旅游等优势资源充分发挥出来，须借鉴周边兄弟省市之力将这些优势推广到全国乃至世界。推动关中地区与东中部地区互动合作、夯实合作基础、创新合作机制、增强合作效益是陕西实现追赶超越的必要环节。

（1）打造承东启西、连南贯北的便捷化流通体系。首先，加快在陕西省内部的高铁建设，实现省内交通全面高铁化，完善与邻省及发达城市间的交通线路。其次，系统发展物联网和现代综合贸易物流体系，加快完善村镇的物流服务设施和服务点，方便陕西知名农产品向省外促销。最后，及时更新网络交流平台，构建全方位、立体化的数字化交流模式，实现各省间信息的快速高效共享。

（2）与周边省市共同建设产业园和综合性物流园区。陕西省的兄弟省市主要有山西、河南、湖北、重庆、四川、甘肃、宁夏、内蒙古。是少有的有 8 个临省区的省级单位，陕西在打造好便捷流通体系的同时应与周边省市合作、凝聚大西北力量，建设共同的产业园和综合性物流园区，积极承接中东部地区产业转移，在实现陕西自身经济发展的同时带动西北地区共同进步。

（3）大力发展旅游文化业，提升陕西知名度。关中地区作为历史古都，具有丰富的文化底蕴，再加上陕南地区气候湿润、环境优美，可以充分发挥文物外

展、涉外旅游、对外文化交流以及友好城市往来的桥梁和纽带作用，通过整合涉外宣传资源，编辑出版代表陕西形象的宣传资料，提升陕西知名度，让陕西走向全国乃至世界。

9.7.2　优化对外开放环境，依靠外资协同发展

关中地区作为"一带一路"重要节点城市，在我国国际化进程中应找准定位、承担责任，努力构建良好的对外开放环境，依靠外资将关中地区建设成为国际化大都市。这不仅是对国家整体号召的响应，也是陕西实现快速、高质量发展的重要策略。

（1）加快交通基础设施建设，打造国际化大都市。结合陕西地理位置，加强对中亚、南亚的交通基础设施建设，形成航空、铁路、公路、光纤、通信、油气管道等立体的、多维的互联互通通道，为陕西省对外交流提供载体。

（2）更新贸易保护政策，为企业的"引进来"与"走出去"提供协助与支持。首先，建立市场信息发布制度，及时披露国内外市场需求变化信息，引导企业主动规避贸易壁垒、汇率波动等风险，为各产业开拓海外市场提供支持并为其发展着力点指引方向。其次，简化办事程序、减少审批环节，制定创业优惠政策，创新招商引资方式。最后，加强对行业协会的监督管理，保证各企业在经营过程中合法、合规、安全经营。

（3）与"一带一路"沿线国家设立共赢理念，建立切实的利益共同体。陕西作为"一带一路"重要节点，应将自己的发展规划与其他国家战略衔接，取长补短。一方面，改变陕西省过去资源密集型、劳动密集型的产业状况，以国际产业转移为契机，承接国外及我国东部地区的转移产业，引进和培育高新技术产品，而将部分落后产业逐渐向东南亚等人力成本较低的地区转移；另一方面，发挥比较优势，加强产业互补和合作。如陕北地区可以和中亚地区的石油化工产业开展合作，在农业、环境保护、沙漠治理、风能和太阳能等方面共同探讨，中亚各国可借助中国在开采和加工技术方面的优势，增加能源开发的效率和收益。

9.7.3　引进先进技术和市场管理经验，完善政府宏观治理体系

陕西省政府在深化改革时，要积极借鉴东中部发达省市及发达国家的先进技术和市场管理经验，逐步构建一套成熟、完善的治理体系，这将有利于陕西省经济的长期稳定发展。

（1）在进口方面提供政策支持，积极培育多元化外贸经营主体。一个地区的

开放程度往往可以体现在外资利用率及外商数目上。为丰富地方产品市场，政府可以在进口方面从关税、市场、运输等方面给予政策支持，提升各种类型企业发展进出口贸易的积极性，尽可能吸引更多的贸易商前来。

（2）结合关中地区产业结构布局，制定合理的产业政策。陕西省目前产业结构不合理，应引进一些有利于区域产业结构调整和产品升级换代的项目。关中地区高校及科研院所多，急需引进技术密集型产业，在技术密集型企业集聚的同时能够提供更多的工作机会留住当地人口并吸引外地人才的到来。

（3）丰富外商在省投资方式，实现外资有效利用。引进国外企业时，应突破以往独资为主的合作形式，鼓励省内企业利用自身优势与外商合资合作，带动本土企业从引进、消化吸收向原始创新跨越，加大对研发、营销、技术服务环节的引进，促进生产性服务业快速发展。

9.7.4　扩大开放范围，推进特色产业有序外向化

陕西省作为内陆省区，扩大开放尤其重要。现在我们的外向度还差，参与国际经济合作的深度还不够，国外市场资源还没有得到很好的利用。在此背景下，陕西必须拓展与世界商贸、文化、旅游、科技交往的新空间，争取早日从国家地理位置上的"大后方"站到改革开放的"最前沿"。

（1）积极举办国际交流与合作会议。用好"一带一路"国际合作高峰论坛、欧亚经济论坛、农高会等平台，与国外专家学者以及企业发展成功人士开展技术与管理经验的交流与合作。

（2）开拓国外市场，推动陕西在国际上的对外开放。鼓励省内特色企业在海外投资和跨国并购，不断提升整合国际资源、开拓国际市场的能力，拓宽利用外资的渠道，巩固提升引进外资规模，加速开拓新兴国家市场，实现出口贸易市场的多元化。

（3）培养自主产权及品牌，推进特色产业外向化。随着陕西进入 21 世纪以来服务业的迅速发展，重点推进文化教育、旅游环境、药品食品等特色服务业领域有序开放，大力培育自主知识产权和自主品牌，以高技术、高附加值创新产品抢占国际市场，提升出口贸易的质量和效益。

9.8 优化人才政策环境，鼓励对外合作交流

改革开放近40年来，陕西省高层次人才队伍不断壮大，人才结构不断改善。但是，从前文的分析中可知，面对"一带一路"倡议的提出和我国经济外向型发展的要求，陕西省的人才政策以及创新型人才培养模式中还存在一些突出问题。如：人才培养体制不健全、人才流失较为严重、国际化人才匮乏、人才分布不均衡等。在此背景下，如何优化陕西省的人才政策，如何培养建设关中西部国家创新中心需要的高层次、国际化的创新型人才，就显得尤为重要。为此，本书从以下几个方面提出具体措施。

9.8.1 改进人才管理体制，制定科学合理的人才政策

在"一带一路"和建设关中国家西部创新中心的大格局下，陕西省要找准定位，改进原有人才管理部门管控较严、收入分配吸引力度不够等问题，制定能充分发挥人才优势的人才政策，鼓励并积极引导创新型人才作用的发挥，切实提高陕西省的创新能力。

（1）推动管理部门简政放权发挥支持作用。陕西省要推动人才管理部门放权，积极发挥用人单位在人才培养、吸引和使用中的主体作用，加快人才市场和人才公共服务体系的建设，将人才的选拔和管理交由市场决定。同时，支持西咸新区国家双创示范基地"人才聚集区"和高新区国家自主创新示范区"人才聚集区"建设；支持高校、科研机构与企事业单位联合设立博士后工作站，并视规模和成效给予设站单位资金资助。

（2）加大收入分配制度的激励力度。科学的收入分配制度能够起到极大的留人和引人作用，为此，陕西省各地区需要从以下两个方面出发，消除现有收入分配制度不公平、不合理的现象。第一，改善业绩考核方式，坚持以品德、能力、实绩和贡献评价人才；第二，建立现代企业制度下的收入分配制度，赋予创新型人才更大的人财物支配权、技术路线决定权，充分调动创新型人才的积极性。对做出突出贡献的各类人才给予资金不低于30万元的资金奖励；对有特别贡献的个人应给予更高的资金奖励；对获得国家及省科技进步奖的个人和团队，按奖项层级设置不同等级（20万~150万元）的资金奖励。

9.8.2　加快人才创新创业载体建设，构建良好的创新创业环境

完善的创新创业载体和良好的创新创业环境是培育和发展创新型人才的基础条件。与长江、珠江三角洲等发达地区相比，陕西省的创业载体和创新创业环境建设还处于初步发展阶段。为促进陕西省培育和发展创新型人才的工作，加大关中地区人才创新力度，陕西省就必须为这部分人才提供具有发展空间的创新型平台，尤其是建设国际级人才集聚发展的事业平台，营造良好的创新创业环境，使这些优秀的人才有用武之地。

（1）加强创新型平台建设。通过加强创新型平台的建设，陕西省可以吸引全球各地的创新创业者、技术、风投创投基金等聚焦陕西。第一，定期举办海外高层次人才"三秦行"和"丝绸之路青年学者论坛"等活动；第二，培育技术技能人才发展平台，对于新建成的省级技术技能人才发展示范基地，给予不少于200万元的实训设备补助；第三，积极引导包括孵化器、产业园、科技园、留创园等在内的各类创新创业载体集聚，并建立众创空间孵化基地评价指标体系，对经认定的省级以上孵化器且评价优秀的，给予适当的资金奖励；第四，支持企业联合高校、科研院所和省内外知名企业等组建产学研深度融合的新型技术研发机构，设立联合基金，给予总额20%的资金支持。

（2）完善平台配套建设。通过资源配置和优惠政策等方式引导平台新业态模式的发展，鼓励传统企业向新业态转变，引进专业企业提供非核心运营服务外包，降低企业运营成本。同时，加强创新型平台载体的宣传策划，提升陕西省创新型平台对全世界范围内人才，特别是高端人才的吸引力。

9.8.3　稳住和大力引进培养国内外人才，建成国际化创新型人才队伍

从全国范围看，关中地区的高层次人才密集程度不低于成都、武汉等"一带一路"中的重要节点城市。就西安而言，现有各类科研机构3000多家，各类高校63所，在校大学生达120万之多。但是，西安与成都、武汉的经济发展却有明显差距，这就说明关中地区乃至整个陕西省人力资源优势在推动经济发展中的功能未得到有效发挥。除此之外，陕西省整体经济外向程度低，对外交流较少，缺乏国外创新型人才。因而，为提高关中地区的人才创新程度，实现陕西省的外向型经济发展，就必须积极采取稳住和大力引进培养国内外人才相结合的策略，建设高层次创新型人才队伍。

（1）稳住机构团队留住人才。要留住本省的人才，让在外的本省人回到家乡工作，就需要政府起到主导作用。根据陕北、关中、陕南地区发展的特点，以关中西部国家级创新中心为枢纽，促进陕北能源化工业转型升级，形成陕南有机农业及食品加工业的发展，稳住本省机关团队，增强本省经济对人才的吸引力，并引导人才在省内的流动。具体而言，政府要因地制宜地通过优惠政策、减免税收等方式，加大对本省重点企业、组织机构的支持力度，壮大本省企业、组织机构的实力。对于留在本省工作的高层次创新型人才，组织开展"西安工匠之星"等评选，鼓励各类技能人才参加国内外技能大赛，对获奖个人或团体，给予最高50 万元奖励，并给所在企业奖励 10 万元。只有这样才能留住本省高层次创新型人才，进而充分发挥这部分人才推动关中创新发展的作用。

（2）面向全球招揽人才。据统计，目前在陕工作的外籍人仅有 9000 余人，远小于外籍人在成都、武汉工作的人数。为此，陕西省有必要为国外人才提供创业发展的平台和合理优厚的待遇，积极引进国外的优秀人才来陕工作，进一步提高陕西省的经济外向程度。第一，加大人才引进和对外交流力度。实行更积极、更开放、更有效的人才引进政策，加强柔性会聚国外国内人才工作，对急需紧缺的特殊人才，开辟专门渠道，实行特殊政策，实现精准引进。第二，通过驻外机构、华人组织的人才工作站和海外引智工作站，为境外人才来陕提供信息服务，引导供需对接。第三，鼓励个人、专业组织（行业协会、专业学会等）和社会组织（省海外联谊会、省留学生联谊会、欧美同学会和北美同学会等）为陕西省引进海外高层次海外人才。第四，为海外人才停居留提供更多便利，实行优质生活服务"绿卡通"制度，并在医疗、落户、子女就学等方面开设绿色通道。

（3）鼓励对外交流合作。现代科技发展是没有国界的，谁利用得好，谁就获得利益。陕西省的外向度并不高，为建设关中国家西部创新中心，陕西省有必要加强对外的交流合作。第一，鼓励支持人才更广泛地参与国际学术交流与合作，并完善相关的管理办法；第二，支持有条件的高校、科研院所、企业在国外建立办学机构、研发机构，吸引使用当地优秀人才；第三，积极参与向国际组织培养推送人才工作，加强人才交流互动，在陕西省驻外机构设立人才工作站和海外引智工作站；第四，制定加快推进人才国际化的意见，围绕"一带一路"发展战略，加强陕西省与国外高水平大学、企业、研究机构的交流与合作。

9.9 优化金融生态环境，支持实体经济发展

良好的金融生态环境是保障金融机构持续发展的前提条件，通过推动陕西地方金融的发展来搞活经济，促进关中地区经济的良序发展，进而巩固和提升中心城市地位，带动陕北、陕南地区实体经济的发展，加快建成西部创新中心，成为"一带一路"的重要节点。

当前，陕西省虽已稳步迈入中等发达省份行列，但金融的发展却远远滞后于经济的发展，存在很多问题。其一，陕西省目前地方金融法治环境较差、金融债权保护形势严峻。数据显示，大约 80% 的金融机构表示了对金融立法和司法机构的不信任感，因为即使商业银行能对逾期不还贷款的客户进行起诉，但是在法院实际执行过程中，能够真正收回本息的案例却不足 10%。其二，目前陕西省的信用建设水平普遍较低，尚不能够对市场经济起到推动作用。数据显示，陕西省的信用交易占全部经济金融交易的份额很小，企业直接投资额在当年全部新增贷款中所占比重还不到 5%，而人均信贷额也不到 900 元，远远低于全国平均水平 1846 元。同时，陕西省内企业信用意识薄弱，经常发生逃废金融债务事件，增加了金融机构的不良资产和金融风险。其三，陕西省金融市场的发展呈现出一种不均衡现象，资本市场规模相对较小、股票和债券的比例严重失衡，而且有 80% 的银行业金融机构都是国有性质，这就使得大部分实体中小企业往往很难得到资金的支持，制约了实体经济主体的发展。基于上述问题，主要从以下四个方面提出相应的战略措施。

9.9.1 健全金融法治环境，保障实体经济主体的合法权益

健全的金融法治环境不仅能够保障陕西省实体经济市场主体的产权，还能有效遏制信用欺诈行为，是维护陕西省实体经济主体合法权益的有力保障。因此，要进一步健全现阶段陕西省的金融法治环境，为建设关中国家创新中心打下坚实的基础。

（1）推进金融立法。第一，尽快出台《陕西省金融机构破产法》，完善金融机构优胜劣汰的竞争机制，规范行政行为，防止行政对金融的非正常干预，有效地引导金融资源的高效配置，为实体经济的发展创造良好环境；第二，建立一个以

市场原则为基础的存款保险制度：坚持有限赔付、风险收费、政府不拿钱的原则，维护金融机构的信用，稳定金融秩序，保证实体经济的稳健运行。

（2）加强金融监管。目前陕西正在不断推进"三个陕西"的建设，需要继续完善金融法治环境，加强金融监管，防范金融风险。因此，要进一步完善金融监管协调机制。陕西省要建立由中国人民银行西安分行牵头，银监会、证监会、保监会和外汇局在陕西的分支机构参加的金融监管协调部际联席会议制度，形成监管合力，减少过度监管和真空监管。另外，要以增强监管有效性为重点，建立和完善陕西省金融监管问责制度，落实监管责任。

9.9.2　加大货币/税收政策扶持力度，强化实体经济的资金保障

政策作为支持实体经济发展的重要资金保障，在建设西部创新中心的过程中，发挥着举足轻重的作用。因此，陕西省必须要构建一个和谐的金融生态政策环境，加大政策扶持力度，以此来强化对实体经济的资金保障，加快建设关中西部创新中心的步伐。

（1）发挥货币信贷政策的激励作用。第一，对支持实体经济相关企业和建设项目的陕西省各商业银行，由政府或财政给予担保和补贴。各商业银行通过调整信贷结构，优先支持和保证与实体经济相关的产业、企业和建设项目的资金需要，严格控制对盲目投资、低水平重复建设、高耗能、高耗水、高污染等产业、企业和建设项目的信贷资金投放，以此来促进本省实体经济的健康发展。第二，利用再贴现、再贷款、目标考评、财政分存等措施引导金融机构加大对小微企业的信贷支持力度。同时，加强陕南、陕北地区地方产业政策与国家信贷政策的协调配合，加大金融机构对大西安建设、国家中心城市建设、品质西安建设等方面的信贷支持力度。

（2）加大财政税收政策的资金支持力度。一方面，通过政府首购、订购和购买服务等方式支持企业创新产品。发挥政府采购对陕西工业发展的支持作用，加大对创新产品和服务的采购力度，建立首台（套）重大技术装备风险补偿奖励机制。另一方面，实施煤炭资源税从价计征改革，扩大资源税从价计征改革范围，促进各类企业良性发展。

9.9.3　完善信用体系建设，维护实体经济的稳健运行

完善的社会信用环境是确保实体经济稳健、良好运行的基础，必须大力推动陕西省社会信用体系建设，完善实体经济发展的信用基础，助推关中西部国家创

新中心的建设。

（1）加快征信系统建设。第一，陕西省要建立信用评级公司，搭建个人和企业征信网络平台，建立个人和企业信用信息基础数据库，及时准确地记录个人与企业的诚信记录和全部金融交易活动，尤其在政务、商贸、公务员招聘、干部人事调整等领域增加征信、信用产品推广运用。第二，在建立征信系统的同时，继续大力推动"信用陕西"创建活动，推动信用评价工作。一方面，在陕西省农村地区广泛开展信用户评定和信用村、镇创建活动，引导涉农金融机构对信用户和信用村镇的信贷需求给予优先满足；另一方面，在陕西省城区大力开展创建信用社区活动，积极建立"小额担保机制+创业培训+信用社区建设"的联动机制。第三，编制区域社会信用体系建设规划，重点采集小贷公司、典当行、担保公司以及 P2P 机构民间借贷情况，有效防范地方性金融风险。

（2）规范发展信用中介服务机构。第一，为陕西省信用中介机构制定专门的法律法规。借鉴发达省市（如深圳、上海）的经验，结合陕西省各地区经济发展的实际情况，明确规定社会征信的统一标准，规定社会信用信息的采集方法、范围、分析整理、披露以及使用权利和义务等内容。第二，加强对信用中介机构的差异化管理。借鉴国际上成熟的信用中介机构的做法，对于企业征信咨询类的机构，要采取竞争、优胜劣汰的方式使其业务逐步向有规模、有影响的征信公司集中，对于资信评级机构和个人信用信息征信机构，则要通过建立进入退出机制来加以规范。第三，设立一次性入驻奖励等措施吸引国际、国内知名担保机构入驻陕西。

（3）建立和完善企业激励与惩戒机制。一方面，对信用好的市场主体，建立企业激励机制。对于政府有关部门在集中采购、工程招投标、项目审批中要给予优先考虑，对于金融机构在授信额度、期限、利率上要给予优惠。另一方面，对不讲信用的市场主体，建立企业惩戒机制。通过新闻媒体曝光企业行为，各金融机构联合给予信用制裁，因不讲信用给国家和人民造成损失的，陕西省司法部门应依法追究其法律责任。

9.9.4 深化金融机构改革创新，支持实体经济的持续发展

地方金融是推动陕西实体经济发展的重要力量，要进一步深化陕西省金融机构的改革创新，促使金融更好地服务于实体经济，进而发挥金融在建设关中西部创新中心过程中的支持作用。

（1）强化银行业金融机构的主导地位。第一，构建以政策性银行、国有商业

银行、股份制商业银行、区域商业银行、信用合作组织为主体的中资银行体系，满足多层次客户群体的金融服务需求；第二，提高对外开放能力，大力引进外资银行，强化竞争机制，提高银行业金融机构整体服务水平；第三，做强区域性法人银行业金融机构，支持地方性银行（如秦农银行、长安银行等）重组和上市，同时巩固农村信用社的稳定性，大力发展村镇银行，提高区域存款资金的自我使用率；第四，放宽和简化市场准入，实行关中城市群内金融机构同城化管理，群内金融机构互设分支机构不受限等，扩大金融服务的覆盖面。

（2）加快陕西省金融创新。首先，创新融资模式。对于陕西省正在建设和开展的 35 个重点示范镇、文化旅游古镇和陕南、陕北移民搬迁工程，可以通过开发市政债券，来创新金融支持新型城镇化的融资模式。其次，丰富陕西省金融市场的层次和产品种类。一方面，建立陕西省股权交易市场，积极引导私募股权投资基金、风险投资基金健康发展，支持一批创新型企业股权融资；另一方面，多渠道开发金融产品，通过培育和推荐省内企业通过 B 股、H 股进行融资，同时开发利率市场化、汇率国际化的金融工具及相关衍生品。最后，探索完善银行科技贷款风险补偿支付方式，丰富科技金融产品和服务方式，开展科技金融对接活动，促进科技与金融深度融合。

（3）加快发展多层次资本市场服务实体经济转型升级。首先，深化陕西省企业上市培育工作。加大省级上市后备企业资源库建设力度，每年新增重点上市后备企业不少于 20 家，争取到 2020 年每年新增重点上市后备企业 30 家以上。重点支持高端装备制造、新一代信息技术、新能源、新材料、生物、节能环保、新能源汽车等战略性新兴产业企业。其次，实行"创业板、战略新兴板行动计划"。每年新增的省级重点上市后备企业中，以创业板和拟推出的战略新兴板为上市目标的企业占比不低于 50%。建立不少于 100 家企业的"创业板、战略新兴板行动计划"企业库，入库企业被优先评选为省级重点上市后备企业。与深圳证券交易所、上海证券交易所加强合作，共同筛选、共同辅导、共同培育，加快陕西省创新型、科技型企业上市进程。

（4）开展面向丝绸之路经济带地区和国家的跨境人民币结算业务试点，加快打造丝绸之路经济带区域金融中心。借助"一带一路"新起点的优势，构建丝绸之路经济带产业发展、城镇建设、交通物流商贸体系，为文化、旅游、科教一体化发展提供金融服务和功能支持，着力打造能源金融、科技金融、文化金融、离岸金融服务体系和市场体系。

参考文献

［1］王守仁. 对深圳特区外向型经济的探讨［J］. 深圳大学学报（社会科学版），1985（4）：4-13.

［2］吴能远. 论外向型经济的若干问题：兼答谈世中同志［J］. 世界经济，1991（12）：27-33.

［3］莫世祥. 深圳外向型经济的转型和再转型［J］. 深圳大学学报（人文社会科学版），2005（5）：5-10.

［4］冯苏宝，贾怡君. 从外向型经济向开放型经济模式转型——后危机时代经济特区的发展之路［J］. 开放导报，2010（5）：19-21.

［5］彭顺昌. 厦门外向型经济的创新驱动发展之路［J］. 厦门科技，2015（5）：8-11.

［6］刘一光. 中华要振兴中部要崛起——"促进科技工作为发展外向型经济服务学术讨论会"侧记［J］. 科技进步与对策，1988（4）：32+62.

［7］邹英姿. 中部外向型经济的现状及对策［J］. 企业家天地，2007（1）：87-88.

［8］陈昌焕. 中部地区外向型经济发展的制约因素：荆州实证分析与政策建议［J］. 武汉金融，2006（6）：57-58.

［9］黄伟. 中部省份外向型经济发展问题和路径选择——以江西省为例［J］. 改革与开放，2009（9）：62.

［10］胡戴新. 探析安徽实施外向型经济发展战略中的问题与对策［J］. 华东经济管理，2008（1）：28-31.

［11］周游. 湖南省发展外向型经济竞争优势探讨［J］. 合作经济与科技，2015（9）：27-28.

［12］张元元. 再论外向型经济——兼论广东沿海地区经济发展的几个战略问题［J］. 南方经济，1985（6）：67-73.

［13］周树德. 论当前广东发展外向型经济的一些问题［J］. 广州对外贸易学院

学报，1990（1）：7-11+98.

[14] 杨国美. 加强生态县建设，发展外向型经济 [J]. 对外经济贸易大学学报，1994（5）：52-53.

[15] 张翰文. 中国沿海地区外向型经济升级的障碍及策略 [J]. 改革与开放，2006（12）：12-13.

[16] 朱乃新. 外向型经济的发展与经济增长方式的转变 [J]. 现代经济探讨，2004（11）：10-13.

[17] 马典祥，乔巍，刘曙光，赵同瑶. WTO 背景下出口退税与外向型经济发展研究 [J]. 山东社会科学，2003（6）：150-152.

[18] 刘宝江，刘家起等. 发展外向型经济的几点思考 [J]. 科学学与科学技术管理，1988（8）：38-39.

[19] 范征. 外向型经济人才开发与跨文化培训 [J]. 中国人才，1994（6）：13-14.

[20] 钮中阳，朱同丹. 论用科技创新来推动江苏外向型经济的可持续发展 [J]. 滁州学院学报，2008（1）：86-88.

[21] 田一万. 推进廊坊外向型经济发展的人力资源培养模式研究 [J]. 现代经济信息，2011（12）：230-231.

[22] 张鸿儒，张锡侯. 内地发展外向型经济的思考 [J]. 企业活力，1988（4）：22-25.

[23] 吉文秀. 充分利用新亚欧大陆桥加速发展我国西部外向型经济 [J]. 国际贸易，1991（12）：38-40.

[24] 胡小娟. 加快中西部地区外向型经济的发展 [J]. 财经理论与实践，1995（6）：61-63.

[25] 伊力哈木·托合提. 建设外向型经济中心城市喀什　促进南疆经济发展 [J]. 喀什师范学院学报，1994（1）：22-26+30.

[26] 刘益群. 外向型经济的珠江三角洲与沿边开放的新疆 [J]. 广东行政学院学报，1993（4）：63-66.

[27] 魏宪忠，李克荣，张旭. 发展外向型经济　建立神府—东胜煤炭经济特区[J]. 煤炭经济研究，1992（12）：16-19.

[28] 邵望予. 论西部大开发与加快发展外向型经济的战略 [J]. 国际商务研究，2000（6）：11-17.

[29] 郑伯红，汤建中. 中国西部地区外向型经济发展的差距与对策研究

[J]. 经济地理，2002，22（2）：148-152.

[30] 邓世缘. 更好更快发展向海经济——打造外向型经济聚集区——提升广西北部湾经济区外资利用水平的思考 [J]. 广西经济，2017（5）：29-31.

[31] 魏曙光，魏婧忞.“一带一路”视阈下内蒙古外向型经济综合评价研究 [J]. 开发研究，2016（3）：10-15.

[32] 王晓静，洪敏. 论陕西省进一步发展外向型经济的重要性 [J]. 新西部（理论版），2013（Z2）：13+15.

[33] 戴翔，张二震. 我国外向型经济发展如何实现新突破——基于空间、结构和活力三维度分析 [J]. 南京社会科学，2017（9）：13-19.

[34] 刘光溪，徐凯. 人民币升值的“虚拟性”——我国人民币升值压力的政策、体制和结构影响因素分析 [J]. 国际贸易，2005（4）：13-17.

[35] 张二震，戴翔. 论开发区从产业集聚区向创新集聚区的转型 [J]. 现代经济探讨，2017（9）：1-6.

[36] 熊军，胡涛. 经济技术开发区发展模式分析 [J]. 科技进步与对策，2001（1）：22-23.

[37] 谢光北. 天津经济技术开发区发展模式研究 [J]. 南开经济研究，1993（4）：11-19.

[38] 周修兰. 仪式与媒介合力下的文化认同——以西安回民街为例 [J]. 新闻研究导刊，2017，8（6）：14+16.